DANS LES PAS D'OBAMA

www.editions-jclattes.fr

Tangi Quéméner

DANS LES PAS D'OBAMA

Au cœur du pouvoir américain

JC Lattès

Ouvrage publié sous la direction de
PASCALE AMAUDRIC

Maquette de couverture : Atelier Didier Thimonier.
Photo : © Win McNamee/Getty Images

ISBN : 978-2-7096-4255-2

À Aurélien et Romain,
nos deux petits Américains

« Et pourtant, un fait singulier s'impose peu à peu qui, dans son étrangeté, force l'admiration : les Américains ne sont pas convaincus par l'épreuve. Elle les attaque de toutes parts, jette à la rue des millions d'hommes, glace et affame des familles qui n'avaient jamais connu le besoin. Matériellement, ils cèdent chaque jour du terrain, passent de la prodigalité à l'économie, de l'économie à la gêne, aux vêtements usagés, aux repas mesurés. Mais les ressources spirituelles restent intactes. La force intérieure, l'énergie vitale ne sont pas entamées. Et l'appétit, l'avidité de faire plus grand sont toujours là. »

Joseph Kessel,
1933 – L'Amérique aux abîmes,
réédité *in Les Jours de l'aventure*,
Taillandier, 2010.

Sommaire

Avant-propos

18 heures sonnent à l'horloge de l'église Saint-John, à l'opposé de la place Lafayette, en plein centre de Washington. Le froid de l'hiver nord-américain est déjà mordant en cette fin novembre 2009. À ma droite, le célèbre bâtiment aux hautes colonnes blanches, vivement éclairé, scintille dans l'air piquant, derrière les grilles qui en défendent l'enceinte. À la fois grisé et encore incrédule, je prends une photo avec mon téléphone portable, comme pour me convaincre que je sors vraiment de la Maison-Blanche. Symbole mondial des États-Unis, résidence des présidents américains depuis plus de deux cents ans, ce bâtiment a été vu dans des centaines de films et téléfilms, des milliers de touristes le photographient tous les jours. Il est aussi, pour quelques années, mon lieu de travail.

Après quatre ans passés à raconter pour l'AFP les mésaventures des « people » et les catastrophes naturelles dans l'ouest des États-Unis, j'ai quitté à la mi-2009 Los Angeles pour la capitale fédérale. Ma mission : « couvrir » le quarante-quatrième président des États-Unis, Barack Obama, et son gouvernement.

En pratique, cela veut dire recueillir tout ce que la Maison-Blanche voudra bien communiquer, solliciter des réactions, puis rédiger ces informations en les mettant en perspective et enfin les livrer aux clients de l'AFP, principalement des médias, pour qu'ils puissent à leur tour les retransmettre à leurs lecteurs, auditeurs et téléspectateurs.

Si le pouvoir est une drogue dure, en rendre compte peut se révéler grisant, surtout lorsqu'il s'agit de la puissante et tentaculaire Maison-Blanche. Chaque fait et geste du Président, et dans une moindre mesure, de ses proches collaborateurs, peut provoquer une cascade de conséquences et de réactions à l'échelle mondiale. Et dans une même journée menée tambour battant, le 8 juin 2012 par exemple, l'on saute sans transition d'une conférence de presse sur l'économie et la crise de la dette en Europe à une réunion de donateurs démocrates dans un grand hôtel de Washington, en passant par un rencontre bilatérale avec le président philippin, une réception en l'honneur de l'équipe de football américain de New York et... une photo avec des scouts. Quand Obama effectue des déplacements en dehors de la capitale, aux États-Unis ou à l'étranger, le rythme devient totalement effréné.

En deux ans et demi, cette expérience m'a déjà offert quelques souvenirs impérissables. Ces vols au-dessus du Pain de Sucre de Rio de Janeiro, du détroit de Long Island ou du delta du Mississippi, dans de malodorants hélicoptères militaires escortant celui d'Obama ; ces moments, une fois les dernières dépêches envoyées, passés avec mes collègues américains dans la cour de la Moneda, le siège de la présidence chilienne, au clair de lune sur le toit du complexe présidentiel de San Salvador, ou encore... dans le garage de George Clooney à Hollywood ; et cette réception, dans la résidence de l'ambassadeur des États-Unis à Prague, un soir d'avril 2010, où Obama était venu saluer un à un les membres du petit groupe de reporters qui l'accompagnait. Le genre de poignée de main dont on sort un peu ébloui, surtout quand c'est la première !

Lorsqu'il avait quitté la Maison-Blanche en 2009, George W. Bush avait évoqué un endroit où « les journées sont longues, mais les années sont courtes ». On ne saurait mieux dire. Mais avoir le privilège de couvrir la présidence de Barack Obama, déjà historique à bien des égards, vaut ces nuits écourtées, ces décalages horaires, ces semaines à rallonge et ces week-ends annulés à la dernière minute : la rançon d'une place aux premières loges.

1.

Visite guidée

La Maison-Blanche, au cœur de Washington, est l'endroit vers lequel convergent les touristes lorsqu'ils arrivent pour la première fois dans la capitale fédérale. La belle saison venue, ils défilent en rangs serrés sur la partie piétonne de Pennsylvania Avenue et la place Lafayette qui borde le complexe présidentiel dans sa partie nord. Émerger de l'enceinte gardée, c'est à coup sûr se faire dévisager par les curieux. « Vous travaillez à la Maison-Blanche ? Comment est-ce à l'intérieur ? » me demande-t-on le plus souvent. Soucieux de ne pas briser des rêves de décors somptueux, je ne leur réponds pas ce qui me brûle pourtant les lèvres : la Maison-Blanche, au moins pour les journalistes qui y opèrent, ressemble à une boîte à chaussures.

Plusieurs centaines de reporters, photographes, caméramen et autres employés de médias sont accrédités à la Maison-Blanche : ils possèdent ce que l'on appelle un « hard pass », c'est-à-dire un laissez-passer

permanent. Ce sésame permet d'entrer dans l'enceinte
de la présidence, sinon comme dans un moulin, du
moins sans devoir sacrifier à de fastidieuses démarches
et une longue attente. Son octroi est conditionné à une
enquête en profondeur du Secret Service, la police
d'élite qui protège Obama. Dans mon cas, ce passage
au crible de mes antécédents aura pris une année. Le
mystère plane sur le genre de vérifications effectuées
par les « super-flics », mais ce délai constitue apparemment la norme pour un ressortissant étranger.

Heureusement, les centaines de titulaires de ce
« hard pass » ne se retrouvent pas tous ensemble en
même temps dans la suite de pièces biscornues et
étroites qui constituent les quartiers des médias,
équipées seulement d'une trentaine de places de travail
assises. Nous occupons en fait un bâtiment reliant le
corps principal de la Maison-Blanche, la « résidence », et l'aile occidentale du bâtiment, la fameuse
« West Wing », le centre nerveux de la présidence[1].
C'est là que travaillent le président Barack Obama, le
vice-président Joe Biden et quelques dizaines de leurs
plus proches collaborateurs. Mais pour donner une
idée de la taille réduite des lieux, mon poste de travail
est situé tout au plus à vingt-cinq mètres du Bureau
ovale, même si le plus court chemin vers celui-ci n'est
pas la ligne droite. Pour décrire leurs quartiers, mes
collègues ont l'habitude de parler de « sous-marin »,
car la plupart de ces espaces de bureau ne bénéficient

---

1. Voir le plan interactif du site officiel de la Maison-Blanche : www.white-
house.gov/about/inside-white-house/interactive-tour.

pas de lumière naturelle. Encore faut-il relativiser le terme « bureau ». Chacun d'entre nous occupe à peine deux mètres carrés, de quoi poser un fauteuil face à une étroite paillasse sur laquelle sont posés nos ordinateurs. Le reste se range en hauteur, dans des étagères fermées qui donnent à l'ensemble un aspect de trains français Corail des années 1980.

Les trois postes de l'AFP (deux reporters, un photographe) sont situés à côté de ceux de cinq photojournalistes des plus grandes agences : les Américaines Associated Press (AP) et Getty, Reuters, mais aussi d'autres structures plus petites qui effectuent une rotation. Ce petit ensemble est entouré de bureaux fermés, là aussi à la surface très réduite : un est dévolu aux correspondants d'AP, un autre à ceux de Reuters. Les mini-pièces similaires occupées par les trois grands « networks » historiques de radio-télévision, CBS, ABC et NBC, complètent le tableau, le tout dans une surface globale qui ne doit pas dépasser cent mètres carrés. Voilà pour le rez-de-chaussée. Car il y a encore plus malchanceux que nous ! Les autres médias relégués au sous-sol, parmi lesquels l'agence Bloomberg, CNN, Fox News et les radios comme l'antenne publique NPR bénéficient chacun de surfaces comparables à celle de deux cabines téléphoniques, dans un espace aveugle et sujet aux infiltrations d'eau de pluie. Par curiosité, j'avais demandé aux responsables de l'équipe de presse de la Maison-Blanche si les pompiers, d'habitude stricts dans ce domaine, avaient donné leur imprimatur à une telle densité humaine. Ils m'avaient répondu que la Maison-Blanche était exemptée de telles règles. Notre entassement est donc peut-être imprudent, mais pas illégal.

Dans cet espace compté, les communs sont très limités : il existe des toilettes bien sûr, mais aussi une cuisine dont les équipements se résument à un four à micro-ondes, un réfrigérateur et deux distributeurs automatiques. Sur ce point, je ne cache pas être jaloux de mes collègues du département d'État qui peuvent compter sur une cantine digne de ce nom, dotée même d'un stand à sushis. Les correspondants de la Maison-Blanche se rattrapent en prestige avec un appareil aussi chromé qu'imposant trônant à côté de leur micro-ondes : une véritable machine à expresso italienne avec ses tasses en porcelaine, cadeau de l'acteur Tom Hanks !

Mais la pièce maîtresse de la partie réservée aux médias dans la Maison-Blanche est bien sûr la salle de presse elle-même. Quiconque a regardé à la télévision les conférences presque quotidiennes qui s'y déroulent connaît son décor et ses sièges en skaï bleu. De son pupitre surélevé, le « press secretary », porte-parole principal de la Maison-Blanche, livre la bonne parole présidentielle et répond aux questions des correspondants, généralement à la mi-journée. Mais il faut avoir vu en personne les lieux pour se rendre compte, là aussi, de leur exiguïté. Sans doute les caméras grand angle des télévisions donnent-elles une apparence trompeuse de cette pièce dont les quarante-neuf sièges, sept rangées de sept, laissent à peine la place de se croiser sur les ailes. Et même si cette salle a été rénovée et modernisée à la fin du mandat de

George W. Bush, ses volumes restent ceux d'un bâtiment qui n'avait pas du tout été conçu pour abriter les
médias. Son histoire est même assez insolite : jusqu'à
l'administration Nixon (1969-1974), l'endroit abri-
tait en effet la piscine intérieure de la Maison-Blanche,
inaugurée trente-cinq ans plus tôt par le président
Franklin Roosevelt pour tenter de soigner les symp-
tômes de sa maladie paralysante. Cette piscine existe
toujours, elle a simplement été recouverte d'un faux
plancher sur lequel sont installés les quarante-neuf
sièges.

On a coutume de dire que ces places sont les plus
convoitées de Washington. Chaque siège est en effet
attribué à un organe de presse, qui le défend jalouse-
ment. Le nom du média y est gravé sur une plaque,
et quiconque se trompe ou, pire, n'appartient pas à
l'une des organisations figurant sur le plan déterminé
par l'Association des correspondants de la Maison-
Blanche se fait fusiller du regard et prier de déguerpir
sur-le-champ à l'heure du point de presse. Les places
sont d'autant plus prestigieuses qu'elles se situent à
proximité de l'estrade. Le premier rang est réservé à
des « poids lourds » des médias aux États-Unis : les
télévisions ABC, CBS, CNN, Fox News et NBC, ainsi
qu'AP et Reuters. L'AFP occupe quant à elle un siège
au troisième rang à gauche, une place honorable dans
une salle où la domination des médias anglo-saxons
s'avère écrasante.

Quand nous n'assistons pas aux points de presse et
ne voyageons pas avec Obama, nous sommes rivés à

nos ordinateurs ou à nos téléphones portables Black-
Berry dans l'attente des annonces de la Maison-
Blanche, qui peuvent tomber à tout moment. Notre
tâche est de faire le tri, dans ces messages électroniques, entre ce qui peut intéresser ou non nos clients,
rédiger des dépêches en conséquence en les mettant
en perspective, en interrogeant des experts et nos
sources au sein de l'administration. C'est un travail qui
requiert une attention de tous les instants, une grande
humilité, et un sens prononcé de la paranoïa. Lorsque
rien ne se passe, c'est que quelque chose est en train
de se passer mais que nous ne sommes pas encore au
courant ! Exemples extrêmes, les voyages surprise
effectués par Obama dans des zones de guerre, fin
2010 et encore le 1er mai 2012 en Afghanistan. Le
secret, dans les deux cas, est tellement bien gardé que
la salle de presse ne l'apprend qu'à l'atterrissage du
Président sur la base de Bagram non loin de Kaboul.

Il y a évidemment de tout dans ce que la Maison-
Blanche nous envoie : les clients français de l'AFP ne
seront pas bouleversés d'apprendre qu'Obama a
nommé un juge fédéral au Nebraska ou un ambassadeur à Fidji. En revanche, une déclaration sur les
violences en Syrie, une rencontre à venir avec le président russe ou l'annonce d'une conférence de presse
dans l'heure doivent faire l'objet d'une dépêche
immédiate et courte, une « alerte », ensuite déve-
loppée plus longuement pour nos clients. Des jours à
dix alertes sont rares, mais ils existent. Avec les
dépêches plus longues qui s'ensuivent, des journées à

25 000 signes écrits, soit l'équivalent d'un chapitre de ce livre, peuvent se produire.

Heureusement, même en restant à la Maison-Blanche, nous ne sommes pas toujours confinés dans les quartiers de la salle de presse. À gauche de l'estrade du porte-parole se trouve l'entrée de la « West Wing ». On y pénètre par les bureaux du service de presse, un endroit qui nous est ouvert pour aller solliciter les porte-parole en dehors de l'heure du point de presse, même si, la plupart du temps, les messages électroniques constituent le mode de communication privilégié avec eux.

À l'origine, les présidents travaillaient dans le corps principal de la Maison-Blanche. Mais au début du XXᵉ siècle, avec l'expansion du pouvoir présidentiel, le président Theodore Roosevelt avait fait construire ce bâtiment en lieu et place de serres afin d'abriter son « bureau exécutif », c'est-à-dire ses collaborateurs les plus proches. « The West Wing », c'est aussi, pour les amateurs, la série télévisée diffusée de 1999 à 2006 qui raconte le fonctionnement d'une administration américaine fictive. Mais cette « West Wing » hollywoodienne n'a pas grand-chose à voir avec la vraie. Sans doute pour des questions de cinématographie, de lumière et de profondeur de champ, les créateurs du feuilleton ont élaboré un décor fait de cloisons transparentes et de portes vitrées, alors que toutes les portes de ce bâtiment sont aveugles. Et dans la réalité, en matière d'espace vital, les correspondants de presse n'ont pas à envier les employés de la présidence, qui s'entassent également dans des bureaux exigus.

Ce qui frappe aussi, lorsque l'on évolue dans les couloirs de ce bâtiment, c'est sa décoration simple voire austère. Certes, les bois sont impeccablement cirés, la moquette moelleuse et l'ambiance solennelle. Mais n'importe quelle mairie d'arrondissement de Paris avec ses marbres et ses dorures en remontrerait à la présidence en termes d'opulence. Est-ce le produit d'un certain puritanisme anglo-saxon ? La « West Wing » ne fait preuve d'aucune ostentation, contrairement à d'autres bâtiments voisins, comme celui du Trésor, richement décoré. Les corridors étroits sont humanisés par l'exposition de photos prises par le photographe officiel d'Obama, Pete Souza, et son équipe : on y voit le Président prêter sa tête à la caresse d'un garçonnet noir curieux de comparer la chevelure présidentielle à la sienne, les Obama se livrer à une bataille de boules de neige dans la roseraie de la Maison-Blanche ou encore le Président, les mains tendues, sacrifier à un bain de foule lors de l'un de ses innombrables voyages en dehors de Washington. Les journalistes ont l'occasion d'admirer ces agrandissements seulement lorsqu'ils sont conviés à un briefing avec de proches collaborateurs du Président, ou invités à assister au début d'un conseil des ministres.

Le saint des saints de la présidence est bien sûr le Bureau ovale. Contrairement aux idées reçues, le bureau ne se trouve pas du tout dans l'arrondi du corps principal de la Maison-Blanche, avec son balcon

incurvé. Il est incrusté dans la partie sud-est de la
« West Wing », un endroit caché aux yeux du public
par d'épaisses frondaisons. Le Bureau ovale, qui n'est
pas d'une taille démesurée (onze mètres sur neuf), sert
en particulier de décor aux promulgations de lois et à
des rencontres avec de hauts responsables étrangers.
Dans ce cas, les journalistes sont admis en « pool »,
c'est-à-dire en nombre réduit, pour prendre en photo
les poignées de main et rendre compte des propos des
deux dirigeants. La porte d'entrée étant assez étroite,
ces pools donnent parfois lieu à de belles bousculades,
chaque photographe ou caméraman essayant d'obtenir
le meilleur point de vue face à Obama et son hôte. La
situation devient encore plus musclée quand les dirigeants étrangers arrivent accompagnés de leurs propres
pools de presse : les reporters chinois et japonais, en
particulier, sont réputés défendre leurs places avec le
plus d'acharnement.

Entrer dans le Bureau ovale, même au milieu d'une
forêt de micros, d'appareils photo et de caméras, représente un privilège rare. Comme le reste de la « West
Wing », cependant, le décor est loin d'être surchargé,
même s'il en impose, à l'image du fameux bureau
sculpté du Président, dit le Resolute, témoignage
d'amitié de la reine Victoria au président Rutherford
B. Hayes, en 1880. Mais c'est une photo prise plus de
quatre-vingts ans plus tard qui vaut à ce bureau sa célébrité : le petit John John Kennedy passant la tête sous
le meuble pendant que son père, le trente-cinquième
président, y travaille.

Chaque président a coutume de réorganiser le Bureau ovale à son goût, et Obama n'a pas dérogé à la règle. À la fin de l'été 2010, à son retour de vacances au Massachusetts, il s'est installé dans un bureau flambant neuf, mettant au rebut tapis et meubles hérités de George W. Bush. Les murs sont désormais tapissés de beige et taupe, couleurs également des canapés et du tapis sur lequel Obama a choisi de faire figurer cinq citations choisies par de grands Américains, dont quatre de ses prédécesseurs : « Nous n'avons rien d'autre à craindre que la peur elle-même » (Franklin Roosevelt) ; « Un gouvernement du peuple, par le peuple et pour le peuple » (Abraham Lincoln) ; « Il n'est pas de problème de la destinée humaine qui ne soit à portée des êtres humains » (Kennedy) ; « Le bien-être de chacun d'entre nous dépend fondamentalement du bien-être général » (Theodore Roosevelt). La cinquième de ces citations est due à Martin Luther King : « La trajectoire de la morale est longue, mais elle se rapproche de la justice. » Un buste de King, icône de la défense des droits civiques dont Obama souligne qu'il lui doit beaucoup, figure aussi dans le bureau, non loin de celui de Lincoln, le président qui a préservé l'unité du pays. Obama a aussi conservé sur une étagère proche de son bureau un bronze de Frederic Remington décrivant un dressage de bronco, symbole du Far West.

Pour les journalistes, l'entrée dans le Bureau ovale s'effectue de l'extérieur, par la colonnade en forme de demi-cloître qui enserre la roseraie. Entretenu par les jardiniers du service des parcs nationaux, puisque la

Maison-Blanche figure à l'inventaire américain des monuments historiques, l'endroit est ombragé de magnolias et les fleurs y rivalisent de couleurs dès les beaux jours. C'est aussi là que le Président prononce ses discours les plus marquants quand le temps s'y prête.

Au-delà d'une petite haie, la roseraie s'ouvre sur l'immense jardin sud. Cette étendue gazonnée, en contrebas de la façade avec son balcon à étages en demi-lune, remplit la plupart du temps une fonction décorative. Mais elle est mise à contribution, notamment chaque année à l'époque de Pâques, quand trente mille enfants et parents, gagnants d'un tirage au sort, viennent participer à une chasse aux œufs. Lors des dîners d'apparat, de grandes tentes blanches y sont montées pour accueillir des centaines d'invités. Les journalistes fréquentent beaucoup cet endroit car il fait aussi office de piste d'atterrissage de l'hélicoptère présidentiel, alias *Marine One*. Dans ce cas, les reporters, photographes et caméramen sont postés à une centaine de mètres de l'engin, qui se pose dans l'attente de la sortie d'Obama. Ce manège se répète des centaines de fois : Obama sort, franchit deux cents mètres, monte dans l'hélicoptère en rendant son salut militaire au marine en grand uniforme au garde-à-vous devant l'appareil. Suit l'entourage d'Obama : son porte-parole, son secrétaire général, parfois un ministre ou un conseiller et Souza, le photographe officiel. Deux gardes du corps en civil et un aide de camp porteur de la valise des codes nucléaires montent aussi à bord, et l'hélicoptère décolle, direction la base d'Andrews où attend l'avion présidentiel *Air Force*

One. Agréables en demi-saison, ces départs répétés se transforment en quasi-supplice en hiver, quand le souffle puissant des pales renforce encore le froid perçu des − 10 ºC ambiants, et en plein été, quand ce venti-lateur géant, loin de dissiper l'air étouffant de Washington, le charge de vapeurs de kérosène !

C'est aussi sur la pelouse sud que se trouve l'un des endroits préférés de la première dame Michelle Obama, son potager biologique. Il est accolé au terrain de basket utilisé par son mari, tandis qu'un peu plus au nord, à proximité de la « West Wing », une piscine en plein air a été creusée à l'époque du président Ford (1974-1977), un ancien athlète.

Reste la résidence principale, un endroit où les jour-nalistes se rendent plus rarement, sauf dans l'East Room, la salle d'apparat où sont organisées les confé-rences de presse, certaines allocutions solennelles, telles celle du 1er mai 2011 annonçant la mort de Ben Laden, ou encore des cérémonies honorant des mili-taires ou des civils méritants. Cette salle a aussi été le théâtre d'un moment rare à la Maison-Blanche, le 21 février 2012, une soirée à la gloire de la musique blues. La chaîne publique PBS enregistre en effet une ou deux fois par an des concerts de différents styles musicaux en présence du Président. Et, ce soir-là, les artistes s'appelaient Mick Jagger, B.B. King, Jeff Beck et Buddy Guy. Drôle de contraste que de voir les portraits de George et Martha Washington trôner au-dessus des amplificateurs de guitares et Obama, apparemment aux anges, passer la soirée à claquer des mains. À la fin du concert dont les décibels avaient fait trembler les lustres en cristal, le Président, encouragé par Buddy Guy et Mick Jagger, s'était laissé aller à reprendre en chœur *Sweet Home Chicago* du bluesman Robert Johnson.

« Lorsqu'on est président, on ne peut pas sortir le soir pour marcher, s'éclaircir les idées, ou sauter dans une voiture. C'est frustrant. Mais il y a aussi les soirées où B.B. King et Mick Jagger viennent chez vous ! » avait plaisanté Obama, qui occupe avec sa famille le premier et le deuxième étages de la Maison-Blanche, une zone interdite aux journalistes.

Retour au rez-de-chaussée. Le pendant de l'East Room est la salle à manger d'État, de l'autre côté du hall d'entrée où sont accrochés des portraits de nombreux présidents récents, Reagan, Clinton, Carter et Bush senior. Obama y reçoit parfois des gouverneurs ou anime des réunions avec des chefs d'entreprise. Il y organise aussi les « seder » et les « iftar », les repas marquant respectivement la Pâque juive et la rupture du jeûne du ramadan, avec des membres des communautés juive et musulmane. Cette pièce est séparée de l'East Room par trois salons richement décorés, chacun dans un ton particulier : le rouge, le bleu et le vert, le salon central offrant une vue magnifique sur l'obélisque géant du monument Washington, et, au loin, la coupole du monument Jefferson au bord du fleuve Potomac.

Le sous-sol sert aussi de pièces de représentation, notamment la salle de réception diplomatique : avec

ses murs peints de scènes des premiers temps de la
colonisation, elle est souvent utilisée par les présidents pour des allocutions solennelles. Dans les pièces
attenantes sont exposés en particulier les différents
services de vaisselle commandés sous les administrations précédentes : lors d'un dîner d'État, on ressort
ainsi le service Eisenhower, Reagan ou Clinton des
placards. Plus à l'est se trouve la bibliothèque de la
Maison-Blanche, un endroit qu'Obama affectionne
pour des entretiens télévisés plus intimes. Comme la
Maison-Blanche est aussi un musée, le sous-sol et le
rez-de-chaussée sont visitables par les Américains, et
des centaines de milliers d'entre eux profitent de
l'occasion chaque année, même s'il est impératif de
réserver au moins trois mois avant la visite.

Évidemment, vu la taille de l'équipe présidentielle,
tout le monde ne tient pas dans la « West Wing »,
même entassé. Un colossal bâtiment de pierres grises,
où s'activent des centaines de personnes, a été
construit à la fin du XIXᵉ siècle à quelques pas de la
Maison-Blanche, de l'autre côté d'une ruelle fermée au
trafic. On l'appelle « Eisenhower Executive Office
Building » (EEOB), un endroit qui abrite notamment
ment le cabinet de politique étrangère d'Obama mais
aussi le cercle des conseillers économiques, les collaborateurs du vice-président Joe Biden, le bureau des
voyages, celui des photographes et caméramen officiels... Le bâtiment possède de longs couloirs carrelés,
encadrés de colonnes grecques, et de magnifiques escaliers circulaires. Nous y sommes admis de loin en loin

pour des réunions avec des collaborateurs du Président.

Pendant la période 2010-2012, l'espace entre la « West Wing » et l'EEOB est le théâtre d'un chantier aussi massif que mystérieux : officiellement, il s'agit de rénover le système de climatisation du complexe présidentiel, et de remplacer des canalisations. Mais le cratère ainsi créé fait au moins trente mètres de profondeur, de quoi alimenter toutes les théories du complot : est-ce un nouveau bunker souterrain destiné à accueillir le Président en cas d'attaque nucléaire, chimique ou bactériologique, comme il en existe déjà un ? Ou bien les ouvriers ont-ils construit un tunnel de sortie pour permettre au Président de s'extraire de la Maison-Blanche sans se faire remarquer ? Motus et bouche cousue, le porte-parole d'Obama renvoie toutes les questions sur l'administration générale (GSA), l'intendance de l'État fédéral. Et cette dernière n'est guère loquace. Maintenir le secret sur le véritable objectif de ce chantier n'a pas dû être aisé, vu qu'il est surplombé par une estrade de cinquante mètres de long, d'où les reporters des télévisions effectuent leurs « plateaux ». Cela leur permet d'apparaître avec les colonnes du portique Nord en arrière-plan, et cet endroit, que l'on appelle dans le jargon des correspondants « Pebble Beach », du nom d'un célèbre terrain de golf californien, est l'un de ceux qui fascinent le plus les touristes de l'autre côté des grilles.

Dans ce petit monde, étant donné la densité de journalistes au mètre carré, le moindre événement prend une importance démesurée, au-delà même des informations sérieuses qu'il nous faut relayer au quotidien. Lors de la livraison de la cafetière de Tom Hanks, pas moins de quatre caméras avaient couvert l'événement. La rupture d'une canalisation entre la Maison-Blanche et l'EEOB avait conduit début 2012 certaines chaînes de télévision d'information continue à interrompre leurs programmes pour retransmettre le geyser en direct. CNN a consacré tout un reportage à un brave merle qui avait fait son nid et pondu dans un buisson à l'entrée de la salle de presse !

2.

Président historique
ou anomalie historique ?

Nous sommes le 19 janvier 2012 au soir et la fièvre
monte à l'Apollo. Quelque 1 400 partisans de Barack
Obama sont venus l'écouter dans cette salle de spec-
tacles légendaire de Harlem, le quartier noir historique du nord de Manhattan à New York. Sans doute
saisi par l'ambiance unique d'une enceinte célèbre aux
États-Unis pour avoir accueilli le gotha de la soul et
du rythm and blues, en particulier James Brown qui y
mit le feu cinquante ans plus tôt, le Président vient
de créer l'hystérie en entonnant le premier couplet de
Let's stay together, le tube du crooner Al Green : *I'm
so in love with you* (« Je t'aime tant ») ! L'assistance à
peine calmée, Obama a déjà repris le cours de son
exposé. « Je ne suis pas là seulement parce que j'ai
besoin de votre aide », plaide-t-il, à neuf mois de la
présidentielle. Chaque spectateur a payé sa place
entre 100 et 200 dollars. « Je suis là parce que votre
pays a besoin de votre aide », poursuit-il, en tentant de
ranimer la flamme et l'enthousiasme de 2008.

« Si vous vous étiez impliqués de tout votre cœur dans la campagne en 2008, ce n'était pas parce que vous pensiez que ce serait facile. Lorsque l'on décide de soutenir quelqu'un qui s'appelle Barack Hussein Obama pour la présidence, on ne le fait pas en pensant que cela sera une promenade de santé », plaisante-t-il.

Cette mention de son nom, de ses origines, et en creux, de sa couleur de peau, devient en 2011 et 2012 un passage obligé de tous les discours électoraux de Barack Obama. Pour ses soutiens, une façon de souligner que la bataille pour la nomination démocrate, et celle de la présidence, ont été gagnées de haute lutte quatre ans plus tôt. Pour les autres, et en particulier les journalistes et observateurs de son mandat, une salutaire piqûre de rappel. À force de le côtoyer, d'écrire « le président des États-Unis Barack Obama » au début de la plupart de nos articles et dépêches, nous avons perdu de vue la révolution qu'a constituée l'accession d'un Noir à la présidence de la première puissance mondiale. Theodore Roosevelt était plus jeune lorsqu'il est entré à la Maison-Blanche : quarante-deux ans ; son neveu Franklin Roosevelt a été élu quatre fois à la présidence, un record qui ne sera sans doute jamais battu puisque la Constitution américaine a, depuis, limité à deux les mandats présidentiels, consécutifs ou non ; mais Barack Obama est déjà entré dans l'histoire comme le premier président d'ascendance africaine qu'aient connu les États-Unis, deux cent trente-deux ans après leur déclaration d'indépendance.

Président sans précédent, Obama est-il une anomalie ? À défaut de posséder toute perspective historique sur les années Obama, il suffit d'examiner quelques statistiques très actuelles pour se persuader du caractère exceptionnel du ou des mandats d'Obama. Tout simplement, le quarante-quatrième président reste un « objet politique non-identifié » dans les États-Unis de 2012. Avant lui, les seuls Noirs à avoir accédé au rang le plus élevé du protocole étaient Colin Powell et Condoleezza Rice, secrétaires d'État de George W. Bush. Selon le recensement de 2010, les Américains d'origine africaine représentent 12,6 % de la population, mais le Sénat ne compte en 2012 aucun Noir parmi ses cent membres. Obama n'était d'ailleurs que le troisième à siéger à la chambre haute du Congrès depuis la Reconstruction – cette période d'après la fin de l'esclavage où les États du Sud avaient vu les Noirs parvenir à des postes électifs, avant que les lois sur la ségrégation ne rétablissent la prééminence blanche. Pour mémoire, le Sénat compte en 2012 deux membres d'ascendance asiatique, les élus d'Hawaï.

La situation est meilleure pour la communauté noire à la Chambre des représentants, où l'on est élu par circonscription et non par État : sur 435 membres, une petite quarantaine est d'ascendance africaine. Mais parmi les 112 juges ayant siégé ou siégeant actuellement à la Cour suprême des États-Unis figurent seulement deux Noirs : le premier, Thurgood Marshall, a été choisi en 1967 par Lyndon Johnson ; le second, le conservateur Clarence Thomas, a remplacé Marshall qui dut démissionner pour raison de santé en 1991.

Côté gouverneurs, ce n'est guère plus brillant : seuls deux dirigeants d'État noirs ont été élus depuis la Reconstruction. Et encore, il a fallu attendre 1990 pour que Douglas Wilder soit porté à la tête de la Virginie. Depuis 2007, c'est également un Noir, Deval Patrick, qui dirige le Massachusetts. Un troisième Afro-Américain, David Paterson, a été gouverneur de l'État de New York de 2008 à 2010, après la démission de son prédécesseur, Elliot Spitzer, empêtré dans un scandale sexuel. En 2012, Patrick reste donc le seul gouverneur noir des États-Unis, alors que deux de ses homologues ont des parents nés en Inde, un groupe représentant à peine 1 % de la population américaine : Bobby Jindal, qui dirige la Louisiane, et Nikki Haley, gouverneure de Caroline du Sud. Le Mississippi, l'État qui compte la plus grande proportion de Noirs (38 %), a toujours été gouverné par des Blancs. Même Chicago, le fief politique d'Obama devenu au début du XXe siècle l'un des principaux centres de population noire des États-Unis, a dû attendre 1983 pour élire son premier maire noir, Harold Washington.

À cette sous-représentation politique, en partie due au fait que les Noirs participent en moyenne moins au processus électoral, il faut rajouter la persistance d'une inégalité des revenus entre Noirs et Blancs aux États-Unis. En 2010, les foyers noirs disposaient de revenus médians de 32 000 dollars par an (54 600 pour les Blancs), et 27,4 % des foyers noirs vivaient sous le seuil de pauvreté (9,9 % chez les Blancs). Les Noirs restent la minorité qui s'en sort le plus mal, les Hispaniques étant en moyenne plus riches

(37 800 dollars de revenu médian et 26,6 % vivant sous le seuil de pauvreté).

Et, cent cinquante ans après l'émancipation des Noirs de l'esclavage et près de cinquante après la promulgation des lois sur les droits civiques, il faut garder en tête ces statistiques effrayantes : en 2008, année de l'élection d'Obama, 3 % des Noirs américains étaient en prison, contre 1 % des Blancs. Aujourd'hui, 42 % des prisonniers dans le couloir de la mort sont noirs, contre 43 % de Blancs, alors que, rappelons-le, les Noirs représentent moins de 13 % de la population américaine.

Toutes ces données pour montrer qu'au moins statistiquement Barack Obama est un cas exceptionnel. Et ce, sans prendre en compte son nom complet : Barack Hussein Obama, techniquement « junior » puisque son père kényan avait exactement le même état civil. L'humoriste Chris Rock, qui peut se permettre de s'exprimer sans autocensure sur la question ultrasensible de la place des Noirs aux États-Unis puisqu'il est lui-même d'ascendance africaine, avait prononcé une tirade révélatrice dans son one-man-show de l'automne 2008 quand il semblait de plus en plus évident que le candidat républicain John McCain risquait la déroute : « George W. Bush a tellement merdé qu'il est devenu difficile pour un Blanc de vouloir devenir président ! » avait lancé Rock.

Et de poursuivre : McCain se présente contre « Barack Obama, un homme noir, avec un nom noir. Aux États-Unis, on ne peut pas faire plus noir, comme nom ! [...] Si son nom était Bob Jones, ça pourrait vous prendre deux ou trois semaines avant de comprendre qu'il est noir. Mais Barack Obama ! On s'attend à voir un frère [noir] avec une lance, un pied posé sur le cadavre d'un lion ! »

Certains notent que « Barack », en arabe, veut dire « l'éclair », et que cela correspond aussi à un destin météorique marqué dès le début par un indubitable flair politique, mais aussi une chance insolente. En quatre ans, il est passé de l'anonymat au poste électif le plus difficile à conquérir. Que l'on en juge : la toute première dépêche de l'AFP en français à mentionner « Barack Obama » date seulement du 22 juin 2004 !

Un contraste évident avec des pays comme la France où François Mitterrand et Jacques Chirac s'y sont pris à trois fois avant de conquérir leur poste. Le système politique américain est sans doute moins rigide que le français, et des destins comme ceux d'Obama ne sont pas si rares : Bill Clinton était l'obscur gouverneur de l'Arkansas, un État pauvre au poids négligeable sur la carte électorale, avant d'accéder très jeune à la présidence. Mais Obama a carrément brûlé les étapes. Personne depuis Kennedy en 1960 n'était passé directement d'un mandat de sénateur à celui de président.

Lorsqu'il est élu à trente-cinq ans en 1996 au Sénat de l'État de l'Illinois, représentant une partie des quartiers sud de Chicago, il profite de l'abandon de ce siège par la titulaire, partie briguer la nomination pour la Chambre des représentants de Washington. Battue à la primaire, elle se ravise et tente de conserver son mandat, mais l'équipe de campagne d'Obama dépose recours sur recours pour obtenir sa disqualification. Les autres candidats subissent le même sort, et le jeune

Obama est investi candidat démocrate sans concurrence. L'élection générale, dans une circonscription considérée comme « imperdable » vu l'écrasante majorité de démocrates qui y vivent, est obtenue avec 82 % des voix. Obama va siéger dans la capitale de l'État, Springfield, et fera encore mieux aux élections suivantes : 89 % en 1998 et même 100 % en 2002, aucun républicain ne s'étant présenté contre lui.

Même chance en 2004, lorsque l'un des deux élus de l'Illinois au Sénat fédéral, le républicain Peter Fitzgerald, décide de ne pas se représenter au bout d'un seul mandat, alors qu'il avait remporté son siège de justesse six ans plus tôt. Une aubaine pour Obama, déjà candidat quand Fitzgerald renonce. Mais un autre coup de théâtre se profile. Celui qui a été désigné pour tenter de conserver ce poste aux républicains, Jack Ryan, est mis hors course par des révélations sur son divorce cinq ans plus tôt : son ex-épouse avait affirmé qu'il l'avait incitée à se rendre avec lui dans des clubs échangistes. Le remplaçant de Ryan est écrasé à l'élection générale : 70 % des électeurs ont choisi Barack Obama, qui devient donc, à quarante-trois ans, le seul sénateur noir à siéger à Washington.

Le parti démocrate, qui a décelé en Obama un vrai talent, lui offre une voie toute tracée vers la gloire : il le charge de prononcer le principal discours de la convention présidentielle de Boston, qui entérine fin juillet 2004 le « ticket » John Kerry - John Edwards pour tenter de ravir la présidence à George W. Bush. « Ce soir, il s'agit d'un honneur particulier pour moi, parce que, soyons honnêtes, ma présence sur cette scène est improbable. Mon père était un étudiant étranger, né et élevé dans un petit village du Kenya. Lorsqu'il a grandi, il a gardé des chèvres, il est allé à l'école dans une baraque au toit de ferraille... », commence Obama, avant de développer un appel à l'unité dont le point d'orgue résonnera en écho dans sa propre campagne, quatre ans plus tard. « Il n'y a pas une Amérique de gauche, une Amérique de droite, il y a les États-Unis d'Amérique. Il n'y a pas d'Amérique noire, d'Amérique blanche, d'Amérique latino, d'Amérique asiatique, il y a les États-Unis d'Amérique ! »

La campagne de John Kerry échoue, Bush est réélu pour quatre années. Mais Barack Obama a été propulsé sur la scène politique nationale, d'autant plus que, par son statut de seul élu noir au Sénat – il prend ses fonctions début 2005 – et son éloquence naturelle, il devient la coqueluche des médias. Mais cette gloire lui monte-t-elle à la tête, se demandent bientôt les mêmes médias, quand un jour de février 2007, Obama déclare sa candidature à l'investiture démocrate pour la présidentielle sur le parvis de l'ancien parlement de l'Illinois à Springfield ? Même s'il se place ainsi sous le parrainage spirituel de son héros Abraham Lincoln, le sénateur, qui n'a siégé en tout et pour tout que deux ans à la chambre haute du Congrès, se veut modeste. « Je reconnais qu'il y a quelque chose d'un peu présomptueux, une certaine audace dans cette annonce », dit-il face aux quelque quinze mille personnes qui ont bravé une température de − 11 °C pour assister à l'événement. « Je sais que je n'ai pas passé beaucoup de temps à apprendre la façon dont Washington fonctionne, mais j'ai été là-bas suffisamment longtemps pour savoir que la façon dont Washington fonctionne doit changer ! »

« Changement », ce sera le maître-mot de la campagne. Il vise autant Bush, contre qui Obama adopte un ton mordant, qu'une autre sénatrice, Hillary Clinton, donnée favorite de la course à l'investiture démocrate et dotée d'une machine électorale bien rodée. Le reste appartient à l'histoire : la victoire surprise d'Obama début janvier 2008 dans l'Iowa lui permet de prendre un bon départ dans le processus des primaires, et, à l'issue d'une course aussi longue qu'acharnée, il terrasse sur le fil sa rivale, début juin. Une fois l'investiture en poche et passée l'intronisation officielle du candidat démocrate par la convention présidentielle de Denver au Colorado fin août, commence pour Obama ce qui s'annonce être le plus difficile : décrocher plus de la moitié des 538 votes de « grands électeurs », répartis par poids démographique dans les cinquante États américains.

John McCain, qui a triomphé sans problème de ses concurrents républicains, les anciens gouverneurs de l'Arkansas, Mike Huckabee, et du Massachusetts, Mitt Romney, semble en mesure de donner du fil à retordre à Barack Obama. C'est un politicien madré, qui siège depuis vingt-cinq ans au Congrès, d'abord à la Chambre des représentants puis au Sénat où il succède à l'ultra-conservateur Barry Goldwater. Les positions parfois iconoclastes de John McCain et à rebours de celles de son parti lui ont valu le surnom de « Maverick », le « franc-tireur ». Un profil de nature à séduire le crucial électorat centriste, qui fait et défait les élections présidentielles américaines, et pourrait être effrayé par la nouveauté d'un Noir à la Maison-Blanche. McCain a pour lui l'expérience, y compris en politique étrangère, le gros point faible du curriculum vitae d'Obama. Et son passé de soldat – il fut prisonnier des Nord-Vietnamiens pendant plus de cinq ans dans des conditions effroyables – lui garantit un solide matelas de soutiens. Le prestige de l'uniforme n'est pas un vain mot aux États-Unis.

De fait, fin août 2008, juste avant la convention démocrate de Denver, les sondages ne sont pas bons pour Obama, devancé de cinq points par McCain dans certaines enquêtes. Il reste trois mois au candidat pour renverser la tendance. Et McCain va l'aider malgré lui. Connu pour son tempérament impulsif, le vieux sénateur commet plusieurs erreurs, la plus énorme, avec le recul, étant de choisir Sarah Palin comme colistière.

Lorsque l'équipe de campagne républicaine annonce sa sélection comme candidate à la vice-présidence, juste avant la convention prévue à Saint-Paul dans le Minnesota, le pays tout entier tombe des nues. Sarah Palin, rigoureusement inconnue, n'est gouverneure de l'Alaska que depuis deux ans. Certes, elle dirige l'État le plus grand des États-Unis – plus de trois fois la France – mais ses administrés sont à peine plus nombreux que ceux du maire de Washington. Elle représente un cocktail singulier, à la fois mère de famille nombreuse, adepte autoproclamée de la chasse, ancienne reine de beauté et pasionaria de la lutte contre la corruption. Elle a battu à la surprise générale le gouverneur républicain sortant, mis en cause dans

des affaires de népotisme. Certains stratèges démocrates se demandent si McCain n'a pas trouvé l'arme
fatale. Obama, joueur de poker, vient en tout cas de
voir son adversaire augmenter la mise.

En effet, en termes de « minorités visibles » au plus
haut sommet de l'État, les femmes ne sont guère
mieux loties que les Noirs, bien qu'elles représentent
53 % des électeurs américains. Aucune d'entre elles
n'a jamais été élue vice-présidente, ni *a fortiori* prési-
dente des États-Unis. En 1984, le candidat démocrate Walter Mondale avait choisi une représentante
de New York à la Chambre, Geraldine Ferraro, pour
l'accompagner sur le « ticket » présidentiel. Mais
Ronald Reagan et George Bush senior les avaient
humiliés en remportant 49 États sur 50 et près de
59 % du vote populaire. En se présentant pour la
première fois à Saint-Paul, Palin, sans complexe,
s'inscrit dans la continuité de Ferraro et même
d'Hillary Clinton, en promettant de briser « le plafond
de verre » invisible qui interdit l'accès des femmes aux
postes à responsabilité. Un appel du pied évident aux
partisans de l'ancienne « First Lady », inconsolables de
sa défaite face à Obama.

L'effet de nouveauté ne se fait pas attendre : alors
qu'Obama avait dépassé McCain dans les sondages
après la convention démocrate, le candidat républicain reprend l'avantage début septembre. Mais, très
vite, les doutes grandissent sur les qualifications de la
candidate. Un entretien télévisé de Palin avec la journaliste Katie Couric, le 29 septembre, achève de
retourner l'opinion publique contre celle qui, en cas de
victoire républicaine à l'élection, se trouverait à « un

battement de cœur » de la présidence. La gouverneure se révèle incapable de citer un seul journal qu'elle aurait lu, affirme posséder des compétences en politique étrangère parce que son État partage une frontière maritime avec la Russie, et ânonne un propos incompréhensible sur le plan de sauvetage des banques en cours d'adoption par l'administration sortante de George W. Bush.

La crise financière de septembre 2008, symbolisée par la faillite de la banque d'affaires Lehman Brothers, est en effet passée par là. Catastrophe pour l'économie mondiale en général et américaine en particulier, cette débâcle représente un don du ciel pour Barack Obama, qui martèle depuis des mois sa conviction que les activités de Wall Street doivent être mieux encadrées. McCain, qui a fait de l'inexpérience d'Obama l'un de ses arguments centraux de campagne, commet une erreur de débutant en annonçant le 24 septembre, au moment où les Bourses de toute la planète dévissent, qu'il suspend sa campagne pour rentrer à Washington. Il réclame aussi un report du débat présidentiel prévu le surlendemain, avant de confirmer sa participation à la dernière minute. Autant de signes de nervosité et d'impulsivité donnés à un électorat qui a besoin d'être rassuré. Même si McCain ne démérite pas pendant les débats télévisés, ses attaques contre Obama, qu'il désigne en direct d'un méprisant « *this guy* » (« ce type »), paraissent ricocher sur le jeune sénateur. Un plan en contre-champ le montre, apparemment détendu, avec un large sourire, pendant que McCain semble crispé et vindicatif.

Quand Obama est élu quarante-quatrième président des États-Unis avec 52,8 % des voix le
4 novembre au soir, le choc est immense. Alors
reporter au bureau de l'AFP à Los Angeles, j'ai été
envoyé à Chicago pour contribuer à la couverture de
la soirée électorale démocrate à Grant Park, le grand
espace vert au bord du lac Michigan. Et les dizaines de
milliers de personnes venues écouter le président élu
restent abasourdies. « Je le croirai lorsque je le verrai
imprimé demain dans les journaux », me confie une
jeune femme, qui vient pourtant d'assister au discours
de victoire du premier dirigeant noir des États-Unis.
Lors de son intervention, Obama a souligné, une fois
de plus, que rien n'était écrit à l'avance : « Si
quelqu'un ici doutait encore du fait que les États-Unis
sont un endroit où tout est possible [...], vous avez
votre réponse ce soir. »

Le vrai talent est sans doute d'avoir de la chance,
mais pour gagner, Obama a aussi bénéficié des
profonds changements de la société américaine, en
particulier la croissance de la minorité hispanique. S'il
n'y avait eu que des électeurs blancs aux États-Unis,
McCain aurait été élu avec 55 % des voix ! Les Noirs
se sont prononcés à 95 % pour Obama, et les Latinos,
aussi nombreux qu'eux, ont choisi aux deux tiers le
candidat démocrate, alors que la victoire sur le fil de
Bush en 2000 avait été attribuée notamment au
soutien des Américains d'ascendance cubaine en
Floride. Obama a aussi rassemblé 63 % des Asiatiques. Mais l'Amérique blanche, celle qui, plus d'un
siècle après les Carnegie et Rockefeller, reste aux

manettes du pouvoir politique et financier, n'a voté
pour lui qu'à 43 %.

Obama a eu la « baraka » : un président républicain sortant extrêmement impopulaire, un concurrent
plutôt faible et coulé par ses choix hasardeux, une crise
financière sans précédent en trois générations, un
mouvement tectonique de l'électorat donnant une
nouvelle influence aux minorités qu'il a su séduire. Si
son élection a été saluée comme l'avènement d'une
société américaine « post-raciale », il a aussi bénéficié
d'un extraordinaire concours de circonstances.

« La question raciale a depuis le début été l'une des
lignes de fracture dans la civilisation et la politique
américaine. Je n'ai jamais cru à l'idée qu'en m'élisant
[les États-Unis] entraient dans une époque post-
raciale, remarque Obama dans un entretien en
avril 2012 au magazine *Rolling Stone*, mais d'un autre
côté, j'ai vu les attitudes vis-à-vis des races changer et
s'améliorer. » Il note aussi qu'il « ne faut pas sous-
estimer le fait qu'il y a plein de petites filles et de petits
garçons blancs dans tout le pays qui ne sont pas surpris
qu'un Américain d'origine africaine soit président.
C'est le président sous lequel ils grandissent, et cela
change les attitudes ».

3.

Avec les pools

« Joyeuse Saint Ron Edmonds ! » me lance avec un sourire entendu Pablo, l'un de mes collègues photographes d'Associated Press, lorsque j'arrive à la Maison-Blanche, le matin du 30 mars 2011. J'avoue avoir eu du mal à comprendre de quoi il s'agissait. Une explication de texte plus loin, tout devient clair : ce mercredi marque le trentième anniversaire de l'attentat qui a failli coûter la vie à Ronald Reagan, deux mois à peine après sa prise de fonctions. Le quarantième président des États-Unis sort alors du massif hôtel Hilton dans le nord-ouest de Washington lorsqu'un déséquilibré, John Hinckley, vide son chargeur de revolver dans sa direction à cinq mètres de distance. Reagan n'est pas touché directement, mais un fragment de balle ricoche contre le blindage de sa limousine et vient se loger dans son poumon. De l'autre côté de la limousine se trouve Ron Edmonds, photographe d'AP. Il appuie instinctivement sur le déclencheur et obtient trois clichés en noir et blanc, qui résument les fractions de seconde durant lesquelles les États-Unis ont failli perdre un cinquième président sous les balles d'un assassin : on y voit Reagan, l'air surpris, être poussé dans sa limousine par les agents du Secret Service. Le président est déjà blessé mais personne ne le sait encore.

L'instant dramatique vient rappeler, moins de dix-huit ans après la mort de John F. Kennedy, à quel point le président reste exposé. Le porte-parole de Reagan, James Brady, est atteint en pleine tête par une des balles explosives tirées par Hinckley : il survivra, mais paralysé. Ron Edmonds, lui, tient les photos de sa vie et entre dans la légende des correspondants à la Maison-Blanche. Ses clichés reçoivent l'année suivante le Pulitzer, le « prix Nobel » du journalisme américain. Cité lors d'une récente exposition consacrée aux photos primées au Newseum, le musée du journalisme et de la presse de Washington, Edmonds, qui a pris sa retraite quelques mois après l'arrivée d'Obama à la Maison-Blanche, résume la philosophie des reporters accrédités auprès du président des États-Unis. « J'ai toujours été convaincu qu'il ne fallait jamais baisser la garde. On ne sait jamais ce qui va se passer, jusqu'à ce que cela se passe. »

Edmonds faisait partie du « pool », ce groupe d'une grosse douzaine de reporters qui suivent les présidents partout pour s'assurer que tout événement, même imprévu, les touchant de près ou de loin, soit rapporté au public. Pour les journalistes qui suivent Obama, cela veut dire l'accompagner dès qu'il quitte le complexe de la Maison-Blanche, pour une tournée de dix jours en Asie-Pacifique, un voyage d'une journée dans l'Ohio ou un dîner romantique dans un restaurant chic en compagnie de son épouse Michelle. Évidemment, dans ce dernier cas, les reporters se contentent d'attendre dans un minibus à l'extérieur de l'établissement. Le plus souvent, il ne se passe rien d'anormal et les reporters reviennent sans « papier » ou image exploitable. Mais comme Ron Edmonds, nous vivons pour « le » moment qu'il ne faut pas rater. Sans évidemment souhaiter qu'une tragédie se produise, nous devons être prêts à réagir immédiatement à tout ce qui, dans le cas d'un président américain, pourrait changer le cours de l'histoire.

Étant donné la longueur de certaines journées présidentielles, aucun journaliste ne suit Obama à lui seul. La plupart des médias accrédités dans le pool, agences de presse, journaux, télévisions et radios, font tourner leurs correspondants. Près d'une demi-douzaine de photographes de l'AFP se relaient. Les deux rédacteurs de notre agence accrédités à la Maison-Blanche participent à une rotation, qui les conduit à suivre Obama hors de Washington *grosso modo* une fois sur cinq. Mais si l'on prend en considération le rythme des déplacements présidentiels, jusqu'à deux voyages par semaine, notre tour revient assez souvent. Nous sommes alors les yeux et les oreilles de tous nos collègues qui comptent sur les messages que nous leur envoyons par courrier électronique, au fur et à mesure des développements des activités présidentielles. Cette mutualisation des informations est d'ailleurs le principe du pool.

J'avoue ne pas en mener large et ne pas avoir beaucoup dormi, ce 2 mars 2010, quand, trois mois après ma prise de poste, j'endosse pour la première fois les habits de « pooler » et dois donc raconter par le menu le déplacement qu'a prévu Obama dans la ville de Savannah en Géorgie, à une heure et demie de vol au sud de Washington. Le rendez-vous est donné à 8 h 30 à la base d'Andrews où se trouve l'avion présidentiel *Air Force One*. On ne monte pas dans l'avion sans montrer patte blanche : portails magnétiques, machines à rayons X sont de rigueur à l'entrée des bâtiments. Une fois dans la salle d'embarquement, des agents du Secret Service nous fouillent au corps pendant que des chiens policiers reniflent nos affaires et que des techniciens examinent tous nos appareils électroniques.

Une fois dotés d'une accréditation spéciale, nous pouvons nous diriger vers le Boeing 747 parqué à quelque deux cents mètres de l'aérogare. Dans la cabine de presse, chacun a son siège attribué : les « poolers », le principal et son adjoint, disposent des deux places de la rangée de gauche, tandis que les représentants des agences de presse incluses en permanence dans le pool se trouvent à droite, avec le privilège d'un accès aux hublots. Tout juste installés, un message résonne dans la cabine : « Le Président a décollé il y a cinq minutes » (de la Maison-Blanche). Sauf pluie battante ou tempête de neige, qui signifient trajet routier, la distance entre la Maison-Blanche et Andrews s'effectue en effet dans l'helicoptère *Marine One*, depuis des lustres un « Sea King » spécialement équipé : c'est devant ce même type d'appareil – lancé en 1961 – qu'avait été prise la fameuse photo de Richard Nixon faisant les « V » de la victoire sur les marches de l'aéronef.

À Andrews, la douzaine de journalistes du pool ressortent alors de l'avion pour s'installer sous son aile gauche, en attendant le Président. En fait de *Marine One*, ce sont trois « Sea King » que nous voyons approcher : tous trois sont identiques, et leurs immatriculations écrites en petits caractères pour éviter leur repérage du sol. On l'aura compris, deux d'entre eux sont des leurres : s'il venait à l'idée de quiconque de tirer un missile sol-air sur l'un des appareils, il n'aurait qu'une chance sur trois de toucher celui qui transporte le Président. Le *Marine One* véritable finit par s'immobiliser à une centaine de mètres à l'avant d'*Air Force One*. Commence alors un manège bien huilé : un marine en grand uniforme sort le premier par l'avant de l'hélicoptère, va ouvrir la porte de derrière ; les deux gardes du corps principaux d'Obama le suivent et se disposent de chaque côté de l'appareil, dont Obama s'extrait après avoir serré la main des pilotes. Au pied de la passerelle d'*Air Force One*, deux responsables de la base d'Andrews, eux aussi en grand uniforme et la poitrine barrée de décorations, se sont figés dans un salut militaire. Obama le leur rend, en grimpant quatre à quatre les marches vers l'entrée de l'appareil. Les appareils photo cliquètent en chœur, mais déjà les réacteurs se mettent en route et c'est la bousculade devant la passerelle arrière du 747, l'entrée réservée aux « petites mains ».

Nous sommes à peine assis dans la cabine de presse qu'*Air Force One* s'ébranle. Rien à voir avec les interminables séances de « taxi » des jets commerciaux.

Toute la base d'Andrews s'immobilise lorsque décolle l'oiseau blanc et bleu ciel du Président. À noter toutefois, les deux 4 × 4 bourrés d'hommes en armes qui escortent l'appareil jusqu'en bout de piste, où il effectue un « point fixe » de pure formalité avant de s'envoler en trombe. Pour nous à l'intérieur, l'heure n'est pas vraiment à la relaxation : lorsque Obama voyage en dehors de Washington, le « briefing » quotidien dans la salle de presse de la Maison-Blanche est en effet remplacé par un bref point de presse – entre dix et vingt minutes – donné par l'un des porte-parole d'Obama. Les trois agences de presse, la radio, la télévision et les journaux représentés dans la cabine l'interrogent sur les sujets du jour, politique intérieure ou grands dossiers internationaux. Nous prenons fébrilement des notes sur nos téléphones portables : à l'atterrissage, il nous faudra envoyer tout de suite la quintessence des déclarations aux reporters restés au sol. Parfois, le point de presse se produit au début d'un voyage transcontinental, vers la Californie ou le Nevada. Mais le plus souvent *Air Force One* n'effectue qu'un saut de puce vers un État tout proche et c'est sous pression que nous rédigeons nos messages électroniques pour les quelque 8 000 abonnés de la liste de diffusion de la Maison-Blanche. En pleine marée noire dans le golfe du Mexique, quand Obama avait interrompu un week-end à Chicago pour aller inspecter les plages de Louisiane, son porte-parole Robert Gibbs avait même terminé son point de presse debout, cramponné à l'encadrement de la porte, au moment où le 747 se posait !

À l'arrivée, que ce soit donc à Cleveland ou à Seattle, le manège du départ se reproduit, mais en sens inverse : les reporters prennent à nouveau place sous l'aile de l'appareil, les photographes saisissent le moment où Obama descend la passerelle, en bas de laquelle l'attendent des responsables locaux et souvent, une cinquantaine d'admirateurs grâce auxquels le Président s'offre un mini-bain de foule. Puis nos accompagnateurs, membres du staff de la Maison-Blanche – ils sont surnommés *wranglers*, les « dompteurs » –, lancent le cri de rappel : « *Let's go guys, let's go !* » (« Allez, les gars, on y va ! »). Commence alors une séance de montagnes russes : pendant que le Président grimpe dans sa limousine qui l'attend à quelques mètres d'*Air Force One*, journalistes et photographes piquent un cent mètres vers les véhicules qui leur sont dévolus au sein du convoi. Là encore, quel que soit l'endroit visité, trois minibus sont réservés aux membres du « pool ». L'étiquette est précise et les photographes ouvrent toujours la marche, suivis des agenciers puis des « poolers » de presse écrite. Ces quelques secondes d'avance peuvent faire la différence lorsque le Président s'arrête quelque part et commence à s'entretenir avec ses administrés.

Ces trois minibus se révèlent aussi exigus que malaisés d'accès, je plains mes collègues plus âgés ou corpulents qui doivent se contorsionner pour en atteindre les places du fond. Nous devons tous à ces véhicules quelques torsions lombaires et ecchymoses mémorables, occasionnés dans la précipitation. Car la limousine du Président n'attend pas : une fois en branle, le convoi trace sa route et ne s'arrête pour personne. La composition de cette impressionnante file de véhicules, une trentaine au total, mérite que l'on s'y arrête un instant. Trois voitures des forces de police locales ouvrent la route, à un intervalle précis, pour s'assurer que personne n'a réussi à s'infiltrer malgré les mesures de sécurité : généralement, des centaines de policiers ont été réquisitionnés pour bloquer les voies d'accès aux artères que le convoi emprunte, y compris les allées donnant sur des propriétés privées. La troisième voiture est le « guide » du convoi, accompagné ou non de motards : elle précède deux limousines identiques, jusqu'à la plaque « 800 002 » qu'arborent tous les véhicules transportant, ou censés transporter, le Président. Obama a pris place derrière les vitres fumées de l'une d'entre elles, mais difficile de savoir laquelle. Comme avec *Marine One*, le Secret Service joue sur la réduction des risques par la multiplication des cibles potentielles.

Le Secret Service, justement : les limousines sont suivies d'un gros 4 × 4 noir bourré de membres de cette force d'élite armés jusqu'aux dents, *a priori* en mesure de repousser l'assaut d'un commando armé en cas d'attentat de type « Petit-Clamart », cette attaque de plusieurs tireurs contre le convoi du général de Gaulle en 1962 au sud de Paris. Derrière le 4 × 4 de ces « Terminator » en treillis noir et aux armes automatiques bien en vue en arrive un autre doté d'antennes et de radars, chargé des contre-mesures électroniques, notamment la neutralisation du signal éventuel d'une bombe télécommandée. Suivent plusieurs autres 4 × 4, dans lesquels se trouvent l'aide de camp militaire du Président avec les codes nucléaires, le médecin et autres membres du cercle rapproché. Et les minibus de la

presse sont précédés d'un autre véhicule étrange, de
forme carrée et lui aussi hérissé de capteurs et
d'antennes : sa mission est de « renifler » les alentours
pour s'assurer qu'une attaque bactériologique, chimique
ou radioactive n'est pas en cours. Que les reporters ne
se fassent pas d'illusions, ce n'est pas de leur santé que
l'on s'inquiète, et l'ambulance, tous gyrophares allumés,
qui ferme la marche avec d'autres voitures de police, n'a
qu'un seul client potentiel : le Président.

Au total donc, il faut compter au moins vingt et plus
souvent trente véhicules dans le convoi officiel. Et ce,
qu'Obama soit en visite officielle au Chili, en tournée
électorale en Pennsylvanie, ou en déplacement de
week-end pour aller entraîner ses filles au basket. Les
règles du Secret Service sont strictes : si le Président doit
effectuer deux cents mètres ou cent vingt kilomètres à
découvert, cela se déroulera en convoi. Obama lui-
même, au début de sa présidence, est effaré de la logistique qu'implique le moindre de ses mouvements.
Derrière la limousine, « il y a la cambuse, le traîneau à
chiens, le sous-marin… des tas de trucs ! » plaisante-t-il.

Voyager avec Obama aux États-Unis permet d'aller
là où le touriste ne va pas et d'avoir un aperçu très varié
du pays, des marécages de Louisiane aux lacs gelés du
Wisconsin, en passant par les montagnes Rocheuses et
les tours de Manhattan. Mais le Président privilégie
souvent les établissements scolaires ou universitaires, les
PME et les bases militaires qui parsèment le pays. Je me
souviens en particulier d'une visite à l'automne 2011
dans la base de Langley-Eustis de Virginie, non loin de
l'Atlantique, d'où décollent les F-22 « Raptor », des jets
ultramodernes à 150 millions de dollars pièce. Obama

venait y annoncer, sous un hangar et face à une marée d'uniformes, un partenariat avec des sociétés privées pour recruter des anciens combattants revenus d'Irak et d'Afghanistan. Ce qui nous avait le plus impressionnés, toutefois, était d'avoir été fouillés dans une casemate où étaient entreposés des dizaines de missiles. À se demander si le flair des chiens du Secret Service n'était pas un peu troublé par ces quantités d'explosifs.

Les voyages d'Obama visent avant tout les « États-clés » qui peuvent basculer côté républicain ou démocrate lors d'une élection présidentielle. Si le suffrage présidentiel aux États-Unis est universel, il est aussi indirect, héritage d'un système complexe qui n'a que peu évolué en plus de deux cent trente ans de « démocratie en Amérique » : les votes sont décomptés par État, où des « grands électeurs » sont désignés proportionnellement à leur population.

Ce système donne une grande importance aux « États-clés » les plus peuplés. On se souvient qu'en 2000 la Floride avait été déterminante pour la victoire sur le fil de Bush face à Al Gore. En 2008, Obama l'avait empochée, réduisant à néant les ambitions de McCain. En 2012, outre la Floride, les principaux États-clés sont la Pennsylvanie au nord-ouest de Washington, le Nevada et le Colorado dans l'Ouest, et surtout l'Ohio, un État durement touché par la désindustrialisation qui a élu en 2010 un gouverneur républicain après avoir choisi Obama en 2008. Autant dire que le Président chouchoute ce dernier État : il lui a consacré plus de vingt visites officielles dans les trois premières années de son mandat ! « Si ça continue, le gouverneur va me faire payer un abonnement », s'était déjà écrié Obama le 18 juin 2010.

En revanche, le peu peuplé et très à gauche Vermont, limitrophe du Canada, a dû attendre fin mars 2012 pour recevoir la première visite du Président. Encore était-ce pour participer à une réunion de levée de fonds. Les Californiens et les New-Yorkais, en majorité acquis au parti démocrate, reçoivent davantage de visites, mais là aussi, Obama s'intéresse à leur portefeuille plus qu'à leurs votes qui lui sont acquis. Et pas de chance pour les habitants de l'Oklahoma ou du Kansas, deux États peu peuplés et conservateurs : une seule visite présidentielle pour chacun depuis 2009. Et que dire de l'Alabama, l'un des États où flotte encore par endroits le drapeau des confédérés de la guerre de Sécession, qui avait voté républicain à plus de 60 % fin 2008 ? Obama lui a accordé deux passages depuis 2009, mais chaque fois en raison d'une catastrophe : la marée noire de 2010, et une tornade meurtrière l'année suivante. Quant à l'Utah, solide bastion conservateur de l'Ouest, il attendait toujours à l'été 2012 une première visite du quarante-quatrième président.

Le pool accompagne donc Obama dans une myriade d'opérations, destinées à mettre en valeur les mesures présidentielles en faveur de la relance de l'activité après la récession de 2007-2009 qui a coûté 8 millions d'emplois au pays. Qu'il s'agisse des locaux climatisés d'une usine d'ampoules LED de dernière génération en Caroline du Nord, des hangars battus par le vent d'un laminoir de la peu riante Manitowoc (Wisconsin) en plein hiver par – 15 °C ou encore d'une usine automobile de la région de Detroit, le manège d'Obama est

toujours parfaitement réglé : le Président, accompagné
des responsables de l'unité, déambule de poste en poste,
serre les mains des ouvriers chargés d'une machine, pose
des questions techniques et salue le travail « formidable » de ces usines où s'élaborent des produits « *Made
in America* ». Les journalistes sont quant à eux tenus à
quelques mètres, suffisamment près pour pouvoir
entendre ce que dit le Président, mais pas trop pour ne
pas entrer dans le champ des caméras. Sur un canevas
éprouvé dans le monde entier, le principal pour la
Maison-Blanche est de montrer un président proche des
Américains qui travaillent.

Quant aux visites dans les écoles, collèges et autres
établissements de formation, elles voient Obama se
muer en « inspirateur en chef », lui qui avoue volontiers ne pas avoir été un élève modèle, et a même
reconnu avoir tâté à la drogue lorsqu'il était jeune.
« Faites en sorte de nous rendre fiers de vous », « ne
faites pas les marioles », « votre destin est entre vos
mains », répète-t-il à l'envi, que ce soit dans un lycée de
Scranton en Pennsylvanie, fief des « cols bleus » et de
la classe moyenne blanche, ou lors d'une cérémonie de
remise des prix de fin d'année dans un établissement
de Memphis (Tennessee), dont 100 % des élèves sont
noirs. Pour nous autres reporters qui, sans côtoyer
Obama au jour le jour, le voyons quand même plusieurs
fois par semaine, observer la réaction de ces adolescents
lorsqu'ils rencontrent le Président constitue un salutaire
retour sur terre. Ces jeunes Américains sont sans doute
en train de vivre l'un des plus grands moments de leur
existence !

Afin de ne pas perdre le fil de journées qui peuvent être harassantes et s'étaler sur plus de dix-huit heures, la Maison-Blanche nous remet au début de chaque voyage un petit livret détaillant à la minute près le programme du Président. Mais l'expérience montre que certaines activités n'y sont pas mentionnées. Lorsque deux événements sont situés à plus d'une heure d'intervalle, en particulier au moment du déjeuner, il faut s'attendre à une visite surprise d'Obama dans un restaurant. Les scènes peuvent là aussi s'avérer amusantes. Au printemps 2010, le convoi présidentiel s'immobilise ainsi sur le parking d'un restaurant populaire du fin fond de l'Iowa et Obama en franchit la porte en lançant un jovial « *Hello everybody* » (« Salut, tout le monde ») ! Imaginez le choc de l'Américain en train d'engloutir un sandwich quand son président arrive vers lui pour lui serrer la main... Le pool entre à son tour dans les restaurants pendant quelques minutes, le temps de montrer une fois de plus un président au contact de ses administrés. En général, Obama règle la facture en sortant des billets de 20 dollars de ses poches. Les gens se trouvent parfois en état de choc, comme cette jeune femme qui, fin octobre 2010 à Philadelphie, se saisit en tremblant de son téléphone portable dans la bousculade du pool et dit d'une voix blanche : « Maman, oh mon Dieu, je te jure, je viens de voir Barack Obama ! » Même incrédulité en Iowa, quand le cuisinier du restaurant appelle sa mère pour lui donner la nouvelle du passage du Président dans son établissement. Apparemment, son interlocutrice est dubitative. Le cuisinier, sans façons, tend alors le combiné au secrétaire à l'Agriculture, Tom Vilsack, ancien élu local, qui lui certifiera que oui, le président Obama est en train de manger un hamburger préparé par son rejeton !

Obama, en bon homme politique, est doté d'un solide coup de fourchette, et c'est sans sourciller qu'il commande un sandwich de dix centimètres de haut à Philadelphie, une assiette de viande épicée dans une gargote de La Nouvelle-Orléans ou des pizzas pour lui et son équipe à Washington. Pas vraiment le genre de nourriture que conseille Michelle Obama, chantre du « mieux manger », d'autant plus qu'Obama arrose souvent ses repas de thé glacé sucré. Le summum est atteint lors de ma première journée de pool lorsque le convoi déboule dans les petites rues pavées de Savannah en Géorgie, un joyau de l'architecture sudiste avec ses balcons en fer forgé et ses petites places ombragées.

Le Président a jeté son dévolu sur l'un des restaurants les plus cotés de la ville, Mrs Wilkes' Dining Room. Dans le Sud américain règne une nourriture roborative : ce qui n'est pas frit baigne dans la sauce. Au menu donc pour Obama chez Mrs Wilkes : poulet frit, macaronis au fromage, biscuits, pain de maïs, salade de pâtes et côtes de porc grillées. Au cas où le Président aurait encore un petit creux, les desserts compris dans le prix incluent deux parts de pudding, l'une aux myrtilles, l'autre à la banane ! Là où la situation ne manque pas de sel, si l'on ose dire, c'est que le week-end précédent, la Maison-Blanche a publié le bilan de santé annuel du Président. Or ce dernier montre que le maître du monde libre s'est un peu laissé aller sur les gâteaux, et qu'il va devoir arrêter de reprendre du dessert et se concentrer sur les brocolis à la vapeur s'il veut faire baisser son taux de triglycérides. Obama relève avec humour l'ironie de la situation : « Je ne veux pas de leçons sur mon taux de cholestérol. Et que personne ne le dise à Michelle ! » dit-il en passant un plat à ses voisins. Évidemment, le pool n'a rien perdu de la scène et la plaisanterie présidentielle fera fureur sur les ondes, les fils d'information et les sites Internet dans les minutes qui suivront.

Tous ces détails, nous autres « poolers » devons les noter pour ensuite les envoyer à nos collègues. La tâche n'est pas facile, étant donné la nécessité d'avoir à la fois les yeux grands ouverts et les pouces affairés sur nos iPhone, Blackberry et autres téléphones multimédias, dont les batteries rendent l'âme après quelques heures de sollicitation intensive. Nous ne valons d'ailleurs pas mieux nous-mêmes à la fin de journées qui peuvent démarrer à l'aube et se terminer au milieu de la nuit.

Un exemple parmi d'autres le 30 octobre 2010, quelques jours avant les élections de la mi-mandat : Obama se lance dans une tournée au rythme endiablé qui le voit, en un seul jour, aller de Washington à Chicago en passant par Philadelphie, New York et le Connecticut. Et une fois arrivé dans son ancien fief, au terme d'une journée où il a pris trois fois l'avion et quatre fois l'hélicoptère, prononcé une demi-douzaine d'allocutions et serré des mains par centaines, Obama ne semble même pas impatient d'aller se coucher. Il décide de passer ce qui reste de la soirée dans un restaurant mexicain au centre de Chicago, d'où il ne sort que peu avant minuit, soit 1 heure du matin pour Washington. Dans les minibus garés à l'extérieur, certains reporters ont commencé leur nuit !

Mais il y a mieux : les voyages à l'étranger, qui eux aussi font l'objet de pools. Lorsqu'on embarque avec Obama dans *Air Force One* pour l'Europe, cela se produit tard le soir, et, pendant que le Président se repose dans la cabine avant de l'appareil, nous tentons tant bien que mal de somnoler dans nos quartiers à l'arrière. Les cinq ou six heures de décalage avec le continent veulent dire que notre nuit est écourtée d'autant, car Obama entame une nouvelle journée dès son atterrissage. L'une de mes journées de pool lors du G20 à Cannes début novembre 2011 avait ainsi duré vingt-six heures. Les plus infortunés des journalistes dans l'affaire sont ceux qui doivent suivre le Président dans ses déplacements asiatiques, en fonctionnant à rebours de leur horloge naturelle : lorsqu'il est 22 heures à Washington, la journée commence en Corée du Sud. Et ces tournées asiatiques durent rarement moins d'une semaine. L'un de mes collègues de CNN avait ainsi confessé avoir traversé l'Asie « comme un somnambule ». Comment fait Obama ? D'abord, chaque matin, il évite les longues fouilles du Secret Service. Et son bilan de santé publié début 2010 mentionnait, parmi les traitements en cours, des « médicaments pour lutter contre le décalage horaire ». Le genre de substance miracle dont les reporters auraient parfois besoin.

4.

Coups de feu sur Washington

Mais qui a tiré sur la Maison-Blanche ? La nuit est déjà tombée depuis quatre heures ce vendredi 11 novembre 2011 à 21 heures, lorsque des coups de feu sont entendus en plein centre de Washington. Juste après les tirs, qui n'ont *a priori* pas fait de victime, des policiers affirment avoir vu une voiture sombre démarrer en trombe vers l'ouest. Le véhicule est retrouvé cinq minutes plus tard à un kilomètre de là. Son ou ses occupants ont pris la fuite, mais, à l'intérieur, les policiers trouvent un fusil d'assaut semi-automatique équipé d'une lunette de visée. Les experts en scène de crime se mettent au travail autour de la Maison-Blanche. Le lieu présumé des tirs se trouve à sept cents mètres environ au sud et aucun arbre ne camoufle la façade de la résidence. Si le tireur a bien visé le symbole de la présidence, il pouvait l'atteindre sans problème.

Hasard du calendrier, Barack et Michelle Obama sont partis la veille à quatre mille kilomètres de là en

Californie, en route pour le sommet Asie-Pacifique de Hawaï. Leurs filles Sasha et Malia, ainsi que la mère de Mme Obama, Marian Robinson, habitent elles aussi en permanence à la Maison-Blanche mais on ne saura pas si elles étaient sur place au moment de l'incident. Quatre jours plus tard, mardi 15 novembre au soir, la nouvelle tombe *via* un communiqué : « Des dégâts à une fenêtre extérieure ont été découverts à la Maison-Blanche. Une balle a été stoppée par le verre blindé placé derrière le verre extérieur d'origine. » La police refuse de dire quelle fenêtre a été touchée. Mais un photographe de presse prend au téléobjectif un cliché de policiers scientifiques en train de s'affairer sur le balcon Truman, au deuxième niveau de l'avancée semi-circulaire de la façade. Trois fenêtres plus loin sur la gauche se trouve la chambre à coucher principale de la résidence. Il s'en est donc fallu de quelques mètres pour qu'un projectile touche une fenêtre de la pièce où dorment les Obama.

Pendant que ces éléments créent un certain émoi, les enquêteurs font diligence. Un suspect a déjà été identifié : Oscar Ramiro Ortega-Hernandez, vingt et un ans, habitant l'Idaho, un État montagneux et rural du Nord-Ouest. Une enquête de voisinage permet d'établir le profil d'un jeune homme sinon dange-reux, du moins exalté : il se qualifie de « Jésus moderne », porte les cheveux longs et une barbe chris-tique. Ses amis affirment qu'il a qualifié Obama d'« Antéchrist » et qu'il a menacé de l'assassiner. Une véritable chasse à l'homme s'organise dans la région de Washington, et le filet se resserre lorsqu'un retraité de la CIA, amateur de trains, photographie par hasard le suspect descendant d'un convoi de marchandises en Virginie-Occidentale, trois jours après les tirs. Ce coup de chance digne d'un scénario de thriller permet finalement de localiser et d'appréhender Ortega-Hernandez le 16 novembre en Pennsylvanie, à quatre cents kilomètres au nord-ouest de la capitale.

Le suspect comparaît le lendemain devant un tribunal fédéral où l'on lui signifie un chef d'inculpation peu fréquent : « tentative d'assassinat du président des États-Unis ». Peu importe aux yeux de la loi que le jeune homme ait tiré sur une Maison-Blanche vide : il n'était pas censé savoir qu'Obama était absent. Pour le FBI, le dossier est solide : selon l'analyse balistique, les cinq balles retrouvées à la Maison-Blanche ont été tirées par la copie de kalachnikov laissée dans la voiture d'Ortega-Hernandez.

Si l'on s'en réfère à l'histoire judiciaire récente, le suspect risque de ne pas revoir de sitôt la lumière du jour. En 1994, un homme de vingt-six ans avait lui aussi ouvert le feu contre la Maison-Blanche, dont le locataire de l'époque s'appelait Bill Clinton. Le quarante-deuxième président et sa famille regardaient la télévision au moment des tirs, et vingt-neuf impacts de balles avaient été identifiés sur la façade de la résidence. Francisco Duran, un ancien infirmier militaire chassé de l'armée, avait été reconnu coupable et condamné. Sa sortie de prison n'est pas prévue avant le 3 septembre 2029.

Lorsqu'on pense « attaque contre la Maison-Blanche », ce sont souvent des images de fiction qui s'imposent : la demeure présidentielle a été annihilée à plusieurs reprises par Hollywood. Mais l'histoire de la résidence, sans remonter à sa destruction par les troupes anglaises en 1814, foisonne d'incidents bien réels. Un mois avant que Duran ouvre le feu contre la Maison-Blanche, dans la même année 1994, un chauffeur routier de trente-huit ans, Frank Corder, s'était emparé d'un petit avion de tourisme pour le précipiter contre la façade sud. Il avait été la seule victime.

Certains dirigeants ou chefs d'État craignant pour leur vie étaient connus pour ne jamais dormir deux nuits de suite au même endroit, comme Saddam Hussein ou Mouammar Kadhafi. Obama n'a pas ce luxe : son agenda quotidien est public, et il suffit de consulter les sites Internet de la présidence ou de certains médias pour savoir où il sera, et à quelle heure. Et le soir, le Président se retire dans ses quartiers privés, situés comme on l'a vu au deuxième niveau de la résidence, dont toutes les fenêtres donnent sur l'extérieur.

Isolée et très visible au milieu de Washington, la Maison-Blanche peut sembler exposée. De simples grilles de fer forgé, certes hautes mais pas infranchissables, défendent la pelouse nord de la résidence exécutive, et l'endroit est fréquenté chaque jour par des milliers de touristes. La section de Pennsylvania Avenue bordant la demeure au nord est interdite aux véhicules. Mais, en dehors des mouvements de dignitaires étrangers logés dans la résidence voisine de Blair House, la place Lafayette au nord de la Maison-Blanche est libre d'accès aux piétons et aux cyclistes. Dix-huit ans après Duran, rien n'empêcherait un assaillant de cacher comme lui un fusil-mitrailleur sous son imperméable et de commettre un nouvel attentat. Faut-il rappeler que plus de 300 millions d'armes à feu sont en circulation aux États-Unis ?

Et dans l'Amérique de l'après 11-Septembre, le néophyte ne peut s'empêcher d'observer avec appréhension les avions qui décollent de l'aéroport national Ronald-Reagan, à quelques kilomètres de là, même si une zone d'exclusion aérienne est imposée autour du complexe présidentiel. Mes collègues travaillant depuis longtemps à la Maison-Blanche pointent de grosses boîtes bâchées de noir, situées sur les immeubles les plus hauts autour de la résidence : apparemment des batteries de missiles sol-air. Les autorités n'ont jamais confirmé leur existence, se satisfaisant sans doute de cette ambiguïté qui contribue à alimenter une réputation de forteresse protégée au sol par le Secret Service.

Travailler à la Maison-Blanche et suivre Barack Obama aux États-Unis et dans le monde, c'est côtoyer de près ces « super-flics ». Grâce aux innombrables œuvres de fiction que ces agents fédéraux ont inspirées, comme le film *Dans la ligne de mire* avec Clint Eastwood, on les imagine baraqués, mâchoires carrées sous lunettes noires, écouteur vissé dans l'oreille et la main sur la crosse de leur revolver. Ce n'est pas faux. Mais l'on ignore parfois que le Secret

Service avait été créé à l'origine pour lutter contre les faux-monnayeurs dans la période troublée de l'après-guerre de Sécession, en 1865. Ce n'est qu'après l'assassinat du président William McKinley par un anarchiste en 1901 que le Congrès a adopté une loi attribuant la protection du président au Secret Service et que l'on a commencé à voir ces agents accompagner le dirigeant en toutes circonstances.

Contrairement à ce que l'on pourrait penser, le Secret Service n'est pas un service secret. Même si leur travail est discret, ces policiers n'ont pas de rôle de renseignement. Si les employés du Secret Service en civil, badge à étoile au revers du veston, suivent Obama dans ses déplacements, c'est aux 1 300 agents en uniforme que revient la protection de la Maison-Blanche. Chemise blanche, costume noir, revolver à la ceinture, ils ressemblent à n'importe quel policier américain.

Le public voit plus rarement leurs collègues postés derrière les grilles, dans des monospaces aux vitres fumées. « Battle-dress » noir, berger malinois en laisse, puissant revolver .357 à la cuisse et fusil d'assaut barrant la poitrine, ils sont prêts à intervenir, jour et nuit. Est-il besoin de préciser que leurs armes de guerre sont chargées à balles réelles ?

Pour compléter le tableau, des tireurs d'élite se relaient sur le toit de la Maison-Blanche, équipés de jumelles à longue portée. De leur poste, ils peuvent aussi bien surveiller la pelouse nord, côté place

Lafayette, que le sud. Leur mission est de déjouer toute tentative d'un tireur isolé. Souvent, nous les croisons lors de mouvements de relève. Un certain mystère plane sur leurs armes, dont le Secret Service se borne à indiquer qu'elles sont « spécialement élaborées » pour leur mission.

Quatre présidents des États-Unis ont été assassinés. Tous l'ont été par balles, d'Abraham Lincoln (1865) à John F. Kennedy (1963) en passant par les moins connus James Garfield (1881) et McKinley (1901). Deux ont perdu la vie à Washington, Lincoln et Garfield. Mais aucun n'a été victime d'un attentat à la Maison-Blanche.

Ce qui ne signifie pas qu'elle soit impénétrable, comme viendra le rappeler un incident aussi mémorable qu'embarrassant pour le Secret Service. Nous sommes le 24 novembre 2009 et les Obama organisent leur premier dîner d'État, un événement rare, à la fois diplomatique et mondain, en l'honneur du Premier ministre indien Manmohan Singh. Les Obama ont déroulé le tapis rouge pour le dirigeant de la « plus grande démocratie du monde ». Un chapiteau a été déployé sur la pelouse sud, décoré de fleurs et de brocarts chamarrés. Le menu végétarien mêle saveurs indiennes et américaines, le tout arrosé de sauvignon blanc de la Napa Valley. Deux artistes « oscarisés », la chanteuse Jennifer Hudson et le musicien A.R. Rahman, assurent la distraction des quelque 400 invités, parmi lesquels Steven Spielberg et le maire de New York Michael Bloomberg, qui dînent avec vue imprenable sur les monuments éclairés de Washington.

« Une réussite éclatante de l'hospitalité à la Michelle Obama », s'ébaubit la presse « people ». Mais en quelques heures le tableau va se ternir. Signe des temps ? Le scandale trouve son point de départ sur Facebook. Deux Américains, Tareq et Michaele Salahi, ont mis en ligne sur leur page personnelle des photos d'eux, radieux, en train de poser avec le vice-président Joe Biden, non moins hilare, pendant la réception. Mais les Salahi ne figuraient pas sur la liste des invités ! Ce couple de quadragénaires connus sur la scène mondaine de Washington a réussi à s'immiscer dans la fête la plus prestigieuse, et pensait-on, la plus exclusive de l'année.

Le Secret Service est dans ses petits souliers, d'autant plus que la Maison-Blanche diffuse ensuite une photo où l'on voit Mme Salahi, blonde élancée drapée dans un superbe sari rouge, serrer la main du président Obama. Toute personne entrant dans la Maison-Blanche passe sous des détecteurs de métaux, ce qui exclut qu'Obama ait risqué de se faire poignarder ou tirer dessus. Mais les Salahi ont réussi à pénétrer dans le saint des saints de l'État fédéral sans que leur dossier ait été étudié par la police, en passant deux postes de contrôle successifs à l'entrée de la résidence. « Ils auraient pu apporter des armes chimiques ou biologiques, ou bien se saisir de n'importe quel couvert, couteau ou fourchette », s'inquiète l'élu républicain Peter King, spécialiste des questions d'antiterrorisme à la Chambre des représentants, énonçant tout haut ce que le Secret Service doit ruminer tout bas.

Le chef de ces policiers, Mark Sullivan, publie un communiqué : après cet événement, son agence est « profondément inquiète et gênée », dit-il. Le Congrès ne prend pas l'incident à la légère et convoque M. Sullivan pour un témoignage. On apprendra alors que trois agents en poste à l'entrée de la Maison-Blanche et censés avoir contrôlé les Salahi ont été suspendus. Interrogé sur cette énorme gaffe le 1er décembre, le porte-parole d'Obama, Robert Gibbs, communique l'état d'esprit du Président lorsqu'il a appris l'intrusion : « On peut dire sans se tromper qu'il était en colère. Michelle était en colère. »

Mais pour Sullivan, le pire est à venir. Je couvre le déplacement d'Obama au sommet des Amériques à Carthagène en Colombie, à la mi-avril 2012, et suis en train de dîner avec des collègues et des responsables du service de presse de la Maison-Blanche, lorsque l'un d'entre eux fait passer aux journalistes un message avec un lien vers un article du *Washington Post*... et l'adresse électronique du porte-parole du Secret Service. Plusieurs de ces « gorilles », arrivés à Carthagène quelques jours avant Obama pour préparer la logistique de son séjour, sont soupçonnés d'avoir fréquenté des prostituées dans un club de la ville, et de les avoir ramenées dans leur hôtel ! Le scandale est énorme, et prend de l'ampleur tous les jours qui suivent : en fait, ce sont douze agents du Secret Service qui ont participé à ces rencontres présumées, ainsi que onze militaires dont des membres des forces spéciales. La Maison-Blanche tente de calmer le jeu, le porte-parole Jay Carney, successeur de Gibbs, fait valoir que le Secret Service et la présidence sont deux entités séparées. Le Secret Service, dont le prestige est très atteint, assure que la sécurité d'Obama n'a jamais été compromise. Mais les républicains ne perdent pas de temps et s'interrogent tout haut sur la responsabilité du chef de l'exécutif dans la gestion d'une affaire selon eux symptomatique d'un laisser-aller de la discipline au sein de l'administration démocrate. Neuf policiers sur douze perdent leur emploi.

Mais comme dans l'affaire Salahi, Obama persiste à saluer le dévouement des membres du Secret Service, dont l'excellence ne doit pas être ternie selon lui par le comportement d'une « poignée de crétins ». Non qu'il ait le choix. Être président des États-Unis, c'est vivre vingt-quatre heures sur vingt-quatre dans une « bulle » protégée par des policiers où que l'on aille, mais encore plus lorsqu'on est à la Maison-Blanche, un endroit que Bill Clinton qualifiait avec humour de « joyau du système pénitentiaire américain ». Cette « bulle », on la retrouve partout lors des déplacements présidentiels, où l'on reconnaît sans faille les agents : à part les deux gardes du corps chargés de la protection rapprochée d'Obama, ils sont les seuls à ne jamais regarder le Président. En effet, si un individu non autorisé réussissait à s'approcher d'Obama, ce serait déjà trop tard. Les yeux toujours mobiles, les gardes du corps scrutent le public à la recherche d'un élément suspect. Leur rôle, en dernier recours, est de « prendre une balle pour le Président ».

Je suis témoin de leur rapidité fin mai 2010, en pleine crise de la marée noire dans le golfe du Mexique. Obama vient de visiter la commune de Grand Isle, dans le sud du delta du Mississippi, et s'apprête à repartir pour Chicago, où il passe un week-end en famille. Le Président a déjà pris congé des responsables qui l'ont guidé dans la région, et s'est engouffré dans *Air Force One*. Comme d'habitude, les journalistes l'ont photographié alors qu'il était en train de remonter la passerelle, et se pressent devant l'escalier desservant l'arrière du 747 présidentiel. À mon tour, je tends mes badges d'accréditation à un agent du Secret Service – pour ce déplacement dans la touffeur louisianaise, tous les « super-flics » ont revêtu des pantalons de toile et des polos amples – lorsqu'une détonation sèche résonne sur le tarmac. Je tourne la tête, à la recherche de l'origine du bruit. Quand mon regard revient sur l'agent, il a disparu ! Une seconde plus tard, il émerge de derrière l'escalier de l'avion où il s'était abrité, la main encore sur la crosse de son revolver. Fausse alerte *a priori*, et Obama se trouve déjà en sécurité dans l'avion. Ce n'est qu'à l'arrivée à Chicago que l'on saura le fin mot de l'incident : le pneu d'un véhicule avait éclaté sous l'effet de la chaleur.

À force d'entrer tous les jours à la Maison-Blanche, nous finissons par oublier le caractère exceptionnel de

l'endroit et les mesures de sécurité qui l'entourent.
Jusqu'au jour où un fait inhabituel vient nous rappeler
que nous sommes sous haute surveillance. Exemple
vécu par un de mes collègues photographes, qui avait
subi des analyses et des examens médicaux. Son
médecin lui avait injecté un produit révélateur, faible-
ment radioactif. Le lendemain, il vient prendre son
poste à la Maison-Blanche. Il n'a pas encore franchi la
porte blindée de la guérite d'entrée qu'une alarme se
déclenche. Quelques minutes plus tard, un agent du
Secret Service en combinaison étanche vient s'assurer
qu'aucune « bombe sale » n'a pénétré dans l'enceinte !

5.

Le mari de Michelle

« Mais qu'on leur donne une chambre ! » L'exclamation vient de mon collègue Peter, du *Los Angeles Times*. Nous sommes au Waldorf Astoria, le palace de New York où la Maison-Blanche s'est déplacée pendant deux jours à l'occasion de l'Assemblée générale de l'ONU. Par les haut-parleurs du salon qui nous sert de salle de presse filtre la bande-son d'une véritable séance de flirt. La scène se déroule à une douzaine de rues, dans une salle de spectacle, et la voix est celle de Michelle Obama, qui accompagne son mari pendant deux jours dans la ville où des dizaines de chefs d'État et de gouvernement se donnent traditionnellement rendez-vous en fin d'été sous la bannière bleue des Nations unies. Toute la journée de ce mardi 20 septembre 2011, le Président a participé à des réunions officielles sur les dernières crises internationales.

Mais au terme d'une journée de marathon diplomatique, le moment est venu d'aller passer la soirée en tête à tête avec son épouse Michelle. En tête à tête, façon de parler : quatre cents personnes s'entassent dans le Gotham Hall de Broadway. Passer à New York sans profiter de la richesse et de la bonne volonté des New-Yorkais – à une écrasante majorité électeurs démocrates – serait une faute, à quatorze mois de la présidentielle. Et Michelle Obama est chargée de présenter son mari face à une foule dont l'enthousiasme n'est pas douché par le fait que chacun de ses membres a dû débourser 2 500 dollars pour un dîner assis.

La chanteuse Alicia Keys vient de se produire sur scène, et Michelle Obama, en robe d'été noire dont les larges bretelles mettent en valeur ses épaules musclées, prend la suite, accueillie par un tonnerre d'applaudissements. « C'est formidable d'être ici avec mon mari, parce que en vérité nous ne voyageons plus que rarement ensemble. Quand il est là, moi je suis ailleurs. Donc ce soir, c'est notre soirée en amoureux. Et je voudrais vous remercier, tous, d'avoir mis sur pied une soirée aussi sympa, aussi intime juste pour nous deux. Un petit dîner, Alicia Keys, vraiment, le souci du détail. Qui sait ce qui va se passer par la suite ? » lance-t-elle, l'œil coquin. Au Waldorf Astoria, les correspondants à la Maison-Blanche lèvent les yeux au ciel.

Mais Michelle Obama passe bientôt aux choses sérieuses. Sa mission est de toute évidence de parler non du président, mais de l'homme. Obama a parfois l'air détaché ou cérébral ? Elle évoque le début de leur relation, à la fin des années 1980, « le maigrichon avec un drôle de nom » qui l'avait séduite à l'époque où il était travailleur social dans le sud de Chicago et s'occupait des classes les plus pauvres.

« J'ai vu comment ces histoires l'ont hanté, comme il a dédié sa vie à lutter pour des gens comme eux. Et je dois vous dire que je vois toujours ce lien, ce feu sacré qui, tous les jours, est encore là », souligne la première dame. Michelle Obama n'est pas une oratrice de la trempe de son mari, mais elle a, paraît-il, longuement travaillé et répété pour se perfectionner. Cela se sent lorsqu'elle aborde le point culminant de son discours, après avoir évoqué les défis qui attendent encore le Président, et la nécessité de lui accorder quatre années supplémentaires pour appliquer son programme.

« Mais la vérité, c'est qu'il ne peut pas le faire tout seul. Donc, je dois vous le redemander : est-ce que vous le soutenez ? Est-ce que vous le soutenez ? Vous êtes motivés ? Vous êtes prêts à repartir pour un tour ? » s'exclame-t-elle, pendant que l'assistance hurle des « *yeah* » à tue-tête. « Alors je suis fière de laisser la place à mon mari, le président des États-Unis Barack Obama », s'exclame la « First Lady », qui accueille son mari sur scène d'un baiser chaste mais déterminé sur la bouche.

Obama reprend la conversation au vol. « Que pensez-vous de Michelle Obama ? Elle n'est pas mal, hein ? » dit-il, le regard pétillant. « Vous avez remarqué qu'elle est de plus en plus mignonne ? Elle est formidable, et c'est la raison pour laquelle j'ai des enfants formidables. J'ai amélioré mon patrimoine génétique ! Et c'est vrai, ce soir, c'est ce qui ressemble le plus à une soirée en amoureux pour nous. Il va falloir que je règle ça ! »

Certes, il ne s'agit que d'une soirée de levée de fonds, et non d'un dîner officiel ; mais cette mise en scène réglée au millimètre est symptomatique du rôle capital qu'a endossé Michelle Obama depuis la longue campagne électorale de 2007-2008. Michelle LaVaughn Robinson, quarante-huit ans en 2012, est réputée avoir donné elle-même le feu vert à son mari pour qu'il brigue l'investiture démocrate, et l'avoir motivé en lui lançant : « Tu n'as pas intérêt à te planter, mon pote ! »

Obama avait reconnu sa dette, après sa victoire du 4 novembre 2008 au soir : « Je ne serais pas ici ce soir sans le soutien sans réserve de ma meilleure amie de ces seize dernières années, le pilier de notre famille, l'amour de ma vie, et la prochaine première dame des États-Unis. » Pendant près de deux ans, depuis février 2007, Michelle Obama s'est dédoublée pour défendre la candidature de son mari, le précédant sur scène, allant le défendre lors de réunions plus intimes au domicile de donateurs, ou encore en participant à des émissions télévisées. Un sacerdoce pour cette brillante diplômée de Princeton et Harvard qui, lorsqu'elle a rencontré son futur mari, était déjà employée à plein temps par un grand cabinet d'avocats. Lui n'était que stagiaire, bien qu'il soit son aîné de trois ans. Avant de cesser toute activité professionnelle pendant la campagne, elle faisait partie de l'équipe dirigeante d'un hôpital universitaire de Chicago, salaire annuel de 270 000 dollars à la clé, six fois le revenu médian aux États-Unis... et deux fois le traitement de son sénateur de mari.

Malgré son engagement électoral, et bien qu'elle ait consenti en substance à ne plus voir son époux pendant des semaines d'affilée, Michelle Obama a exigé de ne faire campagne que deux jours par semaine, pour ne pas laisser ses filles trop longtemps seules : Malia, l'aînée, est née en 1998, Natasha, *alias* Sasha, en 2001.

Aux États-Unis en effet, l'on élit un président, mais c'est un couple, éventuellement avec enfants, qui s'installe à la Maison-Blanche. Et le rôle de la « First Lady », qui n'est, comme en France, ni mentionné par la Constitution ni une fonction officielle, sent quelque peu la naphtaline. Les épouses des présidents – il n'y a pas encore eu de « premier monsieur » – se consacrent à la décoration, aux œuvres et au protocole, un moule compassé tout droit issu du XIXᵉ siècle, quand les femmes n'avaient pas le droit de vote et pas toujours celui de leurs propres opinions. Mis à part quelques exceptions, comme Eleanor Roosevelt, pasionaria des droits civiques un quart de siècle avant la fin de la ségrégation, et Hillary Clinton, elle aussi brillante juriste, militant pour une réforme de l'assurance-santé au côté de son mari Bill, le modèle récent de la première dame américaine, avec Nancy Reagan, Barbara Bush puis sa belle-fille Laura Bush, semblait plutôt celui d'une « maman-en-chef », rassurante jusqu'à l'ennui.

Lorsque Michelle Obama entre à la Maison-Blanche, les observateurs du tout-Washington s'attendent qu'elle dynamite l'« East Wing », l'aile de la résidence réservée aux premières dames. Mais c'est tout le contraire qui se produit. À peine fait-elle parler d'elle pour quelques audaces de style vestimentaire.

Côté bonnes causes, Laura Bush s'était engagée contre le sida et l'illettrisme. Michelle Obama choisit de sonner l'alarme contre l'obésité infantile, dans un pays où un enfant sur trois est en surpoids, une statistique porteuse de graves problèmes de santé publique à venir.

A priori peu susceptible de controverse – qui peut s'opposer à l'idée de jeunes Américains en meilleure santé ? –, cette campagne, baptisée « *Let's move !* », c'est-à-dire « Bougeons ! », coïncide avec la réforme de l'assurance-maladie que Barack Obama tente alors de faire passer au Congrès. Décidée à faire mentir ceux qui parmi les adversaires de son mari qualifient cette campagne de gadget, Michelle Obama recrute successivement des chefs cuisiniers, des géants de la distribution dont Wal-Mart et même Disney pour promouvoir le « mieux-manger ». Dans un pays de « déserts culinaires », où trouver des légumes frais relève parfois de la gageure, Mme Obama plaide pour un meilleur accès à ces produits.

Autre preuve que dans l'opération de communication de la Maison-Blanche, Mme Obama joue une partition complémentaire à son mari, sa deuxième cause vise les familles de soldats américains durement touchées par le déploiement de ces derniers dans des zones de combat depuis la fin 2001. Baptisée « *Joining Forces* » et dévoilée en avril 2011, cette initiative promeut la solidarité avec les proches des membres des forces armées. Michelle Obama s'est adjointe dans cette opération l'épouse du vice-président Joe Biden,

Jill, dont le beau-fils, officier de réserve, a servi en Irak pendant la campagne électorale. En 2011 et 2012, il est rare que Barack Obama visite une base militaire sans Michelle à son côté.

Michelle Obama, grâce à ses actions mais aussi à son style simple et direct, possède une cote de popularité à rendre jaloux son mari. Ce dernier recueillait entre 43 et 48 % d'opinions favorables lors de ses deuxième et troisième années au pouvoir. Selon les enquêtes, Michelle Obama est appréciée par 63 % à 68 % des Américains, une performance pour la première première dame noire américaine dont l'image n'a pas toujours été si positive.

En effet, pendant la campagne de 2007-2008, elle avait été visée par des accusations de médias ultraconservateurs qui, à la recherche d'éléments gênants pour le candidat Obama, avaient déniché le mémoire de fin d'études rédigé par la jeune Michelle Robinson à Princeton, un texte consacré à la place des minorités noires dans les établissements universitaires d'élite. Une preuve de la rancœur raciale de l'épouse du sénateur, assuraient-ils, jouant sur une question sensible dans la société américaine. Il ne faut pas perdre de vue que les parents de Michelle Obama, même devenus seminotables de leur quartier grâce à la position hiérarchique de M. Robinson dans l'organigramme démocrate de Chicago, ont connu l'époque de la ségrégation raciale, qui n'a été abolie qu'en 1964-1965, alors que Michelle était à peine née. Et contrairement à Barack Obama, issu d'un père kényan et d'une mère dont la famille était originaire du

Kansas, Michelle Obama compte des esclaves parmi ses ascendants directs.

« Je ne suis pas censée être là » sera un leitmotiv des discours de campagne de Michelle Obama au tournant de 2007-2008. Le parcours de la « First Lady » est en effet exemplaire d'une ascension aux plus hautes sphères par l'effort et les études.

Mais cette arrivée au premier plan de Michelle Obama réveille aussi de vieux démons à peine assoupis. La télévision ultraconservatrice Fox News n'hésite pas à la qualifier d'« *Obama's baby mama* », une expression qui chez les Noirs désigne une petite amie aux mœurs légères. L'animateur radio aussi populaire qu'outrancier Rush Limbaugh assure en direct à l'antenne que Michelle Obama « ne semble pas suivre ses propres conseils diététiques ». Un élu républicain du Wisconsin à la Chambre des représentants, Jim Sensenbrenner, se permet cette critique fin 2011 : « Elle nous fait la leçon pour que nous mangions correctement, mais elle a elle-même de grosses fesses. » Michelle Obama, 1 mètre 83 sous la toise et capable de vingt-cinq « pompes » de suite sans perdre son souffle, ne daignera pas réagir. Et Sensenbrenner, qui arbore un double menton, devra s'excuser.

Le plan de communication de Michelle Obama est pourtant irréprochable. Elle cultive une image de femme ordinaire, proche des gens. Son entourage laisse filtrer qu'elle s'offre des visites incognito dans les magasins. Fin 2011, l'un de mes collègues d'AP prendra d'elle une photo mémorable : casquette et lunettes fumées, elle pousse un chariot rouge dans les allées d'un supermarché. Le photographe confiera qu'il a été renseigné sur la présence de la première dame, mais il ne dira pas par qui. De là à soupçonner une opération des attachées de presse de Michelle Obama...

Comme son mari, Michelle Obama est très prudente. Sans doute a-t-elle appris à ses dépens à quel point ses actes et ses déclarations seraient désormais passés au peigne fin, lorsqu'elle a commis le seul véritable impair de sa nouvelle vie publique. C'était lors d'une réunion électorale le 18 février 2008, dans le Wisconsin. « Pour la première fois de ma vie d'adulte, je suis vraiment fière de mon pays », avait-elle dit, en évoquant la possibilité que son mari décroche l'investiture démocrate face à Hillary Clinton. Une gaffe alors qu'aux États-Unis les enfants des écoles publiques récitent chaque matin le serment d'allégeance au pays et saluent le drapeau. Chaque événement public, d'un match de base-ball à une inauguration de terminal d'aéroport, est l'occasion de chanter l'hymne national *The Star-Spangled Banner*, la main sur le cœur. Bref, le sens commun veut que l'Américain soit fier de son pays. Les républicains n'allaient pas laisser passer l'impair et l'épouse du candidat républicain John McCain, Cindy, riposte : « J'ai toujours été fière de mon pays et le serai toujours. »

D'autres reproches, plus feutrés mais peut-être davantage révélateurs de la « vraie » Michelle Obama, font surface début 2012, quand paraît le livre *The Obamas* de Jodi Kantor, une journaliste respectée du *New York Times* qui appuie son enquête en particulier sur des entretiens avec une trentaine de proches et de collaborateurs de la « première famille ». L'on y apprend que derrière la façade lisse et consensuelle de Michelle Obama vit une femme libre et aux opinions bien tranchées, sans doute plus à gauche que son mari, ce qui ne l'empêche pas d'être un soutien inconditionnel du Président. Mécontente de voir l'équipe de ce dernier paraître renoncer à certaines promesses de campagne au nom du réalisme, notamment dans le dossier de l'assurance-maladie, elle l'a fait savoir à la garde rapprochée d'Obama. Spécialiste des questions sociales, elle déplore en particulier que l'on ne mette pas plus à contribution ses talents pour « vendre » cette réforme aux Américains. Sous pression, le porte-parole d'Obama, Robert Gibbs, explose de colère quand un autre reproche provient de l'East Wing : « *Fuck her !* » (« Je l'emmerde ! ») aurait-il ainsi dit de la première dame selon Jodi Kantor. « *The Obamas* » assure aussi que Michelle Obama n'a fait campagne qu'à contrecœur pour les élections de la mi-mandat en novembre 2010.

Il est vrai qu'à l'époque une phrase prononcée au détour d'un discours par la première dame avait frappé les journalistes travaillant à la Maison-Blanche. Nous sommes le 17 octobre, dans la ville de Chagrin Falls – ça ne s'invente pas ! – en Ohio. Elle est une nouvelle fois chargée de présenter son mari, sur un canevas éprouvé. Tout va bien jusqu'à la fin : « Je suis honorée de vous présenter mon mari, un jeune homme très bien de sa personne. L'amour de ma vie, *même s'il n'en est pas toujours convaincu.* » Les Obama viennent-ils de se disputer en coulisses ?

Concernant le livre de Kantor début 2012, Michelle Obama répond, mais un peu à côté. Elle se défend sur CBS d'avoir essayé d'influer sur la West Wing. « Il y a cette idée que j'assiste à des réunions, que je participe à des conversations et à des conflits », dit-elle pour le démentir, avant de remarquer que, « évidemment, c'est plus intéressant d'imaginer cette situation conflictuelle ». Et sans doute, révélateur de blessures mal cicatrisées : « C'est un portrait que les gens ont essayé de brosser de moi depuis le jour où Barack a annoncé sa candidature », l'idée que « je suis une Noire irascible ».

Michelle Obama est confrontée une fois de plus à l'héritage empoisonné qu'ont laissé aux États-Unis trois siècles et demi d'esclavage et de ségrégation, avec ses stéréotypes encore lancinants. La « Noire irascible » (« *angry black woman* »), la femme noire américaine qui parle fort et à grand renfort d'argot, fait partie de l'imagerie véhiculée par les Blancs, mais aussi par une certaine partie des acteurs noirs, comme Eddie Murphy, qui incarnent à l'écran des Américaines d'ascendance africaine, très enrobées et « grandes gueules ». Au risque de perpétuer de détestables lieux communs.

Pour Michelle Obama, l'entretien à CBS est aussi l'occasion de mettre les points sur les « i » : elle n'est pas impliquée dans la gestion des affaires de la Maison-Blanche, un reproche qui a été opposé à plusieurs anciennes premières dames, notamment Hillary Clinton, mais aussi Nancy Reagan, après l'attentat contre son mari dans les premiers mois de son premier mandat. Ce qui n'empêche pas Michelle Obama de réaffirmer son rôle : Barack Obama « a des dizaines de personnes très intelligentes qui l'entourent. Et je ne suis pas une experte dans la plupart des dossiers qu'il doit gérer au quotidien ». Mais « cela ne veut pas dire que mon mari ne connaît pas mes sentiments. Ce qui est vrai, c'est que j'exprime très franchement mes opinions à mon mari, c'est le genre de relation que nous avons ».

Lorsque leur couple a été examiné au microscope en 2007-2008, pendant la campagne des primaires et de la présidentielle, les Obama n'ont pas caché qu'ils avaient traversé une période très difficile dans leur relation dix ans plus tôt. Barack Obama, jeune élu au Sénat de l'Illinois, était absent du foyer jusqu'à six jours par semaine, laissant à Michelle la gestion des affaires quotidiennes, tout cela avec deux petites filles et un emploi à plein temps. Alors qu'il semblait constamment en campagne ou en opération de levées de fonds, elle l'avait accusé de ne penser qu'à sa propre carrière, relève l'auteure d'une biographie non autorisée de Michelle Obama, Liza Mundy. Mais, paradoxalement, c'est l'arrivée à la Maison-Blanche qui, malgré les lourdes servitudes de la charge, a réuni Barack et Michelle Obama. Le Président affirme mettre un point d'honneur à interrompre sa journée de travail à 18 h 30 pour retrouver Michelle, Malia et Sasha chaque soir autour d'un dîner.

Malgré de nombreux ragots infondés dans la presse à sensation, et sauf révélations à venir, les Obama ont été épargnés par les scandales sexuels. Quinze ans après l'affaire Monica Lewinsky qui avait failli coûter sa présidence à Bill Clinton, ces faits divers continuent à alimenter la chronique des États-Unis. En mars 2008,

Elliot Spitzer, gouverneur démocrate de l'État de New York élu deux ans plus tôt avec 69 % des voix et à qui l'on prédit déjà un avenir à la Maison-Blanche, démissionne après que son nom fut apparu dans la liste des clients d'un réseau de call-girls de Washington. L'année suivante, le gouverneur républicain de Caroline du Sud, Mark Sanford, disparaît pendant plusieurs jours, après avoir déclaré à son équipe qu'il partait en randonnée : son mariage sombre lorsqu'il avouera être en fait allé retrouver sa maîtresse en Argentine. Le cas le plus embarrassant de mémoire récente concerne toutefois l'élu de New York à la Chambre des représentants, Anthony Weiner, qui utilisait son compte Twitter officiel pour envoyer des photos plus ou moins dénudées de lui à plusieurs femmes. Lorsque le scandale éclate, en juin 2011, Obama, *de facto* le chef du parti démocrate, réagit de façon glaciale. « Ce qu'il a fait était extrêmement déplacé [...] il a embarrassé sa femme et sa famille. Et je peux vous dire que si c'était moi, je démissionnerais », affirme le Président, ce que Weiner finira par faire trois jours plus tard.

Non que les tentations aient dû manquer pour un jeune et charismatique homme politique plutôt bien de sa personne. Mais ce n'est apparemment pas le genre d'Obama de folâtrer, contrairement à nombre de ses collègues du Congrès. Liza Mundy estime que le caractère de Michelle Obama n'est pas pour rien dans cette rectitude, et cite Valerie Jarrett, amie très proche du couple : « S'il fait l'imbécile, il sait qu'elle le quittera. Elle le tuera d'abord, et après elle le quittera ! »

Mais de ces ultimatums présumés, il n'en est évidemment pas trace dans la chronique officielle de la Maison-Blanche sous les Obama. En tout cas, telle qu'elle est retracée dans le catalogue d'images heureuses du site Flickr alimenté par les photographes de la présidence. L'une des toutes premières d'entre elles, le 20 janvier 2009, montrait Barack et Michelle Obama, radieux et front contre front, dans un monte-charge les menant à l'un des bals d'investiture le soir de la prestation de serment du quarante-quatrième président des États-Unis. Michelle était en robe du soir, et Barack avait enlevé sa veste de costume pour la passer sur ses épaules. D'autres photos resteront, comme celle de deux mains du couple s'étreignant en gros plan sur la balustrade d'un bateau, lors d'une visite mêlant tourisme et pédagogie, au bord du golfe du Mexique sinistré par la marée noire du printemps 2010.

Tout au long de sa présidence, Obama continue à ponctuer ses interventions publiques de clins d'œil à son épouse. Exemple le 14 février 2012. Il faut vivre à l'isolement complet pour oublier que ce jour est la « fête des amoureux » annuelle, vu le torrent de publicités qui déferlent sur les radios, les télévisions et les pages Internet. Les États-Unis subissent une éruption généralisée de petits cœurs roses. Obama, venu réagir en fin de matinée aux négociations en cours au Congrès, saisit la balle au bond, face aux journalistes : « Permettez-moi de commencer par une rapide communication d'intérêt public pour les hommes dans l'assistance : aujourd'hui, c'est la Saint-Valentin. Ne l'oubliez pas. Je sais de quoi je parle. C'est important de s'en souvenir. Et si vous voulez un conseil, faites les choses en grand ! »

Huit heures plus tard, Obama sacrifie à la tradition et emmène son épouse dans un restaurant d'Alexandria, faubourg chic au sud de Washington. Par « choses en grand », il voulait sans doute décrire son convoi de trente voitures et camionnettes traversant la capitale tous gyrophares allumés ? Délicate attention, le Président s'est aussi fendu dans la journée d'un petit message... sur Twitter. « Hé, Michelle Obama, joyeuse Saint-Valentin », a-t-il écrit, prenant à témoin 12,5 millions d'abonnés de son bonheur conjugal.

Un tel bétonnage de la communication du couple Obama ne laisse que peu de places aux critiques de ses adversaires. De fait, lorsqu'on demande fin 2011 au candidat républicain à la présidentielle Mitt Romney, quarante-deux ans de mariage et cinq enfants, quelles sont les qualités qu'il reconnaît à Barack Obama, il répond : « C'est un bon père, et un bon mari. »

6.

Prudence et petits pas : le style Obama

24 avril 2012. Barack Obama, qui espère conserver les faveurs de l'électorat jeune lors de la présidentielle du 6 novembre prochain, participe à une émission de l'humoriste Jimmy Fallon, enregistrée à l'université de Caroline du Nord où s'entasse une foule enthousiaste. Obama, qui entame alors une tournée de deux jours sur le thème de la réduction du coût des études, accorde une interview décontractée. Fallon lui demande en particulier quels sont les films comiques qu'il préfère.

« Je répondrais *Groundhog Day*, mais je me rends compte qu'il est sorti avant que ces gars ne soient nés », remarque Obama, alors que le public d'étudiants s'esclaffe. *Groundhog Day*, *Un jour sans fin* en version française, est en effet arrivé sur grand écran en 1993... Mais plus que l'illustration du fait qu'Obama a été trop occupé ces dix-neuf dernières années pour aller voir une comédie au cinéma, c'est le sujet du film lui-même qui rencontre un certain écho dans la salle de presse de la Maison-Blanche. Il s'agit de l'histoire d'un présentateur de météo blasé qui se retrouve forcé de revivre le même jour à l'infini. Ce film a vu son titre devenir une expression populaire aux États-Unis, pour parler d'un événement peu plaisant que ses protagonistes voient se répéter sans pouvoir rien y faire.

Toutes proportions gardées, les journalistes accrédités à la Maison-Blanche ont parfois l'impression de se retrouver à la place du héros du film, et ce par la faute de Barack Obama et de son équipe de communication, qui martèlent jusqu'à la nausée leur message du moment. Exemple le plus patent, lors de la campagne des législatives de la mi-mandat au début de l'automne 2010 : Obama parcourt le pays pour tenter de sauver les majorités démocrates au Congrès et expliquer aux Américains l'état effroyable dans lequel il a trouvé les États-Unis, il file une métaphore élaborée, celle de la « voiture dans le fossé », la voiture en question étant l'économie.

« C'est comme s'ils avaient mis la voiture dans le fossé. Et nous avons dû chausser nos bottes, descendre dans la boue, nous tirons, nous poussons… Et ils sont sur le côté de la route, et ils nous disent que nous ne poussons pas bien, que nous ne poussons pas assez vite… Au bout de nos efforts, nous parvenons enfin à faire sortir la voiture du fossé, elle est revenue sur la route. Nous commençons à aller de l'avant. Et là, ils se tournent vers nous, et ils nous demandent les clés. Eh bien on ne vous rendra pas les clés. Vous ne savez pas conduire. Vous nous avez mis dans le fossé. Montez à l'arrière si ça vous dit ! »

Franc succès lors des réunions électorales ou de levées de fonds pour ce passage acerbe contre les républicains, mais, sur place avec le Président ou depuis la Maison-Blanche où ces discours sont retransmis par les haut-parleurs de la salle de presse, nous nous arrachons les cheveux. Selon le décompte de mon collègue de la radio CBS Mark Knoller, statisticien officieux des faits et gestes présidentiels depuis les années 1970, Obama a eu recours à la métaphore de la voiture dans au moins trente-cinq discours différents cette année-là.

Obama ne prononce jamais tout à fait le même discours, et c'est un jeu pour les journalistes de déceler la petite tournure de phrase nouvelle qui permettra de démarrer un article ou une dépêche sans se répéter par rapport à la veille. Mais il s'agit d'un vrai défi quand le Président rabâche son message d'événement en événement, d'État en État et de jour en jour. Ce recours aux mêmes ficelles, parfois à quelques heures d'intervalle, est l'un des aspects de la présidence Obama qui m'a le plus étonné lorsque j'ai commencé à la couvrir. Vu de loin, Obama était pour moi un maître de l'éloquence, capable de prononcer des discours inspirés. Mais est-ce le fait qu'il se trouve désormais cadré par les limites de la fonction présidentielle ? Il semble parfois prisonnier d'« éléments de langage » qui varient peu, et flirtent avec la langue de bois.

Par exemple, quand Obama reçoit des chefs d'État ou de gouvernement dans le Bureau ovale, il affirme que les États-Unis n'ont pas d'allié, de partenaire ou d'ami « plus solide » que, au choix, la France, l'Australie, les Pays-Bas, le Danemark, le Japon ou le Royaume-Uni ! Quant à Israël, malgré les relations tendues avec son Premier ministre Benjamin Netanyahu, l'engagement des États-Unis à sa sécurité est tellement « inébranlable » que ce terme a été employé par Obama à des dizaines de reprises. Le porte-parole de la présidence, Jay Carney, reprend ces expressions toutes faites avec fidélité. En revanche, ce dernier reconnaît que les relations avec le Pakistan sont « compliquées, mais importantes ». Carney tient à cette expression, puisqu'il la répète lors de ses briefings dès que la question des liens avec Islamabad fait surface. Dans la région, il faut « déloger, démanteler et vaincre » al-Qaida, en tout cas c'est le message que la Maison-Blanche utilise à 332 occasions différentes, dans des discours, des conférences de presse et des documents. Au point que, lorsque Carney, répondant un jour à une énième question sur le sujet, affirme que la stratégie américaine est de « déloger, démanteler... » et cherche le dernier terme, la moitié de la salle de presse complète en chœur : « et vaincre ! »

Même genre de rabâchage pendant le début de la campagne électorale, quand Obama, ses porte-parole et ses conseillers affirment des centaines de fois que les États-Unis ont besoin d'une économie « construite pour durer », dans laquelle « tout le monde a sa chance, tout le monde contribue, et tout le monde joue selon les mêmes règles ».

Si l'on en doutait encore, le message de la Maison-Blanche est donc « sous contrôle ». Il faut se mettre à la place d'une équipe qui voit ses moindres faits et gestes surveillés au microscope par médias, blogueurs et porte-parole conservateurs, sans parler des pays étrangers. Mais les collaborateurs d'Obama ont tendance à devenir des artistes du « copier-coller ». Au bout de trente-six mois de présidence et autant de rapports du bureau des statistiques sur le chômage, les communiqués des conseillers économiques remarquent toujours qu'il est « important de ne pas tirer trop de conclusions d'un seul rapport »…

Cette tendance à rejouer « un jour sans fin » devient franchement déprimante lorsque Obama lui-même, dans des échanges avec ses administrés, répète les mêmes expressions, laissant douter de sa sincérité. Lors de ses visites en dehors de Washington, quand il sort de son avion et vient saluer la quarantaine d'Américains moyens invités à venir lui serrer la main en bas de la passerelle, il commence toujours par lancer avec un accent un peu traînant : « *How are you, good to see you !* » (« Comment ça va ? Heureux de vous voir »). Lui qui a déjà parcouru les États-Unis pendant sa campagne de 2007-2008 entame ses discours par « Ah, c'est bon d'être de retour à (Milwaukee, Miami, Boston, Los Angeles, New York, Phoenix…) ». Et quand quelqu'un l'interpelle en lui disant « Je vous aime, président Obama », il répond « *I love you back !* » (« Je vous aime aussi ! »). Les archives des discours d'Obama en ligne sur le site de la Maison-Blanche nous informent que le Président a dit « *I love you back* » 378 fois en trois ans et demi !

Même constance dans l'hyperbole, une figure de style dont les Américains raffolent et qu'Obama emploie avec constance. À longueur de discours, le dévouement des soldats est toujours « extraordinaire », les élus (démocrates) se révèlent « formidables », les employés qu'il rencontre effectuent un travail « de premier ordre » et le courage des Américains reste tout bonnement « incroyable ». Michelle Obama, pour sa part, est « en admiration » devant les militaires, en tout cas c'est ce qu'elle dit chaque fois.

Ce manque apparent de spontanéité sur la forme est aussi patent dans la façon dont Obama apparaît en public. Sans rabâcher des lieux communs sur le style qui ferait l'homme et l'habit le moine, force est de constater qu'Obama, un président dont l'arrivée à la Maison-Blanche constitue déjà un événement historique, fait preuve d'une grande prudence formelle.

À la Maison-Blanche en semaine, les costumes présidentiels sont toujours impeccablement coupés. Le tailleur Georges de Paris, un septuagénaire franco-américain à la longue crinière blanche, les lui livre sur mesure depuis son atelier situé à trois rues de la présidence. Ce dernier a du reste habillé tous les présidents depuis Lyndon Johnson. Les costumes d'Obama sont bleu foncé, et les cravates rarement d'un ton vif : plutôt grises, bleues ou magenta. Un contraste net avec le vice-président Biden qui arbore en été des costumes beiges un peu déstructurés, ose les cravates roses et possède dans sa panoplie des lunettes Ray-Ban Aviator qui lui donnent l'air d'un play-boy. Depuis qu'il est arrivé à la Maison-Blanche, on ne voit presque plus Obama avec des lunettes de soleil sur le nez.

Même lors d'occasions moins formelles, le Président adopte tout le temps le même uniforme : des pantalons de toile marron et des chemises blanches à fin quadrillage bleu. Il les porte quand il se déplace dans des zones de catastrophe naturelle, comme sur la plage louisianaise de Grand Isle en mai 2010 où il est venu inspecter les dégâts de la marée noire, ou pratiquement un an plus tard quand il vient réconforter les sinistrés de la tornade meurtrière ayant dévasté une partie de la ville de Joplin dans le Missouri. Dans les deux cas, Obama porte des chemises à manches longues, mais les a retroussées, symbole voulu d'un État au service de ses administrés.

Ce classicisme formel contraste avec celui de ses prédécesseurs. Clinton ne répugnait pas à porter des cravates psychédéliques, tandis que George W. Bush et Ronald Reagan arboraient des bottes de cow-boy jusque dans le Bureau ovale. Les temps ont certes changé et l'on voit mal Obama aujourd'hui adopter les manières de Johnson, un autre « cow-boy » qui, dans son ranch texan, se faisait servir de l'alcool par son escorte du Secret Service alors qu'il inspectait son domaine au volant d'une limousine. À l'époque de Twitter et des scandales ou pseudo-scandales prenant de l'ampleur en quelques minutes, de tels présidents hauts en couleur risquent de ne plus être vus de sitôt.

Obama, de notoriété publique, est doté d'une personnalité cérébrale et réservée, au point que certains observateurs parlent de froideur. Un trait déjà noté par sa petite amie du début des années 1980, une Australienne du nom de Genevieve Cook dont des extraits du journal intime ont été publiés début mai 2012 par le magazine *Vanity Fair*. « Sa chaleur peut être trompeuse », affirme-t-elle, en notant qu'Obama « se contrôle, se maîtrise ». Elle raconte aussi une anecdote qui, de l'avis général des journalistes ayant couvert Obama depuis des années, sonne très vrai. Un jour, la jeune femme avait dit « je t'aime » à Obama, et ce dernier lui avait répondu « merci » ! Les collaborateurs qui se sont confiés sous couvert de l'anonymat à des chroniqueurs de la présidence confirment qu'Obama ne hausse que très rarement le ton, et que ses colères sont froides.

Les comédiens se sont emparés de ce calme, comme le duo Key & Peele qui a développé une série de sketches mettant en scène Obama, accompagné de son « interprète en colère », un géant au regard sanguinaire. Les paroles modérées du Président sont ainsi « traduites » en tirades bourrées d'injures et de menaces d'attaques physiques contre les républicains et les régimes ennemis des États-Unis, avec des résultats hilarants.

Inconvénient de cette modération, Obama peine à faire passer ses émotions au grand public, en particulier lorsque son pays est frappé par une tragédie. Bill Clinton, aux manières simples, est resté dans l'histoire comme celui qui avait dit, et semblait le penser, « Je souffre avec vous » face à un activiste d'un groupe de lutte contre le sida. Obama convient d'ailleurs de ce handicap fin 2011 sur la chaîne de télévision ABC. « En fait, je peux être très sensible. Le problème pour moi est que dans ce métier, très souvent, la presse ou les gens veulent que vous étaliez vos émotions. Et si vous ne les montrez pas de façon très spectaculaire, cela ne passe pas à l'écran », assure-t-il. Mais il se défend d'être « insensible, comme M. Spock, ou très cérébral ». Héros du feuilleton-culte de science-fiction *Star Trek*, M. Spock symbolise la volonté de refouler ses émotions au nom de la logique et d'analyser le monde de façon uniquement scientifique.

L'un des aspects les plus surprenants de la personnalité d'Obama apparus depuis le début de sa présidence est justement sa fascination pour les sciences et les expériences. Chaque fois qu'il en a l'occasion, Obama défend l'enseignement scientifique, et dit la nécessité pour les États-Unis de former davantage de chercheurs et d'ingénieurs pour ne pas se faire distancer par des pays comme la Chine et l'Inde. Mais il va plus loin en organisant des « foires aux sciences » dans la Maison-Blanche, où des inventeurs en herbe viennent lui présenter leurs projets, des robots aux appareils à filtrer l'eau potable, en passant par les véhicules solaires et... un canon à guimauve. Le 7 février

2012, Obama tombe en arrêt devant cet objet orange
vif, actionné par air comprimé, que lui présente le
jeune Joey Hudy, quatorze ans. « Le Secret Service va
être très fâché contre moi », affirme Obama, avant
d'actionner le canon et d'expédier une guimauve
contre le mur ! Si Obama, diplômé de droit, n'a
aucune formation scientifique, il semble adorer se
retrouver en présence d'inventeurs. Lors de la précédente foire aux sciences, en octobre 2010, il avait
rencontré une jeune Américaine, Amy Chyao, qui
avait développé à l'âge de seize ans une méthode nova-
trice pour lutter contre le développement des cellules
cancéreuses. Et Obama avait été tellement impressionné qu'il l'avait citée en exemple dans plusieurs
allocutions avant de l'inviter à assister à son discours
de l'état de l'Union.

Au quotidien, Obama a adopté un rythme de travail
très différent de celui de son prédécesseur George
W. Bush : ce dernier était réputé se lever très tôt et
entamer ses journées de travail avant même l'aurore.
Le président démocrate, quant à lui, se lève plus tard,
mais travaille jusqu'à une heure avancée de la nuit. Le
matin, après une séance d'exercice en compagnie de
son épouse dans la salle de sport de la présidence, il
confie feuilleter le *New York Times* (et en lire tous les
éditoriaux), le *Washington Post* et le *Wall Street
Journal*, avant d'entamer sa journée de travail par des
réunions avec son équipe économique et celle du
renseignement. Chaque soir, il retourne travailler
au-delà de minuit. Il fait aussi savoir qu'il lit dix des

lettres ou messages que des milliers d'Américains lui
font parvenir, auxquelles il répond parfois lui-même.

En dehors de ses obligations officielles et de ses
vacances, Obama ne quitte que rarement la résidence,
alors que Bill Clinton, par exemple, ne répugnait pas
à aller au restaurant Georgia Brown's, situé juste
au-dessous du siège actuel de l'AFP, sur la place
MacPherson à Washington. On y sert une roborative
cuisine sudiste. Les Obama sortent de temps en temps
au restaurant à Washington, environ tous les trois
mois en moyenne, toujours pour fêter des anniver-
saires : celui du Président début août, celui de
Michelle Obama en janvier, ou celui de leur mariage
en septembre. La Saint-Valentin est aussi, on l'a vu,
l'occasion pour le « premier couple » de s'offrir une
soirée en solo. Mais le Président ne va que très rarement chez ses collaborateurs à l'extérieur de la Maison-
Blanche, expliquant que cela provoque chaque fois le
déplacement de dizaines de personnes et la nécessité
d'isoler et de passer au crible un quartier entier. En
fait Obama semble avoir adopté un régime assez casa-
nier, passant des week-ends entiers avec sa famille dans
l'enceinte de la résidence présidentielle, à peine inter-
rompus aux beaux jours par des parties de golf dans la
base d'Andrews proche de Washington, ou de basket
au siège du département de l'Intérieur.

Ce classicisme fait dire aux observateurs qu'Obama,
président révolutionnaire par son appartenance raciale,
est en fait, sur la forme, un Américain redoutablement
normal. Quelqu'un qui est incollable sur les équipes

de basket NBA et universitaires, qui boit de la bière, écoute les Beatles sur son iPod, lit les journaux sur Internet et va même jusqu'à entraîner la classe de sa fille au basket.

7.

À bord d'*Air Force One*

« Sais-tu que la tradition veut que, lorsque l'on monte pour la première fois dans *Air Force One*, l'on aille saluer le pilote ? » m'interpelle un de mes collègues photographes, qui, s'il suit la Maison-Blanche depuis trente-quatre ans, n'en a pas perdu son sens de l'humour. Je n'aurais pas pu aller très loin : la petite section réservée à la presse dans l'avion présidentiel américain, en queue d'appareil, se trouve juste derrière celle des « gorilles » du Secret Service.

Suivre Obama pour l'AFP aux États-Unis et à l'étranger, c'est avoir de temps en temps, comme on l'a vu, le privilège de monter dans l'un des avions les plus mythiques au monde : *Air Force One*. Notre agence fait systématiquement voyager un photographe avec le Président, et pour l'écrit, elle fait partie, comme évoqué au chapitre 3, d'une rotation d'une petite dizaine de médias qui se partagent deux des quinze sièges de la cabine de presse.

La plupart du temps, il faut se rendre dans la base d'Andrews, à quatorze kilomètres à l'est du centre-ville de Washington. Dans cette enceinte sévèrement gardée sont stationnés les dizaines d'appareils de la 89e escadre de transport de l'US Air Force, chargée des opérations spéciales. Parmi ces aéronefs destinés à transporter le Président, le vice-président et les membres du gouvernement figurent des déclinaisons des Boeing moyen-courrier 737 et 757, des petits jets d'affaires Gulfstream V et même un hélicoptère. Mais le Boeing VC-25, version militaire du 747-200, constitue le joyau de la flotte. Les joyaux, devrait-on écrire, puisque le 747 présidentiel existe en deux exemplaires, parqués dans un immense hangar hexagonal aux massifs piliers de béton. *Air Force One*, techniquement, n'est pas le nom d'un avion, mais celui d'une mission : n'importe quel appareil transportant le Président en exercice devient *Air Force One*.

Mais c'est le 747 qui provoque le plus de fantasmes, avec sa décoration le faisant reconnaître dans le monde entier : un « dos » blanc frappé sur vingt-cinq mètres de long des lettres capitales « United States of America », souligné d'une bande bleu roi remontant à l'avant pour englober le cockpit, un liseré doré, un autre blanc, et enfin un « ventre » où alternent le bleu ciel et le chrome. Ce dessin, qui n'a pas évolué depuis les années 1960, avait été élaboré par le designer industriel franco-américain Raymond Loewy, sur une idée de Jackie Kennedy. Et lorsque le soleil brille au-dessus d'Andrews, la carlingue reflète ses rayons comme un miroir. Rien de plus normal : l'avion n'est pas lavé, mais entièrement poli à la main. L'une des missions des quelque deux cent trente personnes qui s'occupent au sol de cet appareil pas comme les autres.

Le 747 est l'avion qu'Obama emploie le plus pendant ses déplacements, qu'il s'agisse d'une tournée à l'autre bout du monde ou d'un court aller-retour dans des États voisins de Washington. En octobre 2011, il s'était rendu avec le « gros avion », son surnom parmi les journalistes, à Richmond en Virginie : un vol d'à peine vingt minutes. Obama parle souvent de la nécessité d'économiser l'énergie et de réduire la dépendance des États-Unis vis-à-vis des carburants fossiles. La meilleure façon de montrer l'exemple n'est sans doute pas de franchir cent cinquante kilomètres avec l'un des plus gros avions du monde !

Mais l'utilisation de cet engin, dont l'heure de vol revient à près de 180 000 dollars, s'effectue aussi au nom de la sacro-sainte sécurité du Président. Le Secret Service estime que ce dernier risque bien moins à treize kilomètres d'altitude qu'au sol, où l'environnement est plus difficile à contrôler. Même si *Air Force One*, dans des conditions normales, vole sans escorte d'avions de combat, il est doté d'une série d'équipements de défense passive destinés à en faire un « bunker des airs ». On nous interdit de prendre en photo l'échappement des réacteurs : au-dessus d'eux sont installés de petits miroirs rectangulaires et irisés de couleur verdâtre, de toute évidence des détecteurs de missiles. L'avion possède aussi un blindage de ses systèmes électroniques face à une éventuelle explosion de bombe à impulsion électromagnétique, et peut être ravitaillé en vol pour rester en l'air pendant des dizaines d'heures. Après le 11-Septembre, *Air Force One* a été équipé de moyens de communication vidéo, pour permettre au Président de s'adresser à la Nation depuis les cieux. Et j'ai pu constater sur les écrans de contrôle que l'avion, en vitesse de croisière, dépassait les mille kilomètres/heure, contre neuf cents pour les jets civils, sans doute en raison d'une prime à la vitesse plutôt qu'aux économies. Un vol transatlantique Washington-Lisbonne s'effectue ainsi en un peu plus de cinq heures.

Même sans prendre en compte ces équipements de haute technologie, dont nombre sont classés « secret défense », le 747 présidentiel n'a pas grand-chose à voir avec ses cousins, chevaux de labeur des compagnies long-courrier depuis le début des années 1970. D'abord, il vole beaucoup moins que les « jumbo jets » civils, qui doivent fonctionner à une cadence soutenue pour être rentables. Le rythme reste respectable : le prédécesseur d'Obama, George W. Bush, a effectué 1 675 décollages et atterrissages à bord d'*Air Force One* en huit ans de présidence, visitant ainsi 49 États américains sur 50 (le Vermont, l'État qui vote le plus à gauche, fut le grand perdant) et 75 pays étrangers ! Obama n'a pas perdu la cadence de son prédécesseur : il est rare qu'une semaine se passe sans qu'il emprunte au moins une fois ce moyen de transport.

L'intérieur d'« *AF1* » tient plus du jet privé que de l'avion commercial, avec seulement soixante-seize places de passagers contre plus de 450 pour la version commerciale du 747. Toutefois, comme la Maison-Blanche, il s'avère fonctionnel et pas si luxueux. Les habitués des premières classes le trouveraient sans

doute spartiate. Il est vrai aussi que les 747 présidentiels ont été construits à la fin des années 1980 et sont
plutôt en fin de vie, leurs remplaçants présumés,
d'autres « jumbos » de dernière génération, les 747-8,
étant censés commencer à leur succéder d'ici à la fin
de la décennie en cours. Les précédents avions présidentiels, les VC-137C, version présientielle du
Boeing 707, ont eu une durée de vie très longue : celui
qu'avait inauguré en 1962 Kennedy – le premier président à utiliser un jet – a servi pendant trente-six ans,
jusqu'au second mandat de Bill Clinton. Quand on
visite l'autre 707, qui a transporté les présidents de
Nixon à Bush junior, dans un entrepôt de la bibliothèque présidentielle Ronald-Reagan en Californie, on
est saisi par son décor suranné en skaï bleu, mais aussi
par son exiguïté : les techniciens des transmissions
côtoyaient de près la section présidentielle, et les sièges
réservés à la presse bénéficiaient d'une vue imprenable
sur la cuisine !

Rien de tout cela dans les 747 qui font comme leurs
cousins civils soixante-dix mètres de long. Les quartiers présidentiels proprement dits, avec la chambre à
coucher, se trouvent dans le « nez » de l'appareil, juste
sous le cockpit des pilotes. Nancy Reagan avait choisi
la décoration des lieux, terre de Sienne et bois en
dominante. Elle avait voulu s'inspirer du Sud-Ouest
américain cher à son mari, ancien gouverneur de Californie. Des banquettes en « V » épousant la forme du
rétrécissement de la carlingue peuvent être dépliées
pour se transformer en lit. Les Obama peuvent y
prendre leurs repas : une table et quatre fauteuils sont
installés près de la cloison. En allant vers le fond de

l'appareil, on emprunte une allée qui court sur plus de la moitié du Boeing, et dessert successivement à main gauche le bureau de travail présidentiel, avec sa table en bois massif et ses fauteuils en cuir, et une infirmerie de bord pouvant être convertie en bloc opératoire : un médecin accompagne toujours le Président en voyage. Encore plus loin, l'on trouve une petite salle de travail réservée aux proches conseillers et une salle de conférence. L'allée débouche sur une « West Wing » miniature qui occupe toute la largeur de l'avion : une salle de travail pour l'équipe présidentielle, avec un bureau équipé de demi-cloisons où sont installés ordinateurs et imprimantes. À la hauteur des ailes, une autre cabine est réservée aux invités. Ce sont souvent des élus des États où se rend Obama. Derrière eux se trouve la section du Secret Service, et enfin, celle de la presse, sur le côté arrière droit de l'appareil, séparée par une cloison aveugle du reste des occupants.

La circulation des personnes à bord d'*Air Force One* répond à une règle d'étiquette fondamentale : chacun est autorisé à se déplacer vers l'arrière de la zone où se trouve sa place, jamais vers l'avant. Le Président peut voir tout le monde. Les journalistes sont libres... d'aller aux toilettes. Quant à Bo, le chien présidentiel, il bénéficie des mêmes privilèges que son maître, puisqu'il vient de temps en temps nous rendre visite lorsqu'il est du voyage.

Dans la cabine de presse, deux écrans aux murs permettent de regarder la télévision en direct ou des films pendant les longs trajets, mais le décor reste très sobre, dans les tons gris et beige. Les sièges de classe affaires de couleur marron ne s'inclinent pas très bas et les reporters aux dos les plus sensibles se plaignent de leur dureté. Si nous pouvons travailler sur nos ordinateurs portables, nous sommes privés de réseau Internet. Alors que la plupart des transporteurs américains proposent du réseau wifi sur leurs avions, *Air Force One* en est dépourvu pour les journalistes. Le Secret Service y met-il son veto, afin d'éviter la géolocalisation d'*Air Force One* ?

Même souci de la sécurité lors des manœuvres de décollage et d'atterrissage : pour un 747, *Air Force One* décolle très rapidement, sans doute grâce à son chargement plus réduit qu'un avion civil bourré de voyageurs et de bagages. Et il prend vite de l'altitude, là encore pour éviter toute attaque depuis le sol. L'atterrissage, sans être brutal, s'effectue lui aussi avec une approche raccourcie. L'avion présidentiel dépend de l'armée de l'air et n'a pas à suivre les couloirs aériens commerciaux ni les circuits d'approche ou d'attente classiques, d'où une grande rapidité de mouvement.

Le film de fiction *Air Force One*, qui voit Harrison Ford endosser le costume d'un dirigeant américain aux prises avec un commando terroriste russe infiltré dans l'avion présidentiel, a lancé quelques idées fausses sur cet avion. En particulier, il n'est pas équipé d'une nacelle de secours qui permettrait en dernier recours de larguer le Président en toute sécurité vers le sol ! Et, contrairement à un porte-avions qui est toujours entouré d'escorteurs, *Air Force One* n'est pas accompagné d'avions de combat : leur rayon d'action ne pourrait rivaliser avec celui d'un jet en mesure de franchir plus de douze mille kilomètres d'une seule traite. Et enfin, la limousine présidentielle n'est pas garée dans les soutes d'*Air Force One*, mais dans des avions de transport lourds de l'armée de l'air, les C-17 « Globemaster » qui précèdent la délégation présidentielle.

Une fois au sol, *Air Force One* est toujours garé sur le tarmac le plus loin possible des aérogares, même si sa taille le rend facilement repérable. Outre le danger que pourrait courir le Président, une balle tirée sur l'appareil serait non seulement dangereuse pour un aéronef bourré de carburant, mais aussi dommageable au prestige des États-Unis. Et sur des aéroports plus petits, les autorités locales alignent des semi-remorques à proximité de l'appareil afin de boucher tout angle de tir. Pour éviter un sabotage, quatre membres d'équipage ont la mission de monter la garde devant chacun des réacteurs. Et toujours au nom de la sécurité, le Secret Service interdit aux médias de retransmettre en direct les décollages ou atterrissages de l'appareil, au cas où un tireur embusqué dans la zone d'approche ou d'envol y prendrait des repères. Il n'est d'ailleurs pas rare que l'avion se pose plutôt, aux États-Unis ou dans le monde, sur les pistes de bases militaires américaines : il serait impensable de faire le plein d'un kérosène qui n'aurait pas été testé au préalable.

Si l'apparition d'*Air Force One* ravit les amateurs d'images d'avions rares, elle signifie aussi un casse-tête pour les passagers de lignes régulières. Quand l'appareil atterrit dans de grands aéroports comme Atlanta, Chicago ou New York, le trafic est suspendu pendant ses manœuvres d'approche et de convoyage, bloquant *de facto* des milliers de personnes pendant de longues minutes. Pas forcément la meilleure façon pour

Obama de s'attirer la sympathie des électeurs-voyageurs, déjà las des mesures de sécurité et de contrôle renforcées instaurées depuis le 11-Septembre. Des zones d'exclusion aérienne temporaires sont également imposées par le NORAD, l'organisation de surveillance de l'espace aérien nord-américain, autour des avions ou hélicoptères empruntés par Obama, qu'ils soient en vol ou au sol. À la moindre alerte ou intrusion, des chasseurs décollent pour détourner tout appareil ayant forcé cette limite invisible. Le 16 février 2012, un Cessna est ainsi intercepté par deux F-16 au-dessus de Los Angeles, où Obama est venu effectuer une énième tournée de levée de fonds. Forcés à atterrir, ses occupants sont toutefois mis hors de cause par le Secret Service. Ils n'en voulaient pas à la sécurité du Président. En revanche, la police a eu quelques questions à leur poser : ils transportaient dix kilos de cannabis !

Un avion comme *Air Force One* n'est pas confié à n'importe qui, et ses derniers pilotes titulaires étaient colonels. La tradition veut qu'un nouveau pilote prenne les commandes de l'appareil lorsque change le locataire de la Maison-Blanche. Pendant huit ans, Mark Tillman a piloté Bush. Le colonel Scott Turner, copilote de Tillman, a pris la suite à partir de janvier 2009, après avoir transporté Obama de Chicago à Washington pour son premier voyage à bord d'un avion de la flotte présidentielle, en l'occurrence un 757. Le moment a été immortalisé par la chaîne télévisée National Geographic.

On y voit Obama, aux anges, serrer la main de Turner en haut de la passerelle, et le taquiner : « C'est vous le pilote d'*Air Force One* ? Vous avez la tête de l'emploi ! Vous ressemblez à Sam Shepard dans *L'Étoffe des héros* ! » film de 1983 qui retrace l'époque des pilotes d'essai ayant franchi le mur du son peu après la Seconde Guerre mondiale.

Si le Président peut manger à la carte dans *Air Force One*, le menu est fixe pour les hôtes moins prestigieux, comme les journalistes. On me demande souvent si l'on mange bien dans l'avion présidentiel. Disons que l'on ne mange pas mal, et avec style : les assiettes blanches aux liserés dorés sont décorées aux armes de la présidence, de petites salières et poivrières accompagnent le plateau-repas, et les serviettes de table en coton épais rivalisent avec celles de restaurants chics. Mais Michelle Obama n'a sûrement pas donné son agrément au menu concocté par les militaires. Le « brownie » au chocolat peut suivre le chili con carne, servi dans un pain complet évidé en guise de bol. Parfois, nous héritons de tacos ou de cheeseburgers. Au petit déjeuner, trois juteux pancakes, ces crêpes épaisses, baignent dans le sirop d'érable, à côté de merguez. Il reste possible d'opter pour une salade de fruits, en s'accommodant de l'avalanche de crème fraîche qui la couronne. Autant dire qu'il ne faut pas finir son assiette si l'on ne veut pas sombrer dans une sieste digestive pendant les discours à venir.

Le bon côté des choses pour les journalistes qui ont souvent une réputation à tenir, c'est que la présidence américaine et l'armée de l'air n'ont pas mis la presse au régime sec. Fin des sommets du G8 et G20 à Toronto au Canada, le 27 juin 2010. Après deux jours de réunions internationales au plus haut niveau et dix-huit heures de travail quotidien, les correspondants sont sur les genoux. Il est temps de décompresser une fois envoyés les derniers « papiers », et nous accueillons comme le Messie le steward de la cabine de presse, qui passe dans le couloir, la phrase magique à la bouche : « Que puis-je vous proposer ? » « Ça dépend de ce que vous avez ? » rétorque ma collègue du *New York Times*. « À peu près tout ! » assure le steward. Deux verres de chardonnay californien plus loin, la couverture des rencontres bilatérales sino-américaines n'est plus qu'un lointain souvenir.

Il ne faut pas en conclure que les journalistes sont chouchoutés à l'extrême à bord d'*Air Force One*, même s'il existe quelques « bonus ». Jusqu'à l'administration Clinton, on leur distribuait des paquets de cigarettes frappées du logo présidentiel. Du plus mauvais effet au moment où les cigarettiers américains étaient condamnés au civil à des sommes colossales pour avoir caché la nature cancérigène de leurs produits, et la tradition a vécu. Aujourd'hui, les souvenirs consistent en de petites pochettes d'allumettes – une incongruité dans un avion, surtout depuis le 11-Septembre, mais passons – et les « M&M's » spéciaux. Ces petites boîtes de friandises frappées du sceau présidentiel et d'une reproduction de la signature de Barack Obama font toujours leur effet auprès de vos amis. Mais pour ceux qui attachent de l'importance à de telles vanités, le grand moment arrive quand vous recevez, deux ans après le baptême de l'air, un diplôme calligraphié format A3, signé du pilote Scott Turner, attestant que vous avez volé dans *Air Force One* « en tant qu'invité du président Obama ».

Invité ? À ceux qui paieraient des impôts aux
États-Unis et s'inquiéteraient de voir les journalistes
déguster des pancakes et du vin blanc aux frais du
contribuable, il faut souligner que voler dans *Air Force
One* n'est pas gratuit pour les organisations de presse.
Sans aligner des chiffres, disons que les médias acquit-
tent en moyenne le prix d'un siège de classe affaires sur
des lignes régulières pour placer un de leurs représentants dans l'avion présidentiel. Multipliez ce prix par
les 1 675 vols de Bush en huit ans et vous avez une
idée de l'investissement que représente le fait de suivre
le président des États-Unis comme son ombre.

À la Maison-Blanche, une seule personne n'a pas le
droit de monter dans *Air Force One* : le vice-président. Pour des raisons de sécurité et de continuité de
l'État, Obama et son numéro deux Joe Biden ne voyagent jamais ensemble, le code des vols vice-présidentiels étant *Air Force Two*. Fin octobre 2010, Obama
et Biden avaient ainsi emprunté deux jets distincts
pour se rendre ensemble à une réunion électorale dans
l'ancien fief de Biden, Wilmington dans le Delaware, à
deux heures de route (et vingt-cinq minutes de vol)
de Washington. Les férus d'histoire présidentielle
américaine savent qu'une seule fois le Président et le
vice-président ont voyagé dans le même avion : le
22 novembre 1963, quand le 707 avait ramené la
dépouille de Kennedy de Dallas à Washington.
Johnson avait prêté serment à bord du même vol.

Reste qu'*Air Force One* constitue le seul véhicule
que le président des États-Unis partage avec les journalistes. La liste des moyens de transport approuvés par
le Secret Service est très courte : un des avions de la

89ᵉ escadre, un des aéronefs de l'escadre d'hélicoptères des Marines, un des deux bus présidentiels blindés, et la vedette du transport au sol, la limousine présidentielle.

Comme pour les pilotes d'*Air Force One*, l'arrivée d'un nouveau président sonne la retraite de la précédente limousine présidentielle. Depuis Bill Clinton en 1993, la marque Cadillac, la plus luxueuse de General Motors, équipe la présidence, et en 2009 Obama a obtenu une nouvelle voiture. Voiture, c'est beaucoup dire : l'analogie la plus évidente serait plutôt celle d'un char d'assaut. Si sa ligne générale rappelle celle des productions les plus récentes de la marque de Detroit, avec sa calandre « coupe-frites » et ses phares verticaux tant à l'avant qu'à l'arrière, la surprise est dans les proportions. Chaque fois que je suis amené à approcher celle que l'on surnomme « *The Beast* » (« la bête »), je suis ébahi par la taille de l'engin : six mètres de long, un mètre soixante-quinze de haut, au moins deux mètres de large. Le haut du coffre arrive à mi-poitrine et les roues semblent immenses. Normal : cette Cadillac n'en est pas une. Il s'agit d'une carrosserie spéciale posée sur le châssis modifié d'un utilitaire Chevrolet, base notamment des fourgons de transports de fonds.

La plupart des convoyeurs seraient sans doute jaloux du blindage de cet engin dont les caractéristiques techniques sont tenues secrètes. On sait toutefois que la carrosserie combine acier renforcé, aluminium, titane et céramique, pour résister à des tirs d'armes de guerre. Les vitres allient plusieurs couches de verre, Plexiglas et plastique armé, au point que la porte d'accès est censée peser autant que celle d'un Boeing 757 ! L'engin est encore alourdi par la plaque d'acier qui court sous toute la longueur du châssis. Son épaisseur : douze centimètres, de quoi résister à l'explosion d'une bombe. Un ou plusieurs assaillants qui viseraient les pneus afin d'immobiliser la voiture en seraient pour leurs frais : les roues sont elles aussi blindées au kevlar, et au pire « *The Beast* » peut rouler à pleine vitesse avec quatre pneus crevés grâce à ses jantes renforcées, ainsi que tous feux éteints dans l'obscurité. Le chauffeur, évidemment membre du Secret Service, compterait alors sur une caméra à infrarouge. Hermétique et pressurisée pour rendre inefficace toute attaque chimique ou bactériologique, la limousine est réputée transporter en dernier ressort des pochettes de sang réfrigéré correspondant au rhésus d'Obama.

Si aucun bruit ne filtre dans un intérieur aussi confiné, le compartiment des passagers, aménagé avec deux banquettes disposées face à face, permet à Obama de rester en contact avec le monde entier, grâce à un téléphone satellite, une ligne directe avec le vice-président et le Pentagone, et un ordinateur portable relié à Internet.

Depuis que Kennedy a été assassiné dans une voiture découverte, ce genre de carrosserie n'a plus les faveurs du Secret Service, qui compte sur le cocon blindé pour protéger le Président. Chaque fois qu'un déplacement routier est prévu, même pour une très faible distance comme les deux cents mètres qui relient

la Maison-Blanche à la chambre de commerce américaine, c'est à la limousine, ou à la rigueur à un gros
4 × 4 Chevrolet également blindé, que le Secret
Service a recours. Tout autre moyen de transport est
impensable, comme le découvrira la presse portugaise
lors du sommet de l'Otan fin novembre 2010 à
Lisbonne. Les organisateurs ont prévu de petites
voitures électriques, censées être plus écologiques,
pour transporter les délégués. Seule exception à la
règle : Obama, et son monstre de plus de six tonnes.
Le Secret Service ne négocie pas, encore un écho de la
tragédie de Dallas.

De fait, les « super-flics » qui le protègent interdi-
sent même à Obama de conduire. Le Président plaisante ainsi sur leur nervosité lorsqu'il parcourt
quelques dizaines de centimètres en bout de chaîne de
montage au volant de la Chevrolet semi-électrique
Volt, dans l'usine General Motors de Hamtramck au
Michigan en 2010. Avant d'être pris en charge par ses
gardes du corps début 2007, il conduisait un très
« politiquement correct » petit 4 × 4 hybride essence-
électricité de chez Ford, après avoir possédé une
Chrysler 300 au glouton moteur V8. En 2010, il avait
aussi confié aux ouvriers d'une usine Jeep que sa
première voiture neuve, après des années de vaches
maigres, avait été un autre modèle peu économique,
une Grand Cherokee.

« La bête » n'est pas non plus une voiture « verte »,
avec sa consommation estimée à trente litres aux cent
kilomètres. Ses gènes de gros utilitaire sont aussi trahis
par son moteur : la Cadillac d'Obama fonctionne non

à l'essence, mais au gazole ! Quoi qu'il en soit, l'engin a jusqu'ici protégé Obama de tout. De tout, sauf du ridicule. En mai 2011, le lourd véhicule est resté coincé sur un dos d'âne un peu trop haut à la sortie de l'ambassade des États-Unis à Dublin, lors du volet irlandais d'une tournée officielle européenne.

8.

Obama au pays de l'information heureuse

Les brushings sont impeccables, les sourires détartrés de frais et les bronzages cuivrés, à moins qu'il ne s'agisse de fond de teint : ce 1er novembre 2011, la Maison-Blanche a ouvert ses portes à pas moins de dix présentateurs de télévision, qui, avec caméramen et preneurs de son, déambulent dans la petite salle de presse, y accroissant sensiblement la densité au mètre carré. Nuance de taille par rapport aux habitués de l'endroit : il s'agit de représentants de chaînes de télé-vision locales, venus de tous les États-Unis pour cette journée à la fois très spéciale et emblématique d'une certaine approche de l'équipe Obama vis-à-vis des médias.

La présidence américaine a mis, littéralement, les petits plats dans les grands. Les dix heureux élus ont en effet le droit de déjeuner discrètement avec le « gourou » politique d'Obama, David Plouffe, qui leur distille des confidences, peuvent s'entretenir avec de hauts responsables gouvernementaux et visiter la roseraie à côté du Bureau ovale. Ils sont ensuite conviés à tourner leurs « plateaux » en direct depuis la pelouse sud où batifole le chien Bo. Un superbe endroit, avec le fameux balcon superposé en demi-lune de la résidence en arrière-plan, des lieux auxquels les télévisions accréditées en permanence n'ont pas accès. Un passage par les cuisines de la Maison-Blanche, occasion de parler au chef préféré de Michelle Obama, Sam Kass, et les reporters peuvent aller interviewer le Président pendant une dizaine de minutes. Autant dire qu'ils ont des étoiles dans les yeux et que leurs questions ne sont pas très méchantes !

Les États-Unis comptent des centaines de télévisions locales, souvent en concurrence sur de petits marchés, et généralement affiliées aux grands « networks » (ABC, CBS, NBC, Fox et le réseau public PBS). À titre d'exemple, rien qu'à Lincoln, la capitale du Nebraska, on en compte cinq. Elles font le plus souvent dans les faits divers, consacrant peu de temps aux informations internationales sauf événement majeur, mais leurs bulletins d'information restent très suivis. Et la Maison-Blanche a bien compris tout le parti à tirer de la chambre d'écho de ces télévisions dont les journalistes ne suivent pas d'aussi près les dossiers de la présidence que les correspondants chevronnés des antennes nationales.

Ce n'est vraiment pas un hasard si sept télévisions sur les dix invitées le 1er novembre sont basées dans des États qu'Obama espère enlever aux républicains en novembre 2012, en particulier les stratégiques Floride, Colorado, Pennsylvanie et Virginie. Lors des entretiens, Obama, en grand « pro » de la communication et en véritable amateur de sports collectifs, n'oublie pas de mentionner l'équipe locale et assure invariablement qu'il a « beaucoup d'amis » en Pennsylvanie, qu'il est « très heureux » d'avoir gagné la Virginie en 2008 et compte bien y retourner, que les habitants de l'Arizona souffrent encore des suites de la récession (mais c'est un État dynamique qui reprendra le dessus), et que les Floridiens bénéficieront des retombées du « plan pour l'emploi » de 447 milliards de dollars qu'il défend alors face à l'hostilité des républicains du Congrès.

Pour nous, journalistes de presse écrite, couvrir ce genre d'entretiens ressemble à la fois à un jeu de piste, de patience et de cache-cache : il faut surveiller les dix sites Internet des télévisions dans l'espoir de voir Obama s'exprimer – la Maison-Blanche ne diffuse pas de comptes rendus – et la moisson est souvent maigre. Mais pour les conseillers du Président, le principal est qu'on l'ait vu à la télévision, interrogé par une personne familière, et qu'il ait pu parler de sujets de préoccupation locaux pendant de longues minutes. Bien plus efficace que ces spots de publicité qui, au moment des campagnes électorales, saturent les ondes et coûtent horriblement cher, ces entretiens sont non seulement gratuits, mais leur logistique est organisée par la Maison-Blanche et non par l'équipe de campagne démocrate.

Autant dire que les journalistes assignés à la présidence américaine, sans formuler de véritable hostilité, vivent avec une certaine amertume ces déferlements réguliers de leurs collègues venus de l'autre bout du pays et qui, ravis de fréquenter les lieux du pouvoir, prennent des photos d'eux au pupitre de la salle de presse, envoient des clichés du chien présidentiel à leurs abonnés sur Twitter et écrivent sur leurs blogs professionnels des messages tels que « je ne peux pas croire que je suis à la Maison-Blanche ! ». Le comble, aux yeux des vieux routiers accrédités depuis dix, vingt, voire trente ans, est de voir ces reporters chou-choutés pendant le « briefing » du porte-parole Jay Carney.

Ce 1er novembre, Carney a commencé par donner la parole au correspondant en chef d'Associated Press, qui l'a notamment interrogé sur la crise en Grèce, la violence en Syrie et la campagne des primaires républi-caines. Carney répond, mais au lieu de solliciter ensuite les questions de l'agence Reuters, conformé-ment à la tradition, dit vouloir « mélanger un peu ». Et d'appeler Mark Wilson, présentateur de la télévi-sion WTVT de Tampa en Floride, l'un des invités de la journée. « Je suis heureux d'être là. Puis-je vous interroger sur le plan pour l'emploi, et son impact sur la Floride ? » Carney, cela tombe bien, a beaucoup de choses à dire sur le train à grande vitesse qu'Obama voudrait voir relier Tampa à Orlando.

Un passage du porte-parole par Fox News, et c'est à nouveau un présentateur de télévision locale, Tom Schaad, de Hampton Roads, qui a le privilège de poser une question. Schaad veut parler de l'assistance fédé-rale aux sinistrés d'un récent tremblement de terre en Virginie. « L'administration en général a travaillé de très près avec des responsables virginiens, dont le gouverneur, face à plusieurs catastrophes naturelles », répond Carney, qui aligne impeccablement chiffres et dates comme s'il avait tout préparé à l'avance. Et ainsi de suite, avec des reporters venus de Philadelphie, de l'Arizona (très préoccupés par la frontière mexicaine) ou du Minnesota.

Au bout d'une demi-heure de ce manège, un habitué de la salle de presse pose la question que tout le monde rumine : quel est le but de la Maison-Blanche en montant une telle opération de relations publiques avec dix chaînes locales ? Carney démine. « Il est vrai que les médias nationaux, largement représentés ici, sont extrêmement importants et constituent un moyen par lequel nous communiquons sur ce que le Président effectue », jure-t-il. « Mais le fait est que des millions d'Américains obtiennent leurs informations d'abord *via* les télévisions locales. Et le Président veut communiquer avec eux et leur dire ce qu'il fait, discuter des difficultés et des opportunités de chaque localité. »

Parfois, cette stratégie connaît des ratés. Brad Watson par exemple, un reporter pugnace de la chaîne de Houston (Texas) WFAA, prend Obama au dépourvu le 18 avril 2011. Apparemment peu impressionné par le décor de la salle des cartes de la Maison-Blanche, il demande au Président pourquoi, à son avis, il est « aussi impopulaire au Texas ». « Euh, le Texas a toujours été un État assez républicain, euh, pour des raisons historiques », réagit Obama. C'est faux, le Texas avait une gouverneure démocrate avant George W. Bush et a voté majoritairement Carter en 1976. Mais « nous avons perdu de quelques points au Texas » pendant l'élection de 2008, assure Obama.

On ne la fait pas à Watson, qui interrompt le Président : « Vous avez perdu d'environ une dizaine de points ! » En fait, douze... Obama semble à nouveau décontenancé : « Si vous êtes en train de me dire que le Texas est un État conservateur, vous avez absolument raison. » Et à la fin de l'entretien, alors qu'il est en train de retirer son micro-cravate, Obama, visiblement excédé, glisse à Watson : « La prochaine fois que je vous donne une interview, laissez-moi finir mes phrases, d'accord ? » Commentaire de Watson dans son reportage : « Le Président n'a pas caché qu'il n'aimait pas les questions difficiles. » WFAA se fera un plaisir de diffuser le moment d'énervement d'Obama, qui n'a sans doute pas gagné beaucoup de voix texanes dans l'affaire.

On l'aura compris, la Maison-Blanche, comme le défunt hebdomadaire *Jours de France*, préfère l'actualité heureuse, quitte à froisser les journalistes sourcilleux. Certains reporters qui avaient couvert la campagne d'Obama en 2007-2008, et l'ont accompagné ensuite à la Maison-Blanche, sont tombés de haut. Le 15 août 2007, le sénateur-candidat, qui était encore loin d'apparaître comme le favori de la course aux primaires démocrates, avait critiqué la Maison-Blanche de George W. Bush pour son manque de transparence, et avait promis de remédier à cela dans sa future administration. Au lendemain de son installation dans la résidence exécutive, le 21 janvier 2009, il était venu visiter la salle de presse. « Nous essaierons d'avoir une relation de respect, dans laquelle vous aurez l'impression d'obtenir vraiment des réponses », avait-il promis aux correspondants accrédités.

Les commentateurs conservateurs américains, au début de la campagne d'Obama, avaient ironisé sur l'« obamania », l'adulation que les journalistes étaient censés éprouver pour Obama, un homme politique d'une nouvelle trempe, promettant le changement, en tout cas une attitude différente de celle de Bush vis-à-vis des libertés publiques en général et de la liberté de la presse en particulier. Obama, pince-sans-rire, avait affirmé lors de son premier dîner des correspondants à la Maison-Blanche, début mai 2009 : « Certains d'entre vous ont couvert ma campagne, et vous avez tous voté pour moi ! »

Le désenchantement et le fatalisme de la salle de presse sont pourtant devenus palpables dès les premiers mois de la présidence. Dès le 29 janvier 2009 – neuf jours après l'entrée en fonctions d'Obama –, la « Columbia Journalism Review » (CJR), l'une des publications de référence sur les médias, sonne l'alarme : « Jusqu'ici, l'administration Obama semble traiter ses opposants politiques avec plus de sollicitude et d'intelligence qu'elle ne le fait avec les journalistes », affirme David Cay Johnston, un ancien du *New York Times* lauréat du prix Pulitzer. Après plusieurs accrochages téléphoniques, Johnston estime que le service de presse « est en train d'œuvrer contre les promesses de changement et de transparence de la campagne du président Barack Obama ». Un article prophétique !

En premier lieu, les journalistes déplorent un manque d'accès à Obama : il peut se passer plusieurs jours sans que le « pool » de la Maison-Blanche ait l'occasion de voir le Président pour solliciter un avis ou une réaction. George W. Bush, dont la présidence entretenait des relations tendues avec la presse, se prêtait de relativement bon cœur à ces séances de « questions volées ». Bill Clinton, réputé adorer les médias qui le lui rendaient bien, du moins jusqu'au scandale sexuel Monica Lewinsky, ne refusait jamais de répondre à un journaliste qui l'interpellait à l'improviste. Mes collègues déjà en poste dans les années 1990 se souviennent même que le quarante-deuxième président venait les chercher dans *Air Force One* pour des discussions informelles en plein milieu de la nuit !

Rien de tout cela pour Obama, qui ne s'arrête jamais entre le Bureau ovale et son hélicoptère pour discuter avec les reporters, répugne de toute évidence à répondre à des questions lancées à la fin de ses inter-ventions, n'apparaît qu'assez rarement dans la cabine de presse d'*Air Force One* et préfère, on l'a vu, les entretiens télévisés en tête à tête, *a priori* moins risqués.

Pour certains de mes collègues, Obama et son équipe expriment ouvertement leur mépris du « quatrième pouvoir », estimant avoir établi une rela-tion spéciale et directe avec les Américains après la triomphale campagne de 2008. Cette relation passe en particulier par les réseaux sociaux sur Internet, dont la Maison-Blanche fait usage sans modération. Obama participe ainsi à des « réunions publiques virtuelles » *via* les services vedettes de l'Internet participatif : Twitter, Facebook, LinkedIn se sont prêtés à ces opérations lors desquelles les internautes posent des questions qui, après avoir été modérées, sont soumises à Obama. Le 30 janvier 2012, la Maison-Blanche

franchit une nouvelle étape en qualifiant d'«interview » ces interventions sur Google+ et YouTube alors
qu'aucun journaliste n'est impliqué dans le processus.
De là à soupçonner l'équipe Obama de trier les questions et de retirer celles qui pourraient mettre le Président en difficulté, il n'y a qu'un pas, que Carney réfute
le même jour dans son point de presse. « Je sais que
nous ne sélectionnons pas les questions. Si nous
pouvions le faire, nous le ferions ! » plaisante-t-il. Rires
jaunes dans la salle de presse, où l'on apprécie aussi
moyennement la propension de Dan Pfeiffer, le directeur de la communication de la présidence, à annoncer
sur Twitter, donc au monde entier, des informations
quelques minutes avant qu'elles ne nous parviennent
via la liste de diffusion électronique officielle réservée
aux journalistes. Et Carney s'adonne de temps en
temps à des téléconférences de presse en cent quarante
caractères sur Twitter, baptisées « première question »,
avant même le briefing. Une façon de plus de diffuser
la bonne parole sans contradicteur.

Obama n'est pas non plus un amateur de grandes
conférences de presse, contrairement à certains présidents récents comme Clinton et Reagan, qui excel-
laient en la matière. Il en donne tout de même en
moyenne plus que son immédiat prédécesseur, Bush
junior. Mais il laisse passer cinq mois pendant
l'hiver 2011-2012 sans sacrifier à cet exercice. Encore
faut-il mentionner une anecdote révélatrice : lors de
ces grandes occasions, généralement dans l'East Room,
le Président possède sur lui une liste numérotée de
journalistes, qu'il invite à l'interroger au fur et à
mesure. Évidemment, il ne connaît pas la teneur de la

question, sauf à solliciter le correspondant d'un média spécialisé. Mais il n'est pas pensable pour un journaliste de lever la main afin d'attirer l'attention du Président. Et, on l'a vu avec le reporter de télévision texan impertinent, Obama a peu de patience pour le « droit de suite », quand un journaliste remet en cause sa réponse et essaie de l'approfondir par une nouvelle question. « Nous ne sommes pas en train de papoter », riposte-t-il un jour à l'un de mes collègues de l'agence Bloomberg.

Ce contrôle, on le retrouve dans la machine de communication redoutablement efficace de la présidence, dotée de plusieurs équipes de télévision qui réalisent et diffusent sur le site Internet officiel « whitehouse.gov » tous les vendredis des vidéos « clés en mains » intitulées « West Wing Week ». Il s'agit d'un résumé de la semaine présidentielle écoulée. Mais si Obama traverse une période de doute, s'il s'écharpe avec ses conseillers ou s'il trébuche en sortant du Bureau ovale, ce n'est pas là qu'on l'apprendra. Il s'agit de belles images, accompagnées de commentaires légers, du même tonneau que les interminables séquences d'activités officielles que les télévisions des dictatures infligent à leurs administrés.

Une autre tendance lourde dans les rapports qu'entretient la Maison-Blanche d'Obama avec les médias traditionnels fait grincer des dents mes collègues photographes. Certaines activités du Président sont évidemment discrètes voire secrètes, et aucun photojournaliste ne prétend accéder à la « Situation Room », la salle de gestion des crises au sous-sol de la Maison-Blanche, en plein débat de sécurité nationale. En revanche, de nombreuses occasions officielles, comme la promulgation de lois importantes dans le Bureau ovale, sont fermées à la demi-douzaine de photographes du « pool ». Ils surnomment cela le phénomène du « pool Flickr » : la photo léchée, généralement due au photographe officiel Pete Souza, apparaît quelques heures plus tard sur la section du site Internet de partage d'images qu'entretient la Maison-Blanche.

Parfait exemple le 19 avril 2012. La veille, Obama a participé à une réunion de levée de fonds dans le musée Henry-Ford de Dearborn dans le Michigan, un endroit où sont exposés des véhicules ayant joué un rôle dans des événements historiques. On y trouve en particulier la Lincoln présidentielle dans laquelle Kennedy fut assassiné le 22 novembre 1963 à Dallas, et le bus municipal de Montgomery (Alabama) où Rosa Parks, une couturière noire, avait été interpellée en 1955 pour avoir refusé de laisser son siège à un Blanc. Son geste et son arrestation avaient donné le coup d'envoi au mouvement de boycott des transports publics de la ville et l'incident reste l'un des faits majeurs du mouvement de lutte pour les droits civiques.

Obama, premier président noir des États-Unis et héritier auto-revendiqué de la lutte des Noirs américains, ne pouvait pas manquer cette occasion. Il entre dans le bus. « Je suis simplement resté assis pendant un moment, et j'ai médité sur le courage et la ténacité qui font partie de notre histoire récente », explique-t-il ensuite.

Souza immortalise Obama en train de regarder par la fenêtre de ce bus. Mais les photographes du « pool » ne peuvent que le constater sur le site Internet de la Maison-Blanche : la seule photo de ce moment fort sera officielle. Pendant la visite du musée, les reporters étaient parqués dans des minibus à l'extérieur...

D'aucuns pourraient répliquer qu'il s'agit de problèmes mineurs. C'est oublier que même un événement routinier peut donner lieu à une image particulière. En livrant une photo prémâchée, sur laquelle Obama n'apparaît jamais ni fatigué ni en colère, la Maison-Blanche essaie de manipuler l'opinion. En protestation, les agences de presse refusent d'utiliser les photos officielles pour les diffuser à leurs clients, à quelques exceptions près, la plus évidente étant le cliché qu'avait pris Souza dans la « Situation Room » lors de l'opération contre le repaire d'Oussama Ben Laden au Pakistan le 1er mai 2011, et qui montre Obama et son équipe de sécurité nationale figés par la tension.

Le 14 février 2012, Obama lui-même laisse échapper son opinion sur la question, avec une expression qui sera très mal prise par les photographes accrédités. Le Congrès partiellement aux mains des républicains vient enfin de se résoudre à prolonger jusqu'à la fin de l'année les dispositifs sociaux et fiscaux que demandait le Président. Ce dernier célèbre cette victoire par une intervention publique à la Maison-Blanche, entouré de personnes qui l'ont soutenu dans cette entreprise. Il les encourage à ne pas baisser la garde, « jusqu'à ce que vous ayez vu une

photo de moi en train de signer [cette loi] à mon
bureau. Vérifiez bien que c'est certifié. Si ce n'est pas
sur le site Internet de la Maison-Blanche, c'est que ça
n'a pas eu lieu ». Une singulière déclaration de désamour aux photographes du « pool », le jour de la
Saint-Valentin !

Il faut aussi noter que la Maison-Blanche d'Obama
a en face d'elle une presse américaine en pleine déli-
quescence. L'irruption d'Internet et des journaux
gratuits a sapé les fondations de nombre de publications parmi les plus prestigieuses, coupant aussi leurs
ressources de publicités et d'annonces : le groupe
chapeautant le *Los Angeles Times* et le *Chicago Tribune*
vivote sous le régime de la loi sur les faillites depuis
décembre 2008, le *Washington Post* supprime des
postes à tour de bras et n'est plus que l'ombre du
journal qui avait débusqué le scandale du Watergate
il y a quarante ans. Le *New York Times*, après une série
de pertes, tente de reprendre le dessus avec un système
d'abonnement en ligne, tout comme *USA Today* et le
Wall Street Journal. À la Maison-Blanche, les hebdo-
madaires *Time* et *Newsweek* avaient auparavant des
correspondants et des photographes accrédités en
permanence. Ce n'est plus le cas. Des journaux régio-
naux sont encore techniquement représentés dans la
salle de presse, mais leurs fauteuils restent souvent
inoccupés. En revanche, de nouveaux médias sont
apparus ces cinq dernières années, comme *Politico*, le
Huffington Post et le *Daily Beast*, misant beaucoup sur
leur présence sur Internet, mais avec des conditions de
travail précaires. Et si les caméramen et preneurs de

son des grandes télévisions bénéficient d'un statut protégé, les jeunes journalistes embauchés par les « networks » empilent de lourds horaires et multiplient les compétences.

La présidence Bush, surtout à la fin, était devenue une véritable passoire, avec des fuites à la presse mal maîtrisées qui donnaient une certaine idée du chaos ambiant. Un des porte-parole successifs de Bush, Scott McClellan, avait même fait défection et publié un livre-réquisitoire sur le fonctionnement de la Maison-Blanche avant la fin du second mandat du dirigeant républicain, au début de l'été 2008. Rien de tout cela chez Obama, où les fuites involontaires se comptent sur les doigts d'une seule main. Cela ne veut pas dire que les fuites n'existent pas, simplement qu'elles sont orchestrées.

La mise en scène permanente de l'information est aussi la raison pour laquelle les journalistes qui suivent Obama à la trace restent à l'affût de tous les instants de vérité, ces moments fugaces qui échappent au cadenassage de la communication présidentielle. Je suis témoin de l'un d'entre eux le 25 janvier 2012. Obama, qui a prononcé la veille le rituel discours sur l'état de l'Union, décline sur le terrain son message d'une « économie bâtie pour durer » – rééquilibrage de la fiscalité à la clé –, contre les républicains qui veulent selon lui favoriser les plus riches. Il entame ce mercredi-là une tournée de trois jours, qui le conduit dans cinq États, et après une courte escale dans une usine de l'Iowa, *Air Force One* se pose dans la banlieue de Phoenix en Arizona. Comme le veut le protocole, c'est le gouverneur qui accueille le Président lorsqu'il atterrit. Une républicaine, Jan Brewer, dirige depuis trois ans cet État frontalier du Mexique et dont le débat public est dominé par l'immigration clandestine. L'Arizona est aussi le fief du concurrent d'Obama en 2008, John McCain.

Mais, en bas de la passerelle d'*Air Force One*, la rencontre entre Obama et Brewer semble prendre un ton aigre. La gouverneure remet une lettre au Président, dont le visage se ferme. Les deux dirigeants parlent vivement, s'interrompent, et Brewer va jusqu'à pointer le doigt vers Obama. Elle semble le défier. Le « pool » ne perd rien de la scène qui se produit à quinze mètres de nous. Après ce qui ressemble à une altercation feutrée, Brewer nous explique qu'Obama lui a dit ne pas avoir apprécié un passage de son livre polémique (intitulé *Des scorpions pour le petit déjeuner*...), dans lequel elle décrivait leur précédente rencontre de façon selon lui incorrecte. « Mais c'est bon, je vais m'en remettre », ajoute-t-elle.

Le lendemain, alors qu'Obama a poursuivi son périple par le Nevada et le Colorado, Carney est assailli de questions dans *Air Force One* sur cet incident qui a quelque peu éclipsé le message présidentiel. « Je suis heureux de voir que vous vous intéressez aux choses importantes », persifle-t-il, en minimisant la portée de l'échange. Réponse de l'un de mes collègues : « Jay, la raison pour laquelle nous accordons tant d'attention à cela, c'est qu'il s'agissait d'un événement qui n'était pas scénarisé, et qu'ils sont très rares pour ceux qui suivent Obama partout dans le monde. John McCain affirme que cet échange illustre la personnalité irritable d'Obama. Vous avez quelque chose à dire à ce sujet ? » Réponse de Carney : « Je n'ai rien à dire là-dessus. »

Les relations parfois aigres-douces entre le service de presse de la Maison-Blanche et les journalistes accrédités s'améliorent lorsque l'équipe Obama utilise la « presse libre » de son pays pour contrer le message d'autres grandes puissances. Le prédécesseur de Carney, Robert Gibbs, n'était pas adoré par les reporters qui lui reprochaient d'être passé maître dans l'évitement des questions dérangeantes, en ayant recours à des formules comme « Je ne veux pas en parler avant le Président » ou « Je ne suis pas juriste ». Mais deux incidents à l'étranger ont rehaussé le prestige de Gibbs aux yeux des correspondants.

Le premier, en décembre 2009 au sommet sur le climat de Copenhague, l'oppose à ses homologues chinois. Obama rencontre le Premier ministre Wen Jiabao, et les photographes chinois sont déjà dans la salle de réunion. Mais le « pool » américain, cornaqué par Gibbs, se voit fermer la porte au nez. « *No press, no press* », affirme un responsable chinois, selon les plans tremblés tournés par une caméra américaine. « Il faut que je prenne une photo », proteste l'un des reporters américains. Gibbs intervient. « Eh, oh, il faut que je fasse entrer mes gars américains à l'intérieur, parce que tous les autres sont entrés », lance-t-il. Rebuffade des Chinois. « C'est une réunion bilatérale. Soit mes gars rentrent, soit nous partons immédiatement », persiste Gibbs, qui fait ainsi référence non seulement aux journalistes, mais aussi à la délégation officielle américaine, président Obama compris ! Les Chinois finissent par céder.

Même acte d'« héroïsme » de Gibbs début novembre 2010. Obama effectue une visite d'État de trois jours en Inde, une puissance asiatique avec laquelle les relations sont censées être plus cordiales qu'avec Pékin. Mais l'on ne s'en rendrait pas compte en voyant la façon dont le « pool » d'Obama est traité par le service de sécurité du Premier ministre Manmohan Singh : comme les Chinois à Copenhague onze mois plus tôt, les responsables essaient d'empêcher les reporters américains d'entrer dans la salle du palais d'Hyderabad où Singh reçoit Obama en tête à tête. Indiens et Américains se sont apparemment mis d'accord sur un quota de huit journalistes admis dans la salle, mais les Indiens exigent soudainement que ce nombre soit ramené à cinq. C'est alors que Gibbs entre en scène : il n'hésite pas à mettre son pied dans l'ouverture de la porte de la salle de réunion pour exiger que huit journalistes et photographes entrent. L'équipe indienne appuie de toutes ses forces sur la porte pour faire renoncer Gibbs. « Vous voulez vraiment me casser le pied ? » demande-t-il, avant d'assurer, comme au Danemark, qu'il mettrait alors fin à la réunion bilatérale des deux dirigeants ! Les Indiens s'inclinent là aussi face à la menace d'incident diplomatique.

Reste que l'on peut comparer avec une certaine ironie cette défense de la liberté d'information à l'étranger, maintes fois martelée par Carney, successeur de Gibbs, lors de la répression des révoltes du « printemps arabe », et un service de presse de la

Maison-Blanche déterminé à jouer à cache-cache avec les reporters. Le comble intervient sans doute le 30 mars 2011 : la presse est informée qu'Obama a été distingué deux jours plus tôt par un groupe de promotion de la transparence. Cette cérémonie, qui ne figurait pas à son programme officiel, était fermée aux journalistes !

9.

Les Clinton, alliés de circonstance

« Honte à vous, Barack Obama ! » lance une voix féminine vibrante de colère. Est-ce l'ancienne gouverneure de l'Alaska, Sarah Palin, dont le côté authentique, voire fruste, continue à séduire une partie de l'électorat conservateur malgré la lourde défaite du « ticket » républicain avec John McCain en 2008 ? Est-ce la pasionaria du « Tea Party » Michele Bachmann ? Ou encore Ann Coulter, une éditorialiste d'ultra-droite au vocabulaire de charretier ?

Rien de tout cela. Cette femme hors d'elle, qui harangue la foule et fait huer Barack Obama, s'appelle Hillary Clinton. Nous sommes le 23 février 2008 à Cincinnati dans l'Ohio, alors que le résultat de la primaire démocrate en vue de la présidentielle de novembre suivant est tout sauf assuré. La cause de sa colère ? Des tracts qu'elle attribue à la campagne de son concurrent Barack Obama, et qui attaquent le plan de réforme de l'assurance-maladie qu'elle avait défendu avec son mari au début de la présidence de ce dernier, en 1993, avant de devoir battre en retraite.

« Je dois dire que je suis très déçue de voir le sénateur Obama continuer à envoyer des informations fausses et sans fondement », lance-t-elle. « Il dit des choses dans ses discours, et il fait le contraire avec ceci », affirme-t-elle en brandissant les tracts en question. « Ça suffit d'utiliser les recettes sorties tout droit du catalogue de Karl Rove », proteste encore Hillary Clinton. Oui, cette femme qui compare les tactiques d'Obama à celles de l'éminence grise de George W. Bush, réputé spécialiste des campagnes électorales « sales », est bien celle qui, moins d'un an plus tard, servira fidèlement Barack Obama au poste de secrétaire d'État, soit chef de la diplomatie de la première puissance mondiale.

Quiconque a pris l'habitude aujourd'hui de voir Barack Obama et Hillary Rodham Clinton défendre côte à côte les positions américaines dans le monde, coordonner quasiment sans accroc leurs actions sur des sujets aussi périlleux que pointus, ne peut qu'être incrédule en relisant les verbatim des discours, débats et interviews de cette période de seize mois, dont cinq d'affrontements sans merci, avant la victoire de 2008.

Une publicité télévisée de Mme Clinton contre son adversaire, en particulier, avait marqué les esprits, celle dite du « coup de fil de 3 heures du matin ». Une voix grave, digne des bandes-annonces hollywoodiennes, explique : « Il est 3 heures du matin, et vos enfants sont en sécurité à la maison, en train de dormir. Mais un téléphone sonne à la Maison-Blanche. Quelque chose est en train de se produire dans le monde. Votre vote décidera qui répondra à cet appel. Est-ce que ce sera quelqu'un qui connaît déjà les dirigeants du monde, qui connaît l'armée, quelqu'un qui a de l'expérience, qui est prêt à prendre les commandes dans un monde dangereux ? Il est 3 heures du matin, et vos enfants dorment. Qui voulez-vous voir répondre au téléphone ? » Hillary Clinton, téléphone en main, air sérieux et concentré, lunettes sur le nez, apparaît à l'écran. Autant de mises en cause à peine voilées d'Obama, qui siège au Sénat depuis seulement trois ans, alors que Mme Clinton représente New York à la chambre haute du Congrès depuis sept ans.

Barack Obama, tout en se défendant de mener une campagne « à la Rove », le conseiller de Bush, et en assurant que ses relations avec Hillary Clinton étaient « très cordiales », l'avait néanmoins accusée lors d'un débat télévisé en direct d'être une « avocate d'affaires siégeant au conseil d'administration de Wal-Mart », géant de la distribution aux pratiques sociales contro-versées. Le ton était encore monté plus haut lorsqu'une conseillère de la campagne Obama, sans doute emportée par la passion, avait qualifié Hillary Clinton de « monstre » ! Obama l'avait désavouée. Mais pendant toute la campagne, il n'avait jamais manqué de rappeler que sa rivale avait voté en 2002 au Sénat pour autoriser une attaque contre le régime de Saddam Hussein. En retour, elle le taxait de « naïf » pour son objectif affiché de prendre langue sans condi-tions préalables avec les régimes iranien et nord-coréen.

Rarement dans l'histoire du parti démocrate avait-on vu une campagne primaire aussi longue et usante : ce n'est que le 3 juin 2008, cinq mois après la première consultation, les « caucus » de l'Iowa, qu'Obama réussit à atteindre les 2 208 délégués nécessaires pour devenir le candidat officiel du parti à la présidentielle. Dès lors, la rhétorique enflammée se calme. Le 5 juin, Obama affirme même qu'« il n'y a pas beaucoup de personnalités de la vie publique dans notre histoire qui soient plus intelligentes, plus persévérantes, plus dévouées pour aider ceux qui sont dans le besoin que la sénatrice Clinton ».

La convention présidentielle de Denver au Colorado, fin août, est censée être celle de l'intronisation d'Obama au statut de candidat officiel du parti démocrate. Mais la formation a l'intelligence d'aider Hillary Clinton à sauver la face. Et de quelle façon ! Détaché de mon poste de l'époque à Los Angeles, je couvre l'événement avec une quinzaine d'autres reporters de l'AFP. L'objet de notre attention ? Le « Pepsi Center », le stade couvert de 20 000 places qui accueille la grand-messe du parti.

Parmi les délégués venus des 50 États et d'une poignée de territoires associés, comme Porto Rico, Guam ou les îles Vierges, nombreux sont ceux qui se revendiquent « hillarystes » et restent méfiants vis-à-vis d'Obama. Pour sauvegarder l'unité, le parti a annoncé deux semaines plus tôt que les délégués de Clinton pourraient voter pour elle. Une façon de tirer son chapeau devant la sénatrice, et de ne pas insulter ses soutiens. Et le décompte des voix, État par État, suit un scénario parfaitement huilé. Alabama, Alaska... tous les États s'égrènent, chacun de leurs représentants annonçant au micro sur qui, Obama ou

Clinton, s'est portée la majorité de leurs électeurs aux primaires. Dans ce système similaire à celui de l'élection présidentielle générale, celui qui a enlevé un État a remporté tous ses délégués. Après cinquante-cinq minutes vient le tour de l'Illinois, le fief d'Obama qui a évidemment voté pour lui lors des primaires. Mais le porte-parole du parti de l'État ne donne pas les résultats et lance : « Nous laissons la parole à l'État de New York ! »

C'est alors qu'une silhouette bleue entourée de gardes du corps fend la foule et s'avance dans les rangées du Pepsi Center. Les caméras se braquent sur elle, cadrent plus serré : c'est Hillary Clinton ! Alors que la foule exulte, la sénatrice prend le micro, et d'une voix assurée, enterre officiellement l'espoir de devenir la première femme à défendre les couleurs d'un parti majeur pour le poste de président des États-Unis. Mais son message n'a rien de sombre ni de négatif, au contraire. « Au nom du grand État de New York, en remerciant l'engagement de tous ceux qui sont rassemblés ici, le regard fermement fixé sur l'avenir, dans un esprit d'unité, avec la victoire pour but, avec foi dans notre parti et notre pays, déclarons tous ensemble d'une seule voix ici et maintenant, que Barack Obama est notre candidat et sera notre président ! » Le décompte des voix est interrompu, et c'est Hillary Clinton elle-même qui a livré l'investiture à son ancien adversaire. Un beau moment de théâtre. Dans les tribunes, plusieurs soutiens de Clinton sont en larmes.

On l'oublie aussi parfois, mais, en arrivant à la Maison-Blanche, Obama n'a pas seulement mis fin à huit ans de prééminence des républicains sur le joyau du pouvoir américain : il a aussi sonné d'une certaine façon le glas de l'influence des Clinton sur l'appareil du parti démocrate, seize ans après l'arrivée de Bill à la tête des États-Unis. Et son premier slogan de campagne, « *Change we can believe in* » (« Le change-ment auquel nous pouvons croire »), désignait autant Bush qu'Hillary Clinton, accusée de défendre une conception dépassée du parti démocrate face aux idées neuves, en tout cas présentées dans un nouvel embal-lage, du jeune sénateur.

Il s'en faudrait de peu que la présidence de Bill Clinton, de 1993 à 2001, reste un excellent souvenir pour les Américains, avec une relative période de paix et surtout une suite d'années de croissance écono-mique qui avaient même permis à l'État fédéral de dégager des excédents budgétaires à l'orée du XXIᵉ siècle. Mais Clinton, jusqu'ici le seul démocrate à avoir effectué deux mandats pleins à la Maison-Blanche depuis la fin de la Seconde Guerre mondiale, restera aussi l'un des deux seuls présidents américains visés par une procédure de destitution, et cela pour avoir menti sur ses relations avec la stagiaire Monica Lewinsky.

Peu d'observateurs pariaient sur la longévité du couple Clinton après que Bill, retraité à l'âge de cinquante-quatre ans et à la réputation écornée par ce scandale, eut laissé la place au républicain George W. Bush dans le Bureau ovale sans avoir réussi à faire élire son vice-président Al Gore à sa succession. Mais miser sur une séparation des Clinton était sans doute mal connaître la dynamique d'un duo, resté avant tout une alliance de « bêtes » politiques et intellectuelles de tout premier ordre. Retour à Denver, lors de la convention démocrate de 2008. Avant qu'Hillary ne livre l'investiture à Obama, c'est Bill Clinton qui était entré en scène en mettant tout son poids et son prestige dans la balance : « Chers amis démocrates, il y a seize ans, vous m'avez donné l'honneur de conduire notre parti vers la victoire et diriger notre pays dans une nouvelle ère de paix et de prospérité largement partagée. Ensemble, nous avons gagné une campagne pendant laquelle les républicains ont dit que j'étais trop jeune et trop inexpérimenté pour être commandant en chef. » Il avait été élu à quarante-six ans, Obama en avait quarante-sept en 2008. « Ça vous rappelle quelque chose ? Cet argument n'a pas marché en 1992, parce que nous étions du bon côté de l'histoire. Et il ne marchera pas en 2008, parce que Barack Obama est du bon côté de l'histoire. » Un bel adoubement ! Mais c'est le visage d'Hillary Clinton pendant le discours de son mari qui m'avait surtout frappé à l'époque. Sa fascination semblait sincère.

Bill Clinton s'était mis au service de la candidature de sa femme, au point d'en faire trop. En janvier 2008, quand il était devenu évident qu'Obama allait donner plus de fil à retordre que prévu, Bill Clinton avait laissé échapper quelques propos désobligeants, notamment sur le fait qu'il était naturel qu'Obama remporte des États où les Noirs étaient les plus nombreux. Bill Clinton était extrêmement populaire au sein de la communauté afro-américaine, l'on avait même parlé de lui, lors de son élection en 1992, comme du « premier président noir » des États-Unis. Sans doute avait-il mal pris de voir grandir la popularité d'un autre démocrate sur le même fonds de commerce.

S'il peut paraître surréaliste de voir les Clinton, après une campagne aussi dure, ravaler leur fierté blessée et leurs paroles acerbes, une telle attitude est loin d'être une première dans l'histoire des États-Unis. Avant de devenir le vice-président de Reagan entre 1981 et 1989 puis de lui succéder à la Maison-Blanche, George Bush senior avait disputé la nomination républicaine en 1980 à l'ancien gouverneur de Californie. Et en 1960, Lyndon Johnson et John Fitzgerald Kennedy, tous deux candidats à l'investiture démocrate, n'avaient pas masqué leur méfiance réciproque. Une anthipathie qui s'était d'ailleurs poursuivie lorsque Kennedy, le patricien de la côte Est, avait choisi Johnson pour colistier afin de séduire le vote sudiste.

Lorsque Obama, le 1er décembre 2008, quatre semaines après son élection et cinquante jours avant sa prise de fonctions, annonce qu'il propose Hillary Clinton au poste de secrétaire d'État – soit la numéro deux de son gouvernement –, cela fait tout de même l'effet d'une bombe. Ce n'est pas la première fois qu'une femme occupe ce poste : Madeleine Albright sous Bill Clinton et Condoleezza Rice pendant le second mandat de Bush ont régné sur les bâtiments austères du « State Department » à quelques pâtés de maisons à l'ouest de la Maison-Blanche. Mais le symbole est tout de même fort. « Elle possède une intelligence extraordinaire, une grande fermeté, et une remarquable éthique de travail », dit Obama.

Ce dernier sait qu'il aurait eu tort de se priver des talents et de l'envergure intellectuelle de son ancienne concurrente. Et sur le plan politique, il applique une théorie dont la source provient de son modèle Abraham Lincoln : « l'équipe de rivaux », censée stimuler le fonctionnement du gouvernement en encourageant le débat, plutôt que de s'assoupir sur des certitudes, un reproche qu'il avait formulé envers l'équipe Bush.

Trois ans et demi plus tard, le travail entre Obama et Clinton s'est *a priori* effectué sans accroc, en tout cas sans altercations publiques. Obama ne manque jamais de saluer le dévouement d'Hillary Clinton, « qui restera dans l'histoire comme l'une des toutes meilleures secrétaires d'État que les États-Unis aient connues ». Elle s'est démultipliée, allant porter la parole américaine et rencontrer des responsables dans des pays que le Président n'avait pas le temps d'aller visiter. Depuis janvier 2009, elle a passé en moyenne un jour sur quatre à l'étranger, plus de 1 700 heures en avion, parcouru 1,3 million de kilomètres et visité près de 100 pays, la moitié des membres de l'ONU !

Parmi ces voyages, quelques-uns ont fait date. Début décembre 2011 par exemple, elle était le premier chef de la diplomatie américaine à se rendre en Birmanie depuis plus d'un demi-siècle. En rencontrant l'opposante Aung San Suu Kyi en tête à tête, elle lui avait fait part de l'admiration personnelle qu'elle lui portait. Dans un registre un peu moins heureux, Hillary Clinton a aussi fait passer des messages de fermeté aux autorités du Pakistan, Obama n'ayant jamais, malgré ses promesses, effectué de voyage dans ce pays officiellement allié des États-Unis dans la lutte contre le terrorisme, mais dont une partie de l'appareil politico-sécuritaire reste ambiguë vis-à-vis des talibans et d'al-Qaida.

Ceux qui suivent les affaires diplomatiques de près ont remarqué ce « changement de ton » d'une secrétaire d'État qui semble recourir un peu moins à la langue de bois. Et tout le monde lui reconnaît une capacité de travail hors du commun, une intelligence étincelante et même un sens de l'humour ravageur. Exemple le 26 mars 2010, une conférence impromptue est convoquée dans la salle de presse de la Maison-Blanche. Y participent Clinton, le secrétaire à la Défense Robert Gates et l'amiral Michael Mullen, le plus haut gradé américain. Ils sont venus annoncer la conclusion des négociations du nouveau traité START de désarmement nucléaire avec la Russie. Une partie des républicains du Congrès est hostile à cet accord, et la méfiance reste aussi grande à la Douma, l'assemblée russe. Lors de la séance de questions-réponses, un journaliste demande à Clinton comment elle espère convaincre les députés russes de donner leur feu vert à ce texte. « Le président Obama a dit qu'il enverrait Rahm Emanuel à Moscou, et nous soutenons tous cette idée », rétorque Clinton, pince-sans-rire. Emanuel, le secrétaire général de la Maison-Blanche à l'époque, était connu pour sa capacité de persuasion « musclée » et son usage effréné de l'argot…

De l'avis général, Hillary Clinton a accompli un travail énorme au département d'État. En faisant profil bas, en arborant des manières simples et directes, elle réussit même l'impensable. Elle qui avait été l'une des figures les plus controversées, voire haïes, au début de la présidence Clinton, pour sa gestion ratée de la réforme de la couverture-santé, voit, au printemps 2012, sa cote de popularité atteindre les 67 %, soit vingt points de plus qu'Obama. De quoi lui donner des idées pour 2016 ? Elle avait affirmé qu'elle ne serait pas secrétaire d'État au-delà du premier mandat d'Obama, évoqué même un retrait de la vie politique. Mais, en 2016, elle n'aura que soixante-neuf ans, l'âge de Reagan lors de sa première élection. Nombreux sont les démocrates qui pensent d'ores et déjà que l'ancienne First Lady représenterait la meilleure chance d'aborder les années 2020 avec l'un des leurs dans le Bureau ovale.

La concorde entre Barack Obama et Hillary Clinton n'est donc peut-être pas sans arrière-pensées du côté de l'ancien « premier couple » des années 1990. Une chose est sûre, après avoir recruté Hillary, le président Obama a pu aussi compter sur Bill. Ce dernier par exemple est venu à la Maison-Blanche fin 2010, après la défaite des législatives de la mi-mandat, lui dispenser de bons conseils sur la façon de s'accommoder d'un Congrès hostile, situation qu'il avait vécue lui aussi deux ans après le début de son mandat. Mais c'est dans la campagne de 2012 que Bill Clinton sert le mieux Obama. Il apparaît à son côté dans des réunions électorales, met à son service son toujours puissant réseau de donateurs, et par exemple chante ses louanges dans une vidéo publicitaire, diffusée par la campagne démocrate, juste avant l'anniversaire de l'assaut contre le repaire de Ben Laden, fin avril 2012.

Signe que l'hostilité des années 2007-2008 entre Obama et les Clinton était avant tout une question de défense de territoire et non d'idéologie, la rupture d'Obama avec la présidence Clinton n'a pas dépassé l'effet d'annonce. Dès son élection, Obama a en effet recruté massivement parmi les anciens collaborateurs de Clinton à la Maison-Blanche. C'est à John Podesta, dernier secrétaire général de la présidence sous Clinton, qu'Obama a confié le rôle de « chef de gare » dans le processus de sélection et de vérification des antécédents de ses plus proches collaborateurs. Et que ce soit dans la « West Wing » ou parmi ses ministres, un grand nombre de ces responsables sont issus de l'exécutif de la période 1993-2001.

10.

Quand la Maison-Blanche dérape

« Vous êtes un beau mec, bien roulé ! » : le président des États-Unis s'attendait à un accueil chaleureux en débarquant à l'impromptu dans un fast-food de Cheektowaga, dans le nord-ouest de l'État de New York le 13 mai 2010, mais l'exclamation de LuAnn Haley, quarante-cinq ans, a dû dépasser toutes ses espérances. Sourire inoxydable, Obama se jette à l'eau et étreint affectueusement son admiratrice. « Il m'a enlacée ! » exulte Mme Haley face aux caméras du « pool ». Obama, président et mari prudent, lui signale que son épouse regardera la scène à la télévision. « Pas grave. Salut Michelle ! » rétorque Mme Haley, laissant son président commander des ailes de poulet épicées.

La Maison-Blanche, ce sont les drapeaux américains impeccablement repassés, les marines au garde-à-vous, la limousine présidentielle étincelante, le porte-parole aux « éléments de langage » tout prêts. Mais parfois le drapeau s'emberlificote, un marine s'évanouit, la voiture tombe en panne et le porte-parole, voire le Président lui-même, lâche la gaffe qui dominera le cycle de l'information pendant les heures à venir. 99 % du temps, tout se passe comme prévu. Mais, tout en assurant la couverture des événements attendus et scénarisés, nous journalistes, on l'a vu plus haut, vivons pour ce 1 % d'imprévu. Ces moments où, malgré les meilleurs efforts des conseillers en communication, la belle mécanique de la Maison-Blanche et son illustre occupant effectuent une sortie de route.

Obama a-t-il péché par orgueil ? A-t-il cherché à battre l'un des comiques américains les plus populaires sur son propre terrain ? Ou est-il complètement insensible à la souffrance des handicapés et de leurs familles ? Le 20 mars 2009, une mini-tempête médiatique éclate à la suite du passage du Président la veille chez Jay Leno, animateur sur NBC du *Tonight Show*, un programme satirique de fin de soirée. C'est la première fois qu'un président américain en fonction participe à ce genre d'émission.

Tout avait plutôt bien commencé. Leno demandait comment Obama s'adaptait à sa nouvelle vie, et voulait savoir si, deux mois après son installation, le Président avait profité de la piste de bowling de la Maison-Blanche pour s'améliorer. Pendant la campagne quelques mois plus tôt, le sénateur Obama en tournée avait fait montre d'une maladresse embarrassante au jeu de quilles, s'attirant des sarcasmes. « La piste de bowling, vous l'avez condamnée, non ? » veut savoir Leno. « Non, pas du tout. Je n'ai pas arrêté de

m'entraîner. J'ai fait un score de 129 », se vante
Obama. « Oh, c'est très bien, monsieur le Président ! » se moque Leno, levant les yeux au ciel. Le
score maximum au bowling est de 300. « Oui, c'est
digne des Jeux olympiques pour handicapés mentaux.
Mais je fais des progrès », ajoute Obama, qui vient de
commettre une énorme bourde.

L'émission a été enregistrée à Los Angeles et doit
passer en soirée dans tous les États-Unis. La Maison-
Blanche se met en mode de communication de crise,
tentant de devancer les critiques. Le Président « s'est
exprimé avec légèreté pour se moquer de son talent
au bowling. Il ne voulait en aucune façon s'en prendre
aux Jeux olympiques pour handicapés mentaux »
(« Special Olympics » en anglais), explique aux journalistes le porte-parole adjoint d'Obama, Bill Burton.

L'imprudente plaisanterie présidentielle tombe
d'autant plus à plat que les « Special Olympics » ont
été fondés par Eunice Kennedy Shriver, sœur du président assassiné et mère de Maria Shriver, alors première
dame de Californie. Dans un pays où le chemin de la
rédemption passe par de très publiques demandes de
pardon, Obama se fend d'un appel à Tim Shriver,
frère de Maria et chef de l'organisme dirigeant ces
jeux. « Il a exprimé ses regrets, et il a présenté ses
excuses de façon très émouvante », racontera deux
jours plus tard Tim Shriver à la télévision, lançant
toutefois cette mise en garde : « Il est important de
comprendre que les mots peuvent blesser, et qu'ils ont
du poids. »

Cet épisode est malvenu pour Obama qui a déjà dû s'excuser platement quelques mois plus tôt auprès de la famille d'un autre de ses prédécesseurs. Seulement cinq jours après son élection et en pleine période de transition, le 7 novembre 2008, il se voit demander lors d'une conférence de presse s'il a contacté « qui que ce soit parmi les anciens présidents en vie » pour préparer son entrée à la Maison-Blanche, le 20 janvier suivant.

« En ce qui concerne les anciens présidents, j'ai parlé à tous ceux qui sont encore en vie », répond M. Obama, une tournure de phrase qui fait pouffer certains journalistes. Le président élu hasarde : « Je ne voulais pas me lancer dans des séances de spiritisme, à la Nancy Reagan ! » Nancy Reagan, veuve presque nonagénaire de Ronald Reagan, avait été critiquée sous la présidence de son mari de 1981 à 1989 pour sa pratique régulière de l'astrologie appliquée aux affaires publiques. Maladroit sur la forme, Obama a tout faux sur le fond. C'est en fait la femme du président Abraham Lincoln, Mary Todd Lincoln, qui avait recours au spiritisme, cent vingt ans plus tôt. Mme Reagan, affaiblie et relevant fin 2008 d'une fracture du bassin, est restée une figure populaire pour les Américains, nostalgiques des années 1980 marquées par la croissance économique et la confiance retrouvée de leur pays.

Même bénigne, la crise de relations publiques née de l'incident est l'une des premières que doit gérer l'équipe de transition du président élu. Là aussi, elle applique les recettes des gourous de la communication : devancer les critiques en reconnaissant ses torts. En fin d'après-midi tombe un message de Stephanie Cutter, porte-parole du président élu. Ce dernier « a appelé Nancy Reagan aujourd'hui afin de s'excuser pour ses déclarations imprudentes et désinvoltes pendant la conférence de presse d'aujourd'hui ». L'incident est clos, mais il a éclipsé le reste des propos présidentiels.

Le 2 février 2010, c'est au tour des habitants de Las Vegas d'être froissés par des propos du Président. En visite dans une école du New Hampshire à l'autre bout du pays, Obama appelle ses compatriotes à la frugalité en temps de crise. « Quand les temps sont durs, on se serre la ceinture. On n'achète pas de bateau quand on peut à peine rembourser son prêt immobilier. On ne va pas claquer un paquet de fric à Vegas quand on essaie d'économiser pour ses études. On établit des priorités. On prend des décisions difficiles. »

Conseils de bon sens, pense Obama. Intolérable attaque contre la métropole du Nevada, qui tire une grande partie de ses recettes des hôtels-casinos géants, rétorquent les élus du cru. Le maire Oscar Goodman, qui sait reconnaître un mauvais coup après s'être fait un nom comme avocat de la pègre, dénonce une « vendetta » du Président. Obama, assure-t-il, a « un vrai problème psychologique avec la capitale mondiale du divertissement ». Plus problématique pour le président démocrate dans un État touché de plein fouet par la crise immobilière et un chômage qui galope alors au-dessus de 13 %, même son allié Harry Reid, sénateur du Nevada et chef de la majorité de la chambre haute du Congrès, prend ses distances. « Le Président doit se calmer au sujet de Las Vegas, et arrêter d'en faire l'exemple de l'endroit où les gens ne devraient pas dépenser leur argent. Je préfère largement que des touristes et des hommes d'affaires dépensent leur argent à Las Vegas plutôt qu'à l'étranger », écrit Reid dans l'un des communiqués au ton glacial dont il a le secret.

Quinze jours plus tard, venu sans rancune à Las Vegas pour soutenir Reid, en campagne pour les législatives de novembre 2010, Obama prendra le taureau par les cornes devant la chambre de commerce et le bureau des visiteurs de la ville du jeu : « Que cela soit clair : j'aime Vegas, cela a toujours été le cas », dit-il, avant de mettre les rieurs de son côté en assurant avoir joué au poker la veille et avoir ainsi « réduit de moitié le déficit » du budget fédéral. Le maire Goodman ne s'esclaffe pas. Il a décidé de boycotter la visite présidentielle.

Au fur et à mesure de l'avancement de sa présidence, Obama commet moins d'impairs en public, au prix d'une parole sans doute plus guindée et moins libérée. Ce qui n'exclut pas quelques couacs. Lisbonne, 19 novembre 2010. Avant de participer au sommet de l'Otan, Obama entame sa visite au Portugal en allant saluer son homologue Anibal Cavaco Silva, puis le Premier ministre José Socrates. Après les amabilités de rigueur, Obama affirme que sa famille compte un membre portugais : « Bo, notre chien. C'est le plus populaire des habitants de la Maison-Blanche ! » Le Président rit de sa bonne blague, mais côté portugais, les rictus sont un peu forcés. Bo, l'ami à quatre pattes qu'Obama avait promis à ses filles le soir de son élection, est en effet un « chien d'eau portugais », une race rare originaire de la péninsule Ibérique. Mais, si aux États-Unis les animaux domestiques font partie intégrante de la famille et que « Bo Obama » suscite des dizaines de sites internet, pages Facebook et comptes Twitter, sans parler des autocollants et peluches, l'amour des Européens pour leurs bêtes de compagnie ne passe pas par de telles effusions. Et mettre sur le même plan son chien et ses hôtes portugais en pleine visite officielle relève au moins du faux pas.

Circonstances plus dramatiques, choix de mots également malheureux le 11 mars 2011 lorsque le Japon est frappé par un séisme de magnitude 9 qui provoque un tsunami, avec un bilan de quelque 20 000 morts. Dans un communiqué aux premières heures de la catastrophe, Obama transmet les condoléances des États-Unis au Japon. Le texte, rédigé à la hâte, affirme que les relations entre les deux pays sont « inébranlables », un terme qui tombe mal pour un pays ébranlé précisément par la pire secousse sismique de son histoire récente.

Et parfois, le public des interventions présidentielles fait savoir à Obama qu'il a franchi la ligne jaune. C'est le cas le 3 juin 2011, lorsque Obama vient visiter à Toledo dans l'Ohio l'usine Jeep qui construit le modèle Wrangler, lointain descendant des fameux 4 × 4 du Débarquement. « Il y aura toujours des cahots sur la route de la reprise. Nous allons passer dans des zones que même un Wrangler aurait du mal à franchir », explique-t-il. « Non, non ! » proteste l'assistance en chœur. « Ah, un Wrangler, ça passe partout, c'est ça ? » rit Obama, en regrettant sans doute sa métaphore.

De temps en temps, ce sont les invités officiels à la Maison-Blanche qui font preuve de leur sens de l'humour. Candidat inattendu au prix du joyeux drille, le roi Abdallah d'Arabie saoudite, qu'Obama reçoit le 29 juin 2010. À l'issue de la rencontre, de courtes déclarations à la presse sont prévues. Digne dans son costume traditionnel, le souverain wahhabite s'épanche face aux caméras. « Merci monsieur le Président pour cette rencontre productive. Je veux aussi remercier les Américains, ainsi que nos amis des médias. Que Dieu nous préserve de leurs méfaits ! » Obama éclate spontanément de rire. Sans doute n'a-t-il pas en tête le bilan contrasté du royaume conservateur en matière de droits de l'Homme et de liberté de la presse.

En général toutefois, Obama a le sens de la repartie et rebondit facilement dans les situations qui pourraient être embarrassantes. Le 5 octobre 2010, il s'adresse ainsi au « Sommet des femmes les plus influentes » organisé par la fondation Forbes, quand un bruit sourd l'interrompt. « Oups ! Est-ce que c'est… » demande Obama, décontenancé. La salle éclate de rire. Le sceau présidentiel placé devant son pupitre – vestige d'une époque où le Président lisait des notes et non un prompteur – vient de se décrocher et de choir au sol. « Oh mon Dieu ! Je crois que ça va aller. Vous savez tous qui je suis ! » lance Obama qui ajoute : « Mais je suis certain que dans les coulisses quelques-uns sont vraiment nerveux à l'heure actuelle et doivent transpirer à grosses gouttes là-dedans ! » La salle se tient les côtes.

Encore un coup de malchance le 26 avril 2012 à Boulder dans le Colorado, quand Obama entre impromptu dans un fast-food avant de se rendre dans une université. Une jeune femme qui était en train de boire un yaourt liquide voit le Président se diriger vers elle, la main tendue. Elle pose son yaourt par terre, et dans la bousculade, quelqu'un fait valser le gobelet, dont le contenu se répand… sur le pantalon d'Obama. « Renverser du yaourt sur le Président, vous en aurez une belle histoire à raconter ! » commente Obama, mi-figue, mi-raisin, en tentant de faire disparaître les taches avec une serviette en papier. La propriétaire du yaourt est cramoisie, mais elle n'a pas perdu sa journée. Le lendemain, elle apparaîtra en direct sur une chaîne de télévision nationale pour narrer sa mésaventure.

Parfois, c'est le Président lui-même qui fait des plaisanteries. Le 22 décembre 2009, le gouverneur démocrate de Virginie, Tim Kaine, est sur le point de quitter son poste à la fin de son mandat. C'est un allié précieux d'Obama, et un soutien de la première heure. Il a pris l'habitude, tous les mois, de répondre en direct aux questions de ses administrés à l'antenne d'une radio locale. Treize minutes après le début de l'émission, l'animateur annonce que le prochain intervenant sera « Barry, de Washington DC ».

« Monsieur le gouverneur, en fait, c'est le président des États-Unis à l'appareil », entend-on alors. « Je veux me plaindre de la circulation dans le nord de la Virginie », poursuit l'interlocuteur surprise tandis que M. Kaine éclate de rire. « Je voulais dire à quel point nous sommes fiers de ce que vous avez accompli dans l'État de Virginie », ajoute la voix, qui est bien celle du Président. « Barry » était le surnom qu'avait adopté Barack Obama dans sa jeunesse.

Les points de presse de la Maison-Blanche sont le plus souvent rébarbatifs et ennuyeux pour qui ne suit pas au microscope la vie institutionnelle et politique américaine, mais de temps en temps riches en révélations et moments spectaculaires. Ils glissent aussi parfois vers le cocasse voire le burlesque, en particulier à l'époque où Robert Gibbs occupait le poste de porte-parole. À la fois pour blaguer mais aussi pour asseoir son autorité, Gibbs ne tolérait pas les téléphones portables qui sonnaient pendant son briefing, et avait même un jour confisqué l'appareil d'un reporter impoli.

Il faut reconnaître à Gibbs le sens de la parole donnée : il avait parié avec son homologue canadien, porte-parole du Premier ministre Stephen Harper, sur

l'issue du match de hockey opposant États-Unis et
Canada aux Jeux olympiques de Vancouver. Le
supporteur de l'équipe perdante s'engageait à animer
son point de presse revêtu du maillot de l'équipe
adverse. Les « Canucks » ayant battu les Américains 3
à 2, c'est un Gibbs engoncé dans une tunique frappée
d'une feuille d'érable qui entre le 12 mars dans la salle
de presse. Mais dessous, il a caché un maillot de
l'équipe américaine, montrant que la mauvaise foi
patriotique des « fans » de sports d'équipe atteint aussi
la Maison-Blanche.

En revanche, Gibbs se « dégonfle » début 2011
lorsque l'équipe de son université d'origine, les
Auburn Tigers, gagne la coupe universitaire de football américain : avant le match, il avait imprudem-
ment assuré qu'en cas de victoire il perpétuerait à la
Maison-Blanche la tradition d'Auburn, située dans la
ville du même nom en Alabama. Ladite tradition veut
que l'on enroule de papier toilette les arbres du centre-
ville. Or le Service des Parcs nationaux veille sur l'intégrité des bâtiments classés de la Maison-Blanche, mais
aussi sur ses arbres centenaires. Gibbs avait-t-il été mis
en garde avant de renoncer ?

Carney, au style plus lisse que Gibbs, se met plus
rarement dans des situations embarrassantes, mais
quand cela se produit, elles valent le déplacement.
Vendredi 2 novembre 2011 : en milieu de journée,
Obama a prononcé près d'un pont de Washington un
discours sur la nécessité de financer des travaux
d'infrastructures. Obama ironise sur le fait que le

Congrès aux mains des républicains n'a pas voulu jusqu'ici voter son plan d'investissements publics pour relancer la croissance et l'emploi. Il interpelle John Boehner, le président républicain de la Chambre : « À la Chambre des représentants, de quoi avez-vous débattu ? John, vous avez débattu d'une pièce commémorative sur le baseball ? Vous avez discuté d'une loi répétant qu'*In God We Trust* (Nous avons confiance en Dieu) est notre devise ? Ce n'est pas ça qui va remettre les gens au travail. J'ai confiance en Dieu, mais Dieu veut que nous nous aidions en remettant les gens au travail ! » conclut le Président.

Il est rare qu'Obama, hors occasions spéciales, ait recours aux références divines dans ses discours de politique générale. Son prédécesseur George W. Bush y avait davantage habitué les journalistes. Interrogé sur ces questions sémantiques lors de son point de presse, quelques heures plus tard à la Maison-Blanche, Carney explique : « Je crois que la Bible dit : "Aide-toi, le ciel t'aidera." Le Président essayait de dire que nous devrions puiser dans nos capacités à aider les Américains. » Quelqu'un a dû tiquer, car en fin de journée, quand nous recevons le verbatim officiel du point de presse de la Maison-Blanche, le dicton est agrémenté d'un astérisque : « Cette expression populaire n'apparaît pas dans la Bible. »

Une autre correction de verbatim restera dans les mémoires. Le 4 décembre 2011, Obama reçoit à la Maison-Blanche les lauréats des prix du Centre Kennedy, une des institutions de Washington, qui

honore les artistes du spectacle. Parmi les récipien-
daires, le violoncelliste Yo-Yo-Ma et l'actrice Meryl
Streep. Visiblement sous le charme de ces hôtes talen-
tueux, Obama s'éloigne de son texte, en perd le fil.
« Tous ceux qui ont vu *La Femme du lieutenant
français* sont un peu amoureux de Meryl Streep »,
avoue-t-il. « J'improvise un peu, là », confesse le Président (« *I'm ad-libbing here a little bit* »). Lorsque les
sténographes de la Maison-Blanche envoient le texte
aux quelque 8 000 abonnés de la liste de presse, la
phrase présidentielle est devenue « *I'm mad living here
a little bit* », c'est-à-dire « Vivre ici me rend un peu
fou » !

11.

Obama contre le Congrès

« Je ne tolérerai aucun refus ! » Le regard est volontaire, la voix assurée, la gestuelle précise. Obama entame en fanfare l'année 2012. La scène se passe dans l'Ohio. Dans dix mois presque jour pour jour, le Président remettra son mandat en jeu. Pourtant, en ce 4 janvier, l'ordre du jour n'est pas encore l'élection présidentielle, même si elle est dans toutes les têtes, en particulier celles des journalistes qui accompagnent Obama dans une école de la banlieue de Cleveland. Mais plus qu'une énième réunion publique dans un État crucial, ce déplacement marque une rupture dans le rapport de forces entre Obama et ceux qui lui ont rendu la vie infernale depuis un an : les républicains du Congrès.

Dans l'Ohio, où il effectue une visite de seulement quelques heures, Obama est venu annoncer qu'il profite des vacances des parlementaires pour nommer par décret un chef de la toute nouvelle agence de protection des consommateurs. Son choix s'appelle

Richard Cordray, anciennement ministre de la Justice de l'Ohio. À ce poste électif, il s'était fait une réputation de fermeté vis-à-vis des banques et autres institutions financières de prêts aux consommateurs. Les pratiques douteuses de ces organismes sont réputées avoir précipité la crise du crédit immobilier de 2008, dont l'économie peine à se remettre.

Dans le système politique américain, fait d'un subtil équilibre entre pouvoirs exécutif, législatif et judiciaire, le Président doit trouver un terrain d'entente avec le Congrès s'il veut faire avancer ses réformes ou ratifier des traités. Les nominations à des dizaines de postes de hauts responsables, en particulier les membres du gouvernement, les chefs d'agence fédérale, les ambassadeurs et les juges fédéraux, dont ceux de la Cour suprême, doivent en outre être entérinées par le Sénat. La chambre haute du Congrès, qui, contrairement à son homologue française, est bien plus puissante que la chambre basse, est composée de cent élus, deux par État. À la mi-2012, 53 d'entre eux sont alliés d'Obama, démocrates ou indépendants, et 47 républicains. On pourrait en conclure que les projets d'Obama ont un boulevard devant eux, mais c'est sans compter sur les subtilités des règles internes du Sénat où il faut en fait une « super-majorité » de 60 voix sur 100 pour contrer toute obstruction de la minorité, en jargon du Congrès, le *filibuster*.

C'est à cette obstruction des républicains que nombre des candidats d'Obama se sont heurtés et ont vu leur candidature bloquée, comme Cordray dont le nom avait été soumis au Sénat dès le 18 juillet 2011. Cinq mois et demi plus tard, alors que la campagne électorale monte déjà en puissance, Obama semble se régaler à fustiger les sénateurs devant un public acquis à sa cause, qui hue les conservateurs.

« Ils sont allés jusqu'à refuser de voter pour ou contre sa nomination. Ce n'est pas parce que Richard n'est pas qualifié. Il est évident que son profil correspond exactement à celui de ce poste. Il est soutenu par des démocrates et des républicains dans tout le pays », s'exclame Obama. « Alors vous vous demandez quel est le problème ? Les républicains du Sénat ont bloqué Richard parce qu'ils ne sont pas d'accord avec la loi qui a établi une agence de protection des consommateurs. Ils veulent affaiblir cette loi, lui retirer de sa substance. Et le secteur financier a déversé des millions de dollars contre cette loi », ajoute le Président, accusant les républicains de collusion avec Wall Street.

À l'échelle de la guérilla larvée qui oppose la Maison-Blanche et les républicains de Congrès, Obama vient de lancer un bombardement massif sur les positions de ses adversaires. Côté républicain, c'est tout juste si on ne hurle pas au coup d'État. Mitch McConnell, l'élu du Kentucky qui cornaque les sénateurs conservateurs, se fend d'un communiqué vengeur : « Le président Obama, dans un geste sans précédent, a court-circuité avec arrogance le peuple américain. » Boehner, le président de la Chambre, mâche encore moins ses mots : la nomination de Cordray par décret « constitue un accaparement du pouvoir extraordinaire et totalement sans précédent », s'indigne-t-il.

Mais tout recours contre la nomination de Cordray ne sera pas suspensif, ce qui signifie que le nouveau protecteur des consommateurs peut prendre immédiatement ses fonctions. Autre ruse d'Obama, le bail de Cordray expirera après les élections présidentielle et législatives partielles du 6 novembre 2012, à l'issue desquelles le Président espère bien que les cartes politiques auront été rebattues en sa faveur.

Comme la ruade de la mule du pape, le coup d'éclat vient de loin, en l'occurrence du 2 novembre 2010, le jour funeste pour Obama des législatives partielles de la mi-mandat. Aux États-Unis en effet, les électeurs sont convoqués aux urnes tous les deux ans : les 435 membres de la Chambre des représentants remettent leurs sièges en jeu les années paires. Le Sénat, où les élus servent six ans, est renouvelé par tiers. En 2008, Obama avait entraîné dans sa victoire un grand nombre d'élus démocrates : son parti s'était retrouvé avec 255 sièges à la Chambre et 60 au Sénat, atteignant donc le nombre magique de la « super-majorité ». Mais deux ans plus tard, le retour de balancier s'avère violent : les républicains ont profité du mécontentement populaire né de la persistance d'un chômage très élevé.

Le 2 novembre 2010, ils ont non seulement réduit la majorité d'Obama à 53 sénateurs, mais pris le contrôle de la Chambre en conquérant 62 circonscriptions. Ce n'est pas une défaite pour les démocrates, c'est une déroute historique : avec pas moins de 242 élus, les républicains n'avaient plus dominé la chambre basse de la sorte depuis la fin de la Seconde

Guerre mondiale. Pour ajouter encore à l'humiliation personnelle d'Obama, un républicain s'est emparé de son ancien siège de sénateur dans l'Illinois.

Si la Chambre a moins de poids politique que le Sénat, elle n'en est pas moins la gardienne des cordons de la Bourse puisqu'elle vote les budgets. Autant dire qu'elle a le droit de vie et de mort sur toutes les initiatives de l'exécutif nécessitant l'engagement de dépenses. Le Président peut riposter en utilisant à l'envi son droit de veto. L'équation des deux années à venir est simple : les républicains ne peuvent à eux seuls défaire le bilan d'Obama, en particulier la réforme de l'assurance-maladie qu'ils honnissent, mais ils sont en mesure de bloquer les réformes à venir. C'est donc l'arrêt de mort du programme présidentiel démocrate de 2008 que les républicains célèbrent.

Le Président n'a vraiment pas la tête des bons jours le lendemain peu après 13 heures lorsqu'il entame une conférence de presse. De ma place au second rang, je remarque ses yeux cernés. Se mordant souvent la lèvre inférieure, il note que « certaines soirées électorales sont plus amusantes que d'autres ». Une litote. La chute est rude pour celui qui deux ans auparavant avait atteint dans l'euphorie la marche suprême du pouvoir.

Il faudra attendre la toute fin de la conférence de presse pour que le Président ouvre un peu plus son cœur. Évoquant deux de ses prédécesseurs eux aussi sévèrement battus dans les urnes lors d'élections de mi-mandat, il note que « deux experts en communication, Ronald Reagan et Bill Clinton, se sont un jour tenus derrière ce pupitre pour répondre à des questions très similaires deux ans après le début de leurs présidences, parce que l'économie ne se portait pas aussi bien qu'elle aurait dû ». Sous-entendu, Reagan et Clinton, malgré leurs défaites d'étape, ont ensuite été triomphalement réélus. Pour Obama, ce genre de défaite « est quelque chose que chaque président doit traverser parce que les responsabilités de cette charge sont énormes. Beaucoup de gens sont affectés par ce que nous faisons, et dans le feu de l'action, parfois nous perdons le contact avec les gens qui nous ont élus [...] Cela dit, je ne recommande pas que tous les présidents à l'avenir se prennent une déculottée comme celle que j'ai prise hier soir ».

Malgré cette « déculottée » – le mot fera évidemment la une de toute la presse le lendemain –, Obama se dit prêt à tendre la main à la nouvelle majorité républicaine : « Je ne suis pas naïf au point de penser que tout le monde renoncera à faire de la politique politicienne d'ici là, mais j'espère faire des progrès sur les problèmes très graves auxquels nous devons faire face », explique-t-il en évoquant en particulier la réduction des déficits, la fiscalité, l'enseignement ou l'investissement dans les infrastructures.

Aux États-Unis, si les élections nationales ont lieu le premier mardi de novembre, les élus ne prennent officiellement leurs fonctions que fin janvier. Cela veut dire qu'à la fin de toutes les années paires, un Congrès sortant et n'ayant plus de légitimité démocratique siège, et peut voter des lois. En vocabulaire politique américain, on appelle cela la *lame duck session*, la « session des canards boiteux ». Obama en appelle à l'union sacrée : « Nous ne pouvons pas nous permettre deux ans de chamailleries. Il faut que tout le monde mette la main à la pâte, démocrates, républicains, indépendants [...] pour faire en sorte que les États-Unis gardent leur primauté dans le monde. »

Le Président se berce-t-il d'illusions ? Les plus cyniques, ou ceux qui observent depuis longtemps la vie politique américaine, en sont persuadés. Une minorité spécule sur la possibilité qu'Obama reprenne son fonds de commerce électoral de 2008, c'est-à-dire le dépassement des barrières partisanes pour le bien commun. Les experts ont en mémoire la période 1995-2001, quand Bill Clinton, lui aussi face à un Congrès républicain hostile, avait mené de main de maître une tactique dite de « triangulation », faite de concessions de nature à satisfaire les républicains tout en évitant de trop s'aliéner l'électorat démocrate. En gouvernant au centre, Clinton avait fini par décrocher aisément un autre bail à la Maison-Blanche.

Mais les États-Unis de 2010-2012, avec leur chômage à un plus haut niveau historique, ne sont pas ceux du milieu des années 1990, en pleine expansion économique. Clinton avait face à lui la vague conquérante de la « nouvelle droite » conservatrice menée par Newt Gingrich, Obama doit gérer la montée en puissance du « Tea Party » et la paralysie institutionnelle qui en découle.

Comme beaucoup de populismes, le « Tea Party »
est une nébuleuse fédérant des revendications qui
n'ont pas grand-chose à voir les unes avec les autres,
sinon leur conservatisme. Organisé à partir de la base
locale, il s'agit d'un mouvement qui semble surtout
uni dans le rejet de l'intervention étatique, un recy-
clage de courants d'idées qui ont toujours existé aux
États-Unis face à la croissance du pouvoir de
Washington. Mais ils ont pris une nouvelle vigueur
avec la récession économique de 2007-2009 qui a très
durement touché le secteur manufacturier. Les « Tea
Party » tirent leur nom de la « Boston Tea Party », l'un
des actes fondateurs, en 1773, de la révolte des
colonies américaines contre le pouvoir du roi d'Angleterre. Ils se présentent comme des patriotes révoltés
contre la « pieuvre » du pouvoir fédéral, soutiennent la
suppression de la banque centrale et de la plupart des
ministères – l'Agence de protection de l'environnement et le ministère de l'Éducation en particulier –,
contestent le droit de l'État fédéral à lever des impôts
et prônent l'isolationnisme sur la scène internationale.
Pour eux, Obama est un « socialiste », dans l'acception
soviétique du terme.

Que l'idéologie du « Tea Party » soit cohérente ou
applicable, le problème est vite dépassé : dans la
campagne des élections législatives de 2010, les « Tea
Party » ont mobilisé la base électorale de nombreuses
circonscriptions électorales acquises aux républicains,
redynamisant un parti conservateur toujours désem-
paré par la victoire d'Obama deux ans plus tôt. Dans
un système où il est crucial de lever des fonds, les « Tea
Party » s'appuient sur les contributions de leurs

membres, mais aussi sur le discret soutien de certains multimilliardaires comme les frères Charles et David Koch, magnats de la pétrochimie. La stratégie des « Tea Party » est lumineuse : ils s'investissent à l'échelle la plus basse des élections locales, présentent leurs propres candidats contre les élus sortants dont ils contestent la pureté conservatrice. Aux autres, ils font signer des promesses en échange de leur soutien, par exemple celle de ne jamais, au grand jamais, voter de hausses d'impôts.

La « déculottée » d'Obama, début novembre 2010, est donc surtout un triomphe du « Tea Party ». Ses membres forment même un groupe au sein des républicains de la Chambre. Ces 62 élus se rangent derrière la bannière de Michele Bachmann, représentante du Minnesota, championne des valeurs familiales et de la lutte contre l'avortement. Problème pour Obama, sans doute, mais casse-tête encore plus grand pour le nouveau président de la Chambre John Boehner : un quart de ses troupes sont hostiles à toute concession, même infinitésimale, aux démocrates.

Boehner, soixante-deux ans à la mi-2012, n'est pas un « Tea Party ». Même s'il affirme vouloir « changer la façon dont fonctionne Washington », c'est une déclaration d'intention audacieuse de la part de quelqu'un qui vit depuis vingt ans comme un poisson dans l'eau de la capitale fédérale. D'origine très modeste, onzième d'une fratrie de douze, il est le premier membre de sa famille à avoir fait des études supérieures. Un autodidacte à l'américaine, qui a dû travailler pour payer ses cours universitaires et a gravi tous les échelons d'une petite entreprise avant de briguer un mandat national.

Mais Boehner le Jeune Turc est devenu un cacique du Congrès, réputé pour son swing au golf, ses nombreuses amitiés avec les lobbyistes, et moqué pour le bronzage qu'il arbore en toutes saisons. Et dans le monde impitoyable de la politique, Boehner voit à son tour sa prééminence contestée. L'ambitieux s'appelle Eric Cantor, représentant de la région de Richmond, l'ancienne capitale confédérée à cent soixante kilomètres au sud de Washington. Brushing impeccable, mâchoire carrée, il a quatorze ans de moins que Boehner et le remplace comme chef de la majorité de la Chambre lorsque Boehner accède au perchoir de cette assemblée. Cantor voit dans le « Tea Party » un point d'ancrage, et donne de multiples gages de loyauté aux ultraconservateurs. Pour les observateurs du Congrès, il est évident que Cantor vise à terme la place de président de son assemblée, un poste prestigieux dont le titulaire est deuxième dans l'ordre de succession à la présidence des États-Unis, derrière le vice-président.

De l'ambition au double jeu, il n'y a parfois qu'un pas. Cantor et ses affidés sont bien décidés à appliquer leur programme de réduction des dépenses budgétaires au nom de la lutte contre les déficits, et de nouvelles baisses d'impôts pour les entreprises et les plus aisés − certains malveillants y voient l'influence des milliardaires Koch. Cette profession de foi se heurte à celle d'Obama, qui souhaite au contraire laisser expirer fin 2010 les cadeaux fiscaux consentis aux plus riches par George W. Bush en 2001 et 2003.

Dix ans après, Obama se retrouve prisonnier d'un marché passé par Bush avec le Congrès de l'époque : pour faire passer des réductions d'impôts en faveur des contribuables les plus à l'aise, la loi prévoyait que la classe moyenne bénéficierait elle aussi de ces allègements. Et les républicains refusent évidemment de les dissocier. Mais, contre toute attente, la *lame duck session* de décembre 2010 se révèle très fructueuse, grâce à une concession de taille d'Obama. Ce dernier, après avoir juré qu'il mettrait son veto à toute prolongation des cadeaux Bush pour les riches, finit par céder, en échange d'une extension des versements des allocations chômage pour les demandeurs d'emploi en fin de droits. Un véritable accord de marchands de tapis qui coûtera la bagatelle de 858 milliards de dollars au budget de l'État sur dix ans, mais qu'Obama et ses conseillers économiques vantent comme un plan de relance, même s'ils se gardent bien d'employer cette expression. Les démocrates de la Chambre, sur le point de remettre les clés à leurs adversaires républicains, crient à la trahison d'Obama, mais ils finissent par rentrer dans le rang et voter le texte qui remet à fin 2012 une éventuelle nouvelle prolongation de ce dispositif. Là aussi, le problème est repoussé au-delà de l'élection présidentielle.

Autre grand acquis de la sesssion de décembre 2010, là encore à la surprise générale, le vote du Congrès en faveur de la fin du tabou homosexuel dans l'armée. Au terme d'un compromis adopté sous Bill Clinton en

DANS LES PAS D'OBAMA

1993, les homosexuels et les lesbiennes étaient libres de s'engager dans l'armée, à condition de taire leur orientation sexuelle. Obama avait promis lors de sa campagne de 2008 de mettre fin à cette loi surnommée « *Don't ask, don't tell* » (« ne rien demander, ne rien dire »), et le fait que huit sénateurs républicains aient voté en sa faveur témoigne de l'évolution des mentalités aux États-Unis en vingt ans – y compris au sein de l'armée dont la plupart des chefs à l'exception de celui des marines, avaient dit soutenir une telle mesure.

Et enfin, pour couronner la *lame duck session* la plus productive de mémoire d'archiviste du Congrès, le Sénat ratifie enfin le nouveau traité de désarmement nucléaire START avec la Russie qui est l'une des grandes avancées diplomatiques de l'administration Obama. À son arrivée au pouvoir, Obama avait trouvé des relations au point mort avec Moscou, conséquence de la réaction extrêmement ferme de l'administration Bush après la guerre-éclair entre la Russie et la Géorgie pendant l'été 2008.

Obama, qui avait fait campagne sur le dépassement des idéologies et des frontières partisanes, a-t-il trouvé son milieu naturel d'évolution ? Entre-t-on dans une lune de miel avec les républicains qui s'installent en masse à la Chambre début 2011 ? Évidemment non, et l'année 2011 est même marquée par des échauffourées qui conduisent les États-Unis au bord du précipice.

C'est même Obama qui ouvre les hostilités en nommant pendant les vacances du Congrès, le

DANS LES PAS D'OBAMA

29 décembre 2010, un ambassadeur en Syrie, que le Sénat refusait de confirmer. La nomination de l'ambassadeur Robert Ford était en souffrance depuis des mois, les républicains s'offusquant de toute tentative de rapprochement avec Bachar al-Assad qui n'avait pas encore commencé à réprimer dans le sang la révolte populaire contre son régime.

Le 7 janvier, à peine installés à la Chambre, les républicains entament des débats pour abroger la réforme de l'assurance-maladie d'Obama. Une façon pour eux de marquer leur territoire, puisque le Sénat, qui doit voter cette abrogation dans les mêmes termes, est resté démocrate. Cela n'empêche pas Mitch McConnell, le chef de la minorité républicaine au Sénat, de donner de la voix et de répéter que son principal objectif est de faire battre Obama en 2012.

Mais l'équilibre des pouvoirs proposé par la Constitution américaine se marie mal à l'intransigeance d'un camp ou de l'autre, et les escarmouches finissent par déboucher sur un blocage début avril 2011. Il s'agit alors de financer l'État fédéral jusqu'à la fin de l'année budgétaire en cours, en septembre. Les républicains réclament des coupes dans les dépenses sociales, ce que refusent Obama et ses alliés démocrates. Faute d'accord et de financement, l'État risque la paralysie le 8 avril à minuit, et le gouvernement Obama a même prévenu quelque 800 000 fonctionnaires qu'ils devraient s'attendre à des congés sans solde dès le samedi 9. Les enjeux sont donc extrêmement importants. Finalement, un accord est trouvé à l'arraché, une heure avant l'échéance.

Les républicains ont obtenu une réduction des dépenses de 38,5 milliards de dollars, une misère à l'échelle de la dette du pays, qui atteint à l'époque 14 000 milliards, mais les démocrates ont sauvé la face en obtenant que ces coupes ne concernent pas des programmes sociaux qui étaient dans la ligne de mire des « Tea Party », tel le planning familial ou le financement de la radio publique. « Comme dans tout compromis valable, les deux parties ont dû prendre des décisions difficiles et céder sur des questions qui étaient importantes pour elles », affirme Obama, qui ne s'en sort pas si mal.

Mais la bataille budgétaire avec les républicains en annonce une autre, bien plus acharnée, celle du relèvement du plafond de la dette. La loi impose en effet que le Congrès donne son accord au montant que l'État fédéral est autorisé à emprunter pour se financer. Une bizarrerie réglementaire qui donne aux élus l'autorité de voter deux fois pour des dépenses : lors de l'adoption du budget, puis celle de l'autorisation de relèvement du plafond.

Obama a dépêché son vice-président Joe Biden pour prendre langue avec les responsables du Congrès, dès le mois de mai, alors que le plafond de la dette doit être atteint fin juillet. Mais ces négociations piétinent, et après des semaines de pourparlers sporadiques, la tension monte graduellement au début de l'été : les républicains, qui ont entre-temps adopté un plan budgétaire prévoyant des réductions drastiques dans les dépenses, réclament que toute hausse du plafond de la dette s'accompagne de coupes budgétaires identiques. Obama est d'accord pour réduire les dépenses à long terme, mais s'oppose à toute mesure qui aurait pour résultat de « tailler à la machette » dans les programmes sociaux.

Obama, peu réputé pour sa familiarité avec les membres du Congrès, fait un geste le 18 juin 2011 en conviant Boehner, le chef de la Chambre, à une partie de golf en compagnie du vice-président Biden et du gouverneur républicain de l'Ohio, John Kasich. On ne l'apprendra que quelques mois plus tard, mais cette rencontre donnera lieu à d'autres, plus discrètes, entre Obama et Boehner dans les semaines qui suivront. Le but est non seulement de trouver une issue à la crise du plafond de la dette, mais aussi de conclure un « grand marchandage » qui permettrait aux républicains et aux démocrates d'équilibrer les comptes de l'État et de s'attaquer à la dette qui monte inexorablement vers les 100 % du produit intérieur brut.

Mais, là encore, Boehner est trahi par ses troupes, en particulier Cantor. Alors qu'un accord semble proche, au point d'être annoncé par une fuite au *New York Times*, la Maison-Blanche comme les républicains le démentent : Boehner, après avoir semblé ouvert à une augmentation des recettes des impôts, estime qu'un tel accord est impossible sans hausse de la fiscalité, chiffon rouge pour le « Tea Party ». Boehner claque la porte et affirme avoir été dupé par la

Maison-Blanche qui a selon lui durci sa position de départ au milieu des négociations.

Les jours passent, les instances internationales comme le FMI s'alarment de la perspective de voir la première économie mondiale ne plus être en mesure de rembourser ses dettes, alors que les obligations américaines sont considérées comme l'un des placements les plus sûrs au monde, et que des pays comme la Chine y ont massivement investi les produits de leurs excédents commerciaux.

Obama ne cache pas non plus son impatience. Washington « est une ville où compromis est devenu un gros mot », regrette-t-il. Un compromis est pourtant obtenu, une nouvelle fois à l'arraché, le 1er août, la veille de l'« apocalypse » promise. Le plafond de la dette est relevé de 2 100 milliards de dollars, de quoi tenir normalement jusqu'à début 2013.

Les États-Unis sont passés tout près de la catastrophe et se verront d'ailleurs sanctionnés par la perte de leur « triple A » début août chez l'agence de notation Standard and Poor's. Mais Obama a lui aussi pris des coups en capitulant une nouvelle fois face aux républicains sur la question de la hausse de la fiscalité pour les plus aisés. Plus l'élection présidentielle approche, moins Obama semble croire en une coopération de longue durée avec un Congrès hostile ou à la réussite des tentatives de « triangulation » à la Clinton.

Dès lors, Obama paraît se tourner vers la stratégie de l'un de ses lointains prédécesseurs, Harry Truman, qui avait mené campagne avec succès pour rester à la Maison-Blanche en 1948 contre un « Congrès qui ne fait rien ». Pour sa rentrée le 8 septembre 2011, Obama présente un « plan pour l'emploi » de 447 milliards de dollars, mettant au défi les républicains de l'adopter, et ce, au moment où la reprise du marché du travail marque le pas, nourrissant le pessimisme des Américains. La cote d'Obama en pâtit, oscillant autour de 40 % d'opinions favorables, sa réélection paraissant alors tout sauf assurée.

L'« American jobs act » (proposition de loi pour l'emploi américain) prévoit 240 milliards de dollars d'allègements d'impôts et de charges sociales pour les PME, des mesures en faveur des chômeurs ainsi que des investissements dans les infrastructures afin de relancer l'activité. Ce dispositif veut annuler les exemptions d'impôts adoptées sous Bush, prévoit la prolongation des allègements fiscaux pour la classe moyenne mais aussi des contributions alourdies pour les millionnaires et les milliardaires. Peu importe que ce plan n'ait aucune chance de passer l'obstacle de la Chambre, il donne à Obama un argumentaire pour stigmatiser les républicains, défenseurs des riches face aux Américains moyens, son cœur de cible électoral.

Jamais en reste d'hyperboles, des élus républicains assurent qu'Obama, pourtant peu soupçonnable de marxisme militant depuis son arrivée au pouvoir, veut lancer « la guerre des classes ». Ce à quoi le président démocrate répond qu'il est « honoré » d'endosser le costume de « défenseur de la classe moyenne ».

Obama a trouvé le thème du début de sa campagne : « nous ne pouvons pas attendre » que le Congrès agisse, martèle-t-il à longueur de discours dans des États importants pour sa réélection, et aussi dans des lieux de toute

évidence choisis pour narguer les républicains. Il se rend
le 22 septembre au pied d'un pont vétuste enjambant
la rivière Ohio, qui relie l'État du même nom et celui du
Kentucky. Difficile de trouver mieux : l'Ohio est le fief
de Boehner, le Kentucky celui de McConnell, le chef
des républicains au Sénat ! Obama s'adresse directement à ses adversaires, le fameux pont en arrière-plan :
« M. Boehner, M. McConnell, aidez-nous à reconstruire
ce pont. Aidez-nous à reconstruire l'Amérique. »

Les républicains font la sourde oreille. Le plan pour
l'emploi est rejeté au Sénat le 11 octobre en raison de
l'opposition des troupes républicaines de McConnell.
Cela n'empêche pas Obama de continuer à faire
campagne sur ce thème, engrangeant des dividendes de
son activisme : sa cote de popularité remonte vers les
50 %, pendant que celle du Congrès sombre : 9 % des
Américains interrogés disent faire confiance à leurs élus.
« À ce niveau-là, nous ne sommes plus soutenus que par
nos familles et nos collaborateurs », grince John
McCain, resté sénateur.

Face à ce désamour, la fin de l'année 2011 marque
une certaine désescalade dans la volonté des républicains
d'en découdre. Eux aussi voient les échéances électorales s'approcher, et l'amélioration graduelle de la situation économique calme quelque peu les ardeurs
partisanes. Et Obama va bénéficier d'un cadeau ines-
péré de ses adversaires lorsqu'une nouvelle échéance
fiscale approche : faute d'accord entre républicains et
démocrates, un allègement de cotisations sociales va
expirer fin décembre. Cantor et les « Tea Party » contrai-
gnent Boehner à adopter une position initiale

intransigeante, comme l'année précédente : pas question de prolonger ce dispositif qui creuse les déficits. Mais c'est une bévue politique. Les républicains prennent de fait position pour des hausses d'impôts !

Conscient de ce problème d'image, Boehner, lâché par McConnell, finit par céder, et un compromis fiscal, trouvé le 22 décembre pour deux mois, est ensuite prolongé jusqu'à la fin de l'année 2012. Sans doute les républicains ont-ils mesuré le danger pour eux d'apparaître comme les « Monsieur Niet » de la démocratie américaine.

« En fin de compte, tout le monde a agi dans l'intérêt de la classe moyenne [...] et c'est ainsi que cela devrait toujours se passer », commente Obama, modeste dans son succès. Mais il a aussi souffert des batailles rangées de 2011. Sa base démocrate a été outrée de le voir céder aux républicains sur les coupes dans les dépenses sans avoir obtenu un retour au niveau d'imposition de l'époque Clinton pour les plus riches. Dès la fin 2010, Obama avait appelé au réalisme. « Notre pays est grand, et divers. Tout le monde n'est pas d'accord avec nous. Je sais que cela choque les gens de l'apprendre. Mais la page des éditoriaux du *New York Times* [plutôt à gauche] n'influence pas tous les États-Unis. Et la page des éditoriaux du *Wall Street Journal* [plus conservateur] non plus. »

Les républicains modérés, une espèce en voie de disparition en raison de la montée du Tea Party, en ont eux aussi gros sur le cœur. Obama n'a selon eux fait aucun effort pour les gagner à sa cause, sur le fond comme sur la forme. Malgré sa partie de golf avec Boehner, Obama ne fréquente que très peu les élus en dehors des événements formels et n'est pas un grand adepte des occasions mondaines, préférant passer ses soirées à travailler ou en famille. Lors d'un déplacement d'une journée hors de Washington, il est de tradition pour les présidents de proposer aux élus de l'État visité, qu'ils soient républicains ou démocrates, de monter à bord d'*Air Force One*, mais sous Obama de telles opportunités sont rares.

À l'ouverture de la saison électorale présidentielle en mai 2012, Obama ne répugne pas à utiliser à nouveau les républicains comme punching-ball. Son plan pour l'emploi de l'automne 2011 étant mort de sa belle mort, il élabore, avec un mépris affiché pour les élus du Congrès, une « liste de courses à faire ». « Elle fait à peu près la taille d'un Post-it, donc chaque membre du Congrès devrait avoir le temps de la lire », ironise-t-il, en affirmant ne « pas vouloir surcharger » les élus. Cette liste comprend la fin des réductions d'impôts pour les sociétés qui délocalisent, des mesures en faveur des emprunteurs immobiliers en difficulté, une réduction des contributions sociales pour les entreprises qui embauchent, des mesures en faveur des investissements dans les énergies « vertes » et une aide supplémentaire pour les anciens combattants cherchant un emploi. Elle permet à Obama de prononcer des discours tout au long de mai et juin pour la décliner.

Le Président, dans la veine de Truman, a visiblement décidé de faire de ses adversaires au Congrès les

« méchants » de l'histoire : comme le note le *New York Times*, entre novembre 2011 et avril 2012, la Maison-Blanche n'organise aucune cérémonie publique de promulgation de lois, un événement qu'affectionnent les élus des deux bords, puisqu'il leur permet d'être pris en photo aux côtés du chef de l'État, et de démontrer à leurs administrés qu'ils travaillent pour eux. Même si la Maison-Blanche dément toute mauvaise intention, il est évident pour certains républicains que l'administration Obama cherche à propager l'idée que le Congrès de 2012 n'a pas grand-chose à envier en paresse à celui de 1948, face auquel la stratégie de Truman avait été gagnante.

12.

Le lourd héritage de George W. Bush

Trois présidents américains ensemble dans la roseraie de la Maison-Blanche : l'occasion est rare, mais l'heure n'est pas aux célébrations. Ce 16 janvier 2010, Obama annonce le recrutement de deux de ses prédécesseurs, George W. Bush et Bill Clinton, pour coordonner un fonds d'aide aux sinistrés d'Haïti, frappée quatre jours plus tôt par un séisme dévastateur. Obama ne fait que reprendre une idée de Bush, qui avait lui-même mobilisé Clinton et son propre père, George senior, pour canaliser les offres de dons lors d'une autre catastrophe d'envergure, le tsunami dans l'océan Indien en 2004.

Il s'agit de la toute première visite de George W. Bush, le quarante-troisième président américain, dans ce qui fut sa demeure officielle pendant huit ans. Obama prend la parole : « Dans des périodes de grandes difficultés, les Américains ont toujours fait preuve de solidarité pour servir les autres et œuvrer au bien. » À sa gauche, « W », les paupières plissées, scrute l'assistance, peut-être à la recherche d'une tête connue. J'ai en mémoire le visage souriant de son portrait officiel de 2001, quand il n'avait que cinquante-cinq ans, et là, il paraît accuser un coup de vieux, même s'il a gardé sa haute stature – 1 mètre 82 – et sa démarche chaloupée.

C'est sa voix qui finit d'installer la présence de « Bush 43 » (son surnom, pour le différencier de son père, « Bush 41 ») dans la roseraie. Un accent traînant du Sud, un timbre quelque peu éraillé, une élocution toujours hésitante qui contraste avec l'éloquence naturelle d'Obama. C'est la voix qui a galvanisé les Américains depuis les ruines fumantes du World Trade Center, le 14 septembre 2001 : « Je vous entends. Le reste du monde vous entend », avait-il répondu à la foule qui l'acclamait. « Et les gens qui ont abattu ces bâtiments entendront bientôt parler de nous. » Mais c'est aussi la voix qui a sommé Saddam Hussein et ses fils de quitter l'Irak un soir de mars 2003, la voix également qui s'était félicitée le mois précédent d'avoir « renforcé le socle de l'économie » après la promulgation d'une deuxième réduction d'impôts en deux ans, en particulier sur les produits du capital.

Barack Obama, successeur de George W. Bush, s'est retrouvé gestionnaire d'un héritage vis-à-vis duquel il n'avait pas eu de mots assez durs. D'une certaine manière, c'est contre Bush qu'Obama s'est construit une stature nationale et a accédé à la fonction suprême. Pendant sa campagne de 2008, largement portée par le mouvement anti-guerre, il s'était efforcé de présenter son rival John McCain comme l'héritier de Bush, un président dont la cote de confiance dépassait à peine les 30 % dans les derniers mois de son mandat.

Si le contraste a été aussi saisissant lorsque Barack Obama s'est installé dans le Bureau ovale, c'est que lui et son prédécesseur ont très peu de choses en commun. Quinze ans, presque une génération, séparent les deux hommes : Bush est un « baby-boomer », né un an après la fin de la Seconde Guerre mondiale. Barack Obama est un enfant des années 1960. Bush, malgré son accent texan et ses manières parfois surjouées de cow-boy, est le pur produit d'une dynastie de patriciens de la côte Est. Fils de dirigeant pétrolier devenu vice-président puis président des États-Unis, petit-fils de sénateur passé par une banque de Wall Street, il est issu d'une famille qui n'a connu que l'aisance depuis des générations.

Obama, de son côté, a grandi en l'absence de son père, retourné au Kenya, et a été élevé par sa mère anthropologue et les parents de cette dernière, des membres de la classe moyenne de Hawaï. Le quarante-quatrième président ne manque jamais de rappeler qu'il a été boursier et a peiné à rembourser ses prêts étudiants.

Au moment où les Obama s'installent à la Maison-Blanche, le soir du 20 janvier 2009, George et Laura Bush rentrent au Texas. « Aujourd'hui était un beau jour pour les États-Unis, et un homme bien a prêté serment comme président », affirme Bush lors d'une cérémonie d'accueil non loin de Dallas. « Nous prions tous pour son succès. » Ce sera le dernier commentaire de Bush sur son successeur. Respect des convenances ?

Désir de ne plus s'ingérer dans les affaires ? « Bush 43 » ne sortira pratiquement plus de sa réserve, alors même que dès ses premières heures dans le Bureau ovale, Obama multiplie les gestes de démantèlement de huit années de pouvoir républicain.

Le 20 janvier, alors que les bals d'investiture battent encore leur plein à Washington, on apprend qu'Obama a réclamé la suspension des procédures judiciaires dans la base américaine de Guantanamo à Cuba, où sont détenus les prisonniers de la « guerre contre le terrorisme » professée par Bush. Deux jours plus tard, le nouveau président signe des décrets prévoyant la fermeture de la prison militaire dans l'année, imposant le respect des conventions de Genève sur les prisonniers de guerre, et abolissant des prisons secrètes de la CIA. Il enchaîne le lendemain par l'abrogation d'un règlement anti-avortement édicté par Bush, et le surlendemain par des mesures favorisant l'efficacité énergétique des véhicules. Autant de mesures à rebours des politiques de son prédécesseur.

Si Bush se tait, l'ancien vice-président Dick Cheney, également ancien secrétaire à la Défense de Bush père, endosse le rôle de défenseur de leur administration. Fait rare dans l'histoire récente américaine pour un numéro deux, Cheney n'a pas brigué l'investiture républicaine en 2008. Il avait alors soixante-sept ans, soit cinq ans de moins que McCain. Mais outre son image de « faucon » et sa popularité encore plus faible que celle de Bush, la mauvaise santé de Cheney le rendait inéligible. Il a en effet été victime de quatre crises cardiaques entre 1978 et 2000 – la première à trente-sept ans – et porte un pacemaker depuis 2001. Le jour de l'investiture d'Obama, il est cloué dans un fauteuil roulant à cause d'une méchante sciatique, et, en mars 2012, il subit une greffe de cœur.

Une mauvaise santé, mais des griffes acérées. Neuf mois à peine après le début de la présidence démocrate, alors qu'Obama réfléchit à une stratégie pour tenter de sortir du bourbier afghan, Cheney prend la parole devant un groupe de réflexion conservateur de Washington : « La Maison-Blanche doit cesser de tergiverser alors que les forces américaines sont en danger. Il est temps pour le président Obama de faire ce qu'il faut pour gagner une guerre qu'il a qualifiée à de nombreuses reprises de guerre nécessaire. »

La Maison-Blanche démocrate ne laisse pas passer l'affront et son porte-parole Robert Gibbs rétorque deux jours plus tard : « Ce que le vice-président Cheney appelle tergiverser, le président Obama l'appelle son devoir sacré vis-à-vis des soldats, hommes et femmes, et des Américains... on a bien vu ce qui se passe quand quelqu'un ne prend pas ces responsabilités au sérieux ! »

Ce « quelqu'un », c'est l'absent le plus présent de la présidence Obama. Celui dont on parle tout le temps sans jamais le nommer. Lorsqu'il affûte sa rhétorique contre les républicains et déplore la situation dont il a hérité, Obama ne mentionne quasiment jamais George W. Bush, mais plutôt « les politiques injustes de la décennie passée ». Parfois, cette règle d'évitement à laquelle s'astreignent de toute évidence les rédacteurs des discours présidentiels a des résultats comiques. Exemple le 4 mars 2011, quand Obama vient prononcer à Miami un discours sur une réforme de l'enseignement se trouve à son côté l'ancien gouverneur de Floride, John Ellis Bush, alias « Jeb », frère cadet de l'ex-président. Son nom circule alors comme celui d'un possible candidat à l'investiture du parti républicain pour la présidentielle de 2012. « À part le fait qu'il est un ancien gouverneur de cet État, Jeb est bien sûr célèbre pour être le frère de Marvin Bush », lance Obama. Éclats de rire dans l'assistance. « Apparemment, le reste de la famille a un peu travaillé dans le temps à Washington », poursuit le Président, qui a réussi l'exploit de ne pas parler de son prédécesseur.

L'héritage de Bush le plus lourd de conséquences qu'Obama a dû gérer est économique, au-delà de la grave récession pendant laquelle il entame sa présidence. En effet, pendant le second mandat de Bill Clinton, de 1997 à 2001, le budget de l'État fédéral était légèrement excédentaire, conséquence d'une politique prudente et surtout d'années successives d'expansion économique. Les États-Unis semblaient alors bien partis pour réduire à zéro leur dette publique dans les dix à quinze ans à venir, affirmaient les responsables de l'administration sortante. Bush, une fois arrivé aux affaires, bouleverse ces projections en faisant adopter en 2001 et 2003 des baisses d'impôts sur les sociétés et les dividendes des actionnaires. Le coût de ces plans s'étalant sur dix ans est alors estimé à plus de 2 000 milliards de dollars. Les trous dans le budget sont immédiats, et la dette publique monte à plus de 7 000 milliards de dollars en 2003. Les républicains mettent clairement en œuvre leur théorie selon laquelle l'État doit s'effacer pour laisser les entreprises jouer leur rôle de créateurs de richesse et d'emplois. Les années suivantes infligeront un démenti cinglant à ces hypothèses.

À la fin de 2003, Bush, sur le point d'entrer en campagne pour sa réélection, promulgue une réforme des dépenses de santé améliorant le remboursement des médicaments pour les Américains âgés bénéficiant du système public Medicare : 500 milliards de plus pour le déficit sur dix ans. Les deux guerres que les États-Unis mènent de front, en Afghanistan et en Irak, vident encore les coffres de quelque 100 milliards de dollars par an. Début 2009, Bush laisse à Obama une dette publique de 10 700 milliards de dollars, avec quelques bombes à retardement en prime, notamment un plan de sauvetage des banques minées par la crise des crédits. Sans évidemment parler de la grave récession qui détruit à l'arrivée d'Obama plus de 600 000 emplois par mois. Extrêmement brutale, la crise fait doubler le taux de chômage. De 5 % début 2008, il atteint 10 % en octobre 2009. 8 millions d'emplois se sont évaporés, sapant les rentrées fiscales. Dans le même temps, l'administration Obama doit recourir encore davantage à l'endettement pour faire adopter dans l'urgence un plan de relance de l'économie de près de 800 milliards de dollars. Autant dire que Bush a légué à Obama une planche savonnée. Le Président ne le dira jamais publiquement, mais certains démocrates en sont persuadés : l'équipe Bush a laissé filer les déficits pour affaiblir l'État fédéral. Les néoconservateurs, courant républicain influent dans l'équipe Bush, professent en effet l'idée d'« affamer la bête », la bête étant l'État.

L'autre héritage de Bush, qu'Obama ne peut qu'accepter avant d'espérer le solder, est celui des conflits en Afghanistan et en Irak. Le 27 mai 2010, son équipe de sécurité nationale enterre officiellement cette notion de guerre contre le terrorisme dans un document-cadre qui souligne que le seul usage de la force ne peut pas garantir la sécurité des États-Unis : il faut aussi avoir recours à la diplomatie, aux leviers économiques, à l'aide au développement et à l'éducation. Pour être encore plus clair, Obama assure que « notre sécurité à long terme ne viendra pas de notre faculté à susciter la peur chez d'autres peuples, mais de notre aptitude à répondre à leurs aspirations ».

Il n'en reste pas moins qu'Obama, s'il en a abandonné la terminologie, a continué à avoir recours à certains aspects de la « guerre contre le terrorisme ». Il a tenu sa promesse de retirer les soldats américains d'Irak, mais a triplé entre 2009 et 2010 la présence américaine en Afghanistan, la portant à 100 000 soldats. Et pour tenter de vaincre al-Qaida dans son fief originel, il a accéléré un déploiement sans précédent de drones armés contre la nébuleuse extrémiste dans les zones tribales du Pakistan. Les chiffres compilés par le groupe de réflexion New America Foundation sont éloquents : de 2009 à 2011, entre 1 300 et 2 200 personnes, en grande majorité des membres de réseaux islamistes mais aussi des civils touchés par erreur, ont été tuées par des drones dans le nord du Pakistan, des « assassinats ciblés » peu respectueux des conventions internationales. Sans tromper personne, le gouvernement américain, sous Bush ou Obama, refuse de confirmer qu'il mène de telles opérations. Mais le secrétaire à la Défense, Leon Panetta, voire Obama lui-même, le reconnaîtront *de facto* fin 2011 et début 2012. À la même époque, selon le *Washington Post*, les États-Unis utilisaient pas moins de six bases clandestines d'appareils sans pilote porteurs de missiles Hellfire, dont une aux Seychelles et une autre dans la péninsule Arabique, visant respectivement la Somalie et le Yémen.

Dans ce dernier pays, fin septembre 2011, un bombardement mené de toute évidence par un drone américain élimine l'imam Anwar al-Aulaqi, présenté comme l'idéologue du groupe local d'al-Qaida et inspirateur présumé de plusieurs tentatives d'actes de terrorisme contre les États-Unis. Problème ? Il est yéménite, mais aussi américain par sa naissance quarante ans plus tôt au Nouveau-Mexique. Un autre membre présumé d'al-Qaida, Samir Khan, est tué dans la même opération. Lui aussi possède la nationalité américaine. Les groupes de défense des droits de l'homme aux États-Unis s'élèvent contre ce qui est à leurs yeux un ordre illégal donné par Obama, passible même de la destitution : la Constitution américaine, qu'Obama a juré de respecter et de faire respecter le jour de sa prestation de serment, dispose en effet que le gouvernement n'a pas le droit de s'en prendre à ses ressortissants sans procédure judiciaire. Selon le *New York Times*, la Maison-Blanche avait produit dès 2010, alors qu'Aulaqi figurait sur une liste de cibles à abattre, un document juridique pour contourner cette interdiction. En substance, un tel assassinat ne pouvait être légal qu'en cas d'impossibilité de capturer le suspect vivant.

Si certains éléments de la société américaine
s'inquiètent du droit que leur gouvernement semble
s'être arrogé d'assassiner un citoyen de leur pays, qui
plus est sans fournir de preuve matérielle de sa culpabilité, au moins une personne boit du petit-lait :
l'ancien vice-président Cheney. L'administration
Obama a « évidemment [...] décidé de prendre des
mesures musclées lorsqu'elle estimait qu'elles étaient
justifiées », dit-il. Le genre d'hommage dont Obama se
passerait bien.

L'utilisation des drones ne fait pas vraiment débat
au sein de la société américaine, qui n'est pas boule-
versée par l'élimination de « sales types » présumés
dans des opérations clandestines sur le sol de pays
souverains. Faisons preuve de mauvais esprit : quelle
serait la réaction des Américains si les autorités du
Mexique décidaient d'utiliser des drones contre des
chefs présumés du narcotrafic installés dans la banlieue
de San Diego en Californie, et qu'une erreur d'objectif
détruisait une école maternelle voisine ?

Le raid de commandos contre Oussama Ben Laden
au Pakistan début mai 2011 représente un tournant
décisif dans la volonté d'Obama de clore officiellement la « guerre contre le terrorisme ». Retrouver le
maître d'al-Qaida était à la fois l'obsession, mais aussi
le grand échec de Bush, qui avait quitté la Maison-
Blanche sept ans et demi après le 11-Septembre sans
que la cache de l'ennemi public numéro un des Américains ait été identifiée. En annonçant la réussite du
raid le dimanche 1er mai au soir, Obama mentionne
le nom de Bush. « Comme l'a dit le président Bush
[...] j'ai rappelé que nous n'étions pas en guerre avec

l'Islam. » Mais il ne le remercie pas, et les anciens membres de l'administration républicaine accusent Obama de tirer la couverture à lui. Pour eux, la réussite de ce raid est aussi à mettre au crédit des opérations et des méthodes mises en place par Bush.

L'ancienne secrétaire d'État Condoleezza Rice affirme ainsi qu'Obama a tiré parti des interrogatoires de Khaled Cheikh Mohammed, le cerveau des attentats du 11-Septembre, et d'autres suspects importants arrêtés sous l'ère Bush. Sous-entendu : les interrogatoires musclés interdits par Obama après son arrivée au pouvoir auront fini par porter leurs fruits.

Le soir du 1er mai, Obama prévient Bush de son intervention solennelle pour annoncer au monde la mort du dirigeant de la nébuleuse extrémiste. Bush sort de sa réserve pour saluer dans un communiqué une « victoire pour l'Amérique » et rendre hommage à son successeur. « Je l'ai félicité ainsi que les hommes et les femmes de nos armées et du renseignement qui ont consacré leur vie à cette mission », affirme-t-il. Mais il décline ensuite l'invitation d'Obama à l'accompagner le 5 mai sur le lieu des attentats à New York.

En revanche, les Bush, George et Laura, feront le déplacement le 11 septembre 2011 lors des cérémonies marquant les dix ans des attentats. Côte à côte, les deux présidents et les deux « premières dames » se recueillent un long instant devant les deux fontaines carrées géantes figurant les empreintes des deux tours jumelles détruites. Les noms des 2 753 victimes sont gravés dans les corniches noires entourant ces bassins de plus de soixante mètres de côté. Après avoir salué les proches des disparus, les présidents et leurs épouses se placent derrière une vitre pare-balles pour assister à une partie des célébrations. Les noms des victimes sont lus, Laura Bush essuie ses larmes, Bush cligne des yeux. Graves, Barack et Michelle Obama se tiennent par la main. Ni Obama ni Bush ne prononceront de discours politique à cette occasion. Le président démocrate a choisi de lire un extrait de l'Évangile, tandis que Bush, qui a envoyé des centaines de milliers de soldats combattre à l'étranger, dont près de quatre mille cinq cents sont revenus d'Irak dans des linceuls, cite son lointain prédécesseur Abraham Lincoln. Il s'agit d'une lettre écrite par le seizième président des États-Unis pendant la guerre de Sécession, et adressée en 1864 à une femme ayant perdu deux fils sur le champ de bataille : « Je sens à quel point faibles et vides peuvent sembler ces mots qui essaient de vous consoler du chagrin de pertes si accablantes. Mais je ne peux pas m'empêcher de vous exprimer la consolation que vous trouverez peut-être dans les remerciements du gouvernement qu'ils sont morts pour sauver. »

L'heure n'est pas à la polémique. Obama, qui aurait sans doute beaucoup de choses à dire à Bush pour avoir déclaré la guerre à l'Irak sous des prétextes fallacieux – un lien entre le régime de Saddam Hussein et al-Qaida, et surtout de l'existence d'un arsenal d'« armes de destruction massive » jamais retrouvé – affirme ce jour-là à l'antenne de NBC que « dix ans après le 11-Septembre, je dirais que les États-Unis ont traversé [cette décennie] en cohérence avec leur caractère » national. « Nous avons fait des erreurs. Certaines choses ne se sont pas produites aussi vite qu'elles auraient dû, mais en général, nous nous sommes attaqués à al-Qaida, nous avons préservé nos valeurs », assure-t-il.

Contraste net avec l'époque de Bush, la parole présidentielle d'Obama est mesurée : même aux moments les plus tendus de son mandat, on ne l'a que très rarement vu manifester son énervement ou hausser le ton. Le coup d'éclat du 8 décembre 2011 est d'autant plus remarquable : Obama intervient de façon impromptue dans la salle de presse de la Maison-Blanche pour une mini-conférence de presse, l'objectif premier étant de défendre face à des républicains réticents la prolongation d'un dispositif fiscal pour les salariés. Mais la campagne électorale s'invite bientôt dans les questions. Devant un lobby juif quelques jours auparavant, les candidats républicains l'ont accusé de mollesse envers l'Iran et de faiblesse dans son soutien à Israël.

« Demandez à Oussama Ben Laden et aux 22 dirigeants d'al-Qaida sur 30 qui ont été mis hors d'état de nuire, si je pratique l'apaisement ! » rétorque un président qui ne nous a pas habitués à de tels uppercuts, dignes des déclarations à l'emporte-pièce des « faucons » de l'administration Bush et que les démocrates ne s'étaient pas privés de dénoncer à l'époque. « La diplomatie de cow-boys, c'est fini », avait ainsi assuré Hillary Clinton pendant la campagne de 2008, une vision qu'elle et Obama ont appliquée au département d'État. Mais ce nouveau multilatéralisme, à lui seul, n'est pas de nature à satisfaire l'aile gauche du parti démocrate qui note que l'administration Obama s'est accommodée, au-delà de la « guerre

secrète » des drones au Pakistan, d'un arsenal réglementaire tout droit hérité du quarante-troisième président.

Ceux qui espéraient voir l'arrivée d'Obama au
pouvoir sonner le glas du Patriot Act – cet ensemble de
lois sécuritaires adoptées dans l'émotion de l'immédiat après 11-Septembre – en ont été pour leurs frais :
le président démocrate a promulgué sans sourciller en
mai 2011 une prolongation pour quatre ans des principaux éléments de cet arsenal législatif, donnant toute
latitude aux services de renseignement pour espionner
des communications, notamment électroniques, dans
des enquêtes antiterroristes. De même, l'administration Obama, souhaitant donner un statut à une
quarantaine de détenus de Guantanamo considérés
comme trop dangereux pour être libérés mais impos-
sibles à juger étant donner la façon dont ils ont été
arrêtés puis interrogés, finit en mars 2011 par codi-
fier pour eux un système de détention illimitée, sans
jugement. Certes adouci par la promesse de réexamens
réguliers de ces dossiers, ce dispositif reste une mons-
truosité juridique dans tout État de droit qui se
respecte. L'affaire Aulaqi, un an avant l'élimination de
l'imam américano-yéménite, avait déjà donné lieu à
une escarmouche en septembre 2010 : le père d'Aulaqi
avait poursuivi l'État fédéral pour le forcer à révéler
selon quels critères il était décidé de placer des ressortissants sur une liste d'assassinats ciblés. Réponse de
l'administration Obama : « secret défense ». Un
« joker » juridique largement utilisé en son temps par
l'équipe Bush. Et, révèle le *New York Times* à la
mi-2012, Aulaqi n'était que l'un des visages figurant

sur une « liste de personnes à abattre » qu'Obama superviserait personnellement.

Et comble pour Obama, qui avait dénoncé l'entrée en guerre de Bush contre l'Irak – avec le feu vert du Congrès mais sans soutien de l'ONU –, le président démocrate se passe en 2011, au mépris de la loi dite des « pouvoirs de guerre », de l'autorisation du législateur pour participer aux opérations contre le pouvoir Kadhafi en Libye. Certes, les Américains n'ont pas envoyé de troupes au sol, mais ils assurent la logistique et le plus gros des frappes initiales contre le régime libyen. Contre toute évidence, l'administration Obama assure qu'elle se contente de soutenir l'action de l'Otan de façon limitée et que la notion « d'hostilités » prévue par la loi ne s'applique pas à la situation. Les adversaires républicains d'Obama ne sont pas les seuls à s'élever contre ce passage en force : pas moins de 70 élus démocrates de la Chambre des représentants défient l'exécutif et votent symboliquement avec les républicains, fin juin 2011, contre l'autorisation d'entrée en guerre, trois mois après le début des opérations. Héraut de la lutte contre le grignotage des libertés individuelles et des pouvoirs du corps législatif, l'élu Jerrold Nadler, pourtant un allié d'Obama, lâche : « Le Président se comporte comme un monarque absolu et nous devons y mettre un terme immédiatement si nous ne voulons pas devenir un empire plutôt qu'une république ! »

Qu'il s'agisse de le repousser, d'en adopter certains des aspects les moins reluisants ou tout simplement de le subir, Obama a bien vu le bilan de George W. Bush peser durablement sur sa présidence.

13.

Joe Biden, vice-président gaffeur et indispensable

Sous les ors, les bas-reliefs et les lustres de cristal de l'East Room se joue l'apothéose de la première année de mandat de Barack Obama. Après des semaines de faux départs, de négociations d'épicier avec le Congrès et de revers de dernière minute, les élus du Capitole ont enfin envoyé au Président le paquet législatif réformant l'assurance-maladie. À défaut d'offrir une couverture santé à tous les Américains, comme Obama l'avait promis, ce dispositif permettra, selon la présidence, à plus de 30 millions d'entre eux de ne plus risquer la ruine au moindre accident de parcours.

Et c'est ce mardi 23 mars 2010 que le Président doit parapher le texte que ses services comparent déjà aux grandes avancées sociales du XXᵉ siècle. Autant dire que la foule qui s'entasse dans la salle – élus, personnel de la présidence, mais aussi patients devant bénéficier de ce nouvel acquis, choisis pour donner une touche d'émotion supplémentaire à la cérémonie – éprouve le sentiment d'assister à un grand moment de l'histoire des États-Unis.

« Nous avons l'habitude d'utiliser cette phrase à tort et à travers [...] mais je ne peux pas imaginer un moment où elle soit plus appropriée : ceci est un jour historique ! » s'écrie, rayonnant, le vice-président Joe Biden, chargé d'introduire le discours de Barack Obama. « Le poète Virgile avait dit que la plus grande richesse, c'est la santé. Eh bien aujourd'hui, les États-Unis deviennent bien plus riches, parce que des dizaines de millions d'Américains vont être en bien meilleure santé dès maintenant », poursuit Biden, qui se retourne pour accueillir le Président. La salle se lève, applaudit à tout rompre. Biden et Obama se serrent la main, se donnent des tapes dans le dos. Biden lâche quelque chose à l'oreille d'Obama. Les traits de ce dernier se crispent quelque peu et il dit « merci », avant d'entamer son propre discours.

Le Président ne l'a peut-être pas compris, mais il vient de se faire voler la vedette... par Biden lui-même. Une poignée de journalistes dans l'East Room l'a entendu, les caméras de toutes les chaînes de télévision l'ont enregistré et Twitter va l'amplifier comme un feu de broussailles californien. Mais oui, le vice-président, tout à son enthousiasme et oubliant que les micros étaient ouverts, a bien déclaré : « *This is a big fucking deal !* » Traduction : « Putain, c'est énorme ! »

Joe Biden : premier dans l'ordre de succession à la tête des États-Unis, spécialiste des questions de politique étrangère et de défense, champion des droits de la classe moyenne, héraut des transports ferroviaires. Et gaffeur multirécidiviste : c'est quand même lui qui, avant de prendre la parole devant 1 600 rabbins conservateurs début mai 2012, a fait le signe de croix !

Lorsque Obama dévoile le nom de son colistier, le 23 août 2008, la plupart des commentateurs y voient un choix logique, tant Biden semble renforcer le « ticket » démocrate là où les carences perçues d'Obama sont les plus décriées par ses adversaires républicains. Obama – quarante-sept ans à l'époque – serait trop jeune ? Biden, né fin 1942, pourrait à la rigueur être son père. Obama, sénateur depuis seulement 2005, manquerait d'expérience ? Biden est entré pour la première fois au Congrès en 1973, sous la présidence de Richard Nixon. Le curriculum vitae d'Obama en matière de politique étrangère manquerait d'épaisseur ? Biden préside la prestigieuse commission des Affaires étrangères du Sénat. Obama, passé par Harvard, est décrit comme un élitiste ? Biden ne manque jamais de rappeler ses racines modestes à Scranton, petite ville industrielle nichée au fond d'une vallée minière de Pennsylvanie. Obama n'a jamais servi dans l'armée ? Biden non plus, mais son fils, officier de réserve, était déployé en Irak au moment de l'élection de 2008, de quoi contrer en partie le prestige de l'ancien aviateur de combat et candidat John McCain. Obama peut être réservé, voire froid ? Biden, en bon Américain d'origine irlandaise, a de la convivialité à revendre. Cette dichotomie frappe le visiteur dans tous les bâtiments publics américains, où les photos des dirigeants sont réglementairement accrochées l'une à côté de l'autre : le regard d'Obama est figé, son expression sérieuse et concentrée. Biden, lui, est la jovialité incarnée, avec son sourire éblouissant et ses yeux malicieux.

C'est peut-être son vieil adversaire, le sénateur du Kentucky Mitch McConnell, qui résume le mieux la personnalité de Joe Biden, quarante-septième vice-président des États-Unis. Pendant l'élection de 2008, les Américains « ont pris la mesure de son humour, de sa maîtrise des sujets et de son amour de longue date pour les mots, en particulier les siens », lance, vachard, le chef des républicains au Sénat. Il est vrai que la salle de presse de la Maison-Blanche a pris l'habitude de subir les discours à rallonge du vice-président. Quelques soupirs fusent parfois quand il entame une allocution par « mesdames et messieurs, je serai bref... ». Il ne l'est jamais.

Prendre Biden pour un gentil clown serait néanmoins une grossière erreur ; on ne sert pas six mandats de six ans au Sénat sans être doté d'un grand sens politique. Et ses dehors bonhommes cachent aussi un personnage qui a appris la valeur de la vie à travers de multiples épreuves. Quelques semaines après sa première élection au Congrès, fin 1972, un drame terrible le frappe : la voiture dans laquelle se trouvaient sa femme et leurs trois enfants est percutée de plein fouet par un camion sur une route du Delaware. Mme Biden et son bébé de treize mois meurent sur le coup, les deux garçons aînés sont grièvement blessés. C'est de leur chevet à l'hôpital que Biden prête serment. Pendant des années, le jeune sénateur effectuera quasi quotidiennement le trajet en train d'une heure et quart entre Washington et Wilmington, la grande ville du Delaware où il habite, pour ne pas laisser ses fils loin de lui. En 1988, Biden, qui a refait sa vie avec une enseignante, Jill, frôle à son tour la mort lorsqu'il est victime de deux ruptures d'anévrisme. Petit, Joseph Robinette Biden junior – son état-civil complet – était affligé d'un grave bégaiement. Après que Colin Firth eut remporté en 2011 l'Oscar du meilleur acteur pour le film *Le Discours d'un roi*, Biden avait raconté à l'hebdomadaire *People* son propre calvaire. « On est désespéré, si gêné », s'était-il rappelé, en affirmant que là où il était scolarisé des bonnes sœurs lui avaient appris à scander ses mots comme de la poésie pour parvenir à les prononcer de façon intelligible.

De cette faiblesse, il a su faire une grande force : bien avant l'été 2008, il s'était distingué en décochant des flèches meurtrières en direction des républicains. Les phrases de l'ancien maire de New York, Rudolph Giuliani, « consistent en un nom, un verbe, et 11-Septembre », avait-il ainsi persiflé fin 2007. Mais face à Sarah Palin lors d'un débat télévisé, il avait retenu ses coups, conscient du danger d'apparaître brutal vis-à-vis d'une femme. Peut-être avait-il été échaudé par la bronca féministe qu'il avait déclenchée quelques semaines plus tôt en affirmant maladroitement, sur le ton de la plaisanterie : « Ma femme Jill, que vous rencontrerez bientôt, est belle à tomber par terre [...] elle a aussi un doctorat, ce qui est un problème. »

Biden, qui donne toujours l'impression de pouvoir partir en vrille sur la forme, même s'il maîtrise le fond, est devenu une cible de choix pour les humoristes. L'émission de télévision satirique *The Daily Show* de Jon Stewart qualifie Biden d'« Oncle Joe », le tonton qui parle toujours à tort et à travers à la fin des repas trop arrosés. Pourtant Biden ne touche jamais à l'alcool. De son côté, l'hebdomadaire satirique *The Onion* a élaboré un ensemble d'articles sur les aventures fictives de Biden : un jour, il est surpris en train de laver torse nu, tous tatouages dehors, une Pontiac Trans-Am, la « voiture de beauf » américaine par excellence, devant la Maison-Blanche. Loin de se formaliser, Biden confie trouver ces parodies « hilarantes ». « D'habitude, tout ceux qui me connaissent, y compris dans la presse, disent que je suis un peu coincé. Et maintenant, je suis devenu le mauvais garçon », se réjouit-il.

Les médias trouvent-ils vraiment que Biden est coincé ? Quelques discussions avec mes collègues américains donnent plutôt l'impression contraire. Pour reprendre une expression fréquente dans les salles de rédaction, Biden est un « bon client », quelqu'un qui a toujours en poche un propos percutant. Contrairement à Obama, et dans la lignée de Bill Clinton, Biden adore venir se mêler aux journalistes qui voyagent avec lui, au point de les empêcher parfois de travailler... Et en deux ans et demi à suivre des briefings dans la salle de presse de la Maison-Blanche, je n'ai vu applaudir un orateur qu'à une seule reprise : Biden, le 17 juin 2010. Venu parler de l'économie, il prend quelques questions. Un collègue lui demande une réaction à la diatribe d'un élu républicain accusant la Maison-Blanche de tentative d'extorsion mafieuse vis-à-vis de BP, en pleine marée noire dans le golfe du Mexique. « Comme vous le savez, je ne dis jamais ce qui me traverse l'esprit… », commence Biden, alors que la salle de presse pouffe de rire. Biden peut aussi se révéler précieux pour les journalistes lorsqu'il donne par inadvertance des clés pour une meilleure compréhension des décisions ou de l'attitude de l'administration sur tel ou tel sujet. Le 6 mai 2012, par exemple, il assure ne pas être choqué par l'idée du mariage entre homosexuels, un sujet qu'Obama évite comme la peste. Le lendemain, le porte-parole de la Maison-Blanche explique que Biden s'est exprimé à titre personnel, mais la boîte de Pandore est ouverte, et, trois jours plus tard, Obama soutient à son tour le droit des homosexuels à se marier. La sortie de Biden a précipité le calendrier, et les conseillers d'Obama fulminent.

Il est donc très important de ne pas rater ses apparitions publiques et de scruter ses discours plutôt deux fois qu'une. Ainsi, le 22 avril 2010, Biden est invité en direct à l'émission *The View* où les conversations se révèlent habituellement légères et les interviews indolores. Mais l'animatrice principale est la journaliste Barbara Walters, qui a interviewé à peu près tous les riches, célèbres et puissants depuis les années 1960.

Et au détour d'un bavardage elle demande à Biden, en pleine montée des tensions avec l'Iran, si la Chine soutiendra de nouvelles sanctions contre la république islamique. C'est alors loin d'être assuré. « La Chine va accepter des sanctions », rétorque Biden. « C'est la première fois que le monde entier dit que l'Iran a franchi les limites. » Premier « scoop ». Mais, demande Barbara Walters, Israël ne risque-t-il pas de prendre les devants et d'aller bombarder les sites nucléaires iraniens, comme son aviation l'avait fait en Irak au début des années 1980 et encore récemment en Syrie ? Biden ne se démonte pas et lance : « Ils ne vont pas faire ça [...] tout le monde pense que l'Iran est un gros monolithe qui est sur le point d'être capable de produire une arme nucléaire. Ce n'est pas le cas. » Biden, consciemment ou pas, a réussi l'exploit de mettre à mal la stratégie de dissuasion israélienne et de risquer de mettre en colère le gouvernement de l'État hébreu, avec lequel les relations sont déjà tendues !

Les hommes politiques américains sont d'incorrigibles utilisateurs d'hyperboles, et Obama n'est pas le dernier à y avoir recours. Mais Biden place la barre plus haut. Pendant une réunion de levée de fonds, le 19 mars 2012, il assure à propos de l'opération contre Oussama Ben Laden l'année précédente : « Vous pouvez revenir cinq cents ans en arrière, vous ne trouverez pas un plan plus audacieux ! » Question facétieuse au point de presse de la Maison-Blanche le lendemain : « Était-ce plus audacieux que le Débarquement de Normandie ? »

Mais tous ces dérapages plus ou moins contrôlés contribuent au charme du personnage. Venu soutenir fin octobre 2010 un démocrate, candidat à son ancien siège de sénateur du Delaware, il aura ce magnifique aveu : « Vous le savez depuis longtemps, et le Président l'a récemment appris, c'est que je ne dis jamais quelque chose que je ne pense pas, et parfois je dis des choses que je pense mais que je ne devrais pas dire. » Référence au « *Big fucking deal* » de l'East Room. Paradoxe, les règles strictes sur la décence édictées par le « gendarme des ondes » américain, la FCC, empêchent les télévisions de rediffuser les propos vice-présidentiels sans les censurer d'un « bip » !

Face à ce mini-scandale, la Maison-Blanche prend le parti d'en rire : « Oui, monsieur le vice-président... vous avez raison », écrit le porte-parole Robert Gibbs sur son compte Twitter. Et Obama, le lendemain, affirmera devant des donateurs démocrates que « la meilleure chose qui se soit passée hier était les déclarations de Joe ». De toute façon, le Président ne pouvait pas dire qu'il ne connaissait pas la propension de son numéro deux à improviser sans filet, puisqu'il en avait lui-même fait les frais dès le début de la campagne des primaires, en février 2007. À l'époque, parmi les prétendants à l'investiture démocrate, figurait un certain Joe Biden, qui avait déclaré à propos d'Obama : « Voilà le premier Noir américain qui sait parler, est brillant et propre sur lui ! »

Biden n'a en effet jamais caché son ambition d'accéder à la Maison-Blanche. Le sénateur du

Delaware avait même été candidat aux primaires de 1988, avant de voir sa tentative torpillée par un discours dans lequel il exaltait ses origines modestes, largement décalqué – ses adversaires avaient dit plagié – d'une intervention du dirigeant travailliste britannique de l'époque, Neil Kinnock.

Cette affaire s'était rappelée à Biden en 2007-2008, lorsqu'il avait tenté une nouvelle fois de ravir l'investiture de son parti, face à des adversaires de taille comme Hillary Clinton, John Edwards (ancien colistier de John Kerry en 2004), sans parler d'Obama. Malgré des mois à parcourir de long en large l'Iowa, qui possède la particularité d'organiser les premières primaires de la saison, Biden n'était arrivé qu'en cinquième position et avait déclaré forfait.

Numéro deux après avoir voulu être numéro un, Biden ne semble pas en concevoir d'amertume. Il s'est coulé avec aisance dans ses fonctions à la Maison-Blanche, où le bureau du vice-président est installé à quelques mètres du Bureau ovale. Il a surtout pris soin de se démarquer de son prédécesseur Dick Cheney et de ne pas se prendre pour un président bis. Il ne ménage pas ses compliments envers Obama, n'a jamais été pris en flagrant délit de déloyauté et se tient dans les limites d'une fonction clairement définie par la Constitution, dans son vingt-cinquième amendement : « En cas de destitution, décès ou démission du Président, le vice-président deviendra président. » Depuis 1789, c'est arrivé neuf fois, la dernière en 1974 quand Gerald Ford s'est installé à la Maison-Blanche après la démission de Nixon en raison du scandale du Watergate. Constitutionnellement, le vice-président est aussi le président du Sénat, et peut faire basculer la majorité en cas d'égalité.

Comparée au prestige présidentiel, la fonction de vice-président peut sembler ingrate. Les annales américaines pullulent de vice-présidents tombés dans l'oubli complet, même au XXe siècle : qui se souvient encore d'Alben Barkley, vice-président d'Harry Truman, d'Herbert Humphrey, celui de Johnson, ou même de Spiro Agnew, le premier vice-président de Nixon ? Mais la fonction a pris de l'épaisseur ces dernières décennies, les présidents confiant de plus en plus de responsabilités à leur second. Et sans aller jusqu'à suivre l'exemple de Bush et Cheney, Barack Obama n'allait pas confiner Biden dans un placard doré de la « West Wing ». Dans les faits, le vice-président participe aux mêmes réunions de sécurité nationale qu'Obama, tous les matins dans le Bureau ovale, il est présent dans la salle ultra-sécurisée du sous-sol de la Maison-Blanche lorsqu'une crise se produit. Obama le consulte sur des questions cruciales, comme la stratégie afghane, même s'il ne suit pas forcément son avis. Et, au fil des jours, Biden s'est vu attribuer des missions d'importance par Obama : solder la guerre en Irak, jeter des ponts avec les républicains au Congrès et protéger la classe moyenne.

Sur ce dernier sujet, personne ne peut en remontrer à Biden, qui ne manque jamais d'invoquer les mânes de l'Américain moyen. Lors de la convention présidentielle démocrate de Denver en août 2008, il avait fait passer un frisson d'émotion parmi les délégués en affirmant « presque entendre » depuis son train de banlieue la détresse des familles touchées par la dégradation de leurs conditions de vie sous les années Bush. Et, contrairement aux élus américains qui chassent les voix des classes populaires avant de retrouver leur chauffeur, leur demeure de luxe et leur jet privé, Biden peut encore se réclamer de la classe moyenne, même s'il est loin de la misère. Lorsque la campagne électorale Obama-Biden avait révélé en 2008 la feuille d'impôts des candidats, les revenus annuels des Biden avaient été chiffrés à 320 000 dollars.

C'était plus de six fois le revenu médian d'une famille américaine, mais, à titre de comparaison, l'élu national le plus riche des États-Unis, John Kerry, « pesait » à titre personnel quelque 230 millions de dollars la même année, selon le classement annuel du journal spécialisé *Roll Call*. Dans un pays où la capacité des candidats à lever des fonds est primordiale, et où un pécule personnel s'avère souvent indispensable pour se lancer, le cinquantième sur la liste des élus les plus aisés en 2008 était encore à la tête de plus de 5 millions de dollars.

Biden prend à cœur son rôle de défenseur des Américains moyens, et va sur le terrain « vendre » la politique sociale et de relance du gouvernement, même quand elle semble s'essouffler. En 2010, il participe ainsi à une opération malencontreusement

appelée « l'été de la reprise », alors que cette dernière
peine à se concrétiser et que le taux de chômage flirte
avec les 10 %. Ne se laissant pas démonter, Biden
utilise des mots simples, fait référence à sa propre
expérience, et tente de montrer aux Américains qui
souffrent qu'il est de leur côté – une vieille ficelle politique : « Là où j'ai grandi, ceux qui s'asseyaient autour
de la table de la cuisine n'étaient pas capables de faire
la distinction entre un plan de sauvetage des banques
et un plan de relance. Tout ce qui les intéressait, c'était
de savoir si davantage de gens allaient être embauchés
au haut-fourneau, et s'il y aurait un nouveau marché
à côté de l'école du Saint-Rosaire, qui créerait des
emplois. » Cette tendresse réelle pour la classe
moyenne n'a d'égale chez Biden que son amour des
trains. Utilisateur régulier, Biden demeure un défenseur acharné des locomotives et des wagons, une bizarrerie dans un pays où la conquête de l'Ouest par les
rails n'est plus qu'un lointain souvenir et où le train à
« grande vitesse » le plus véloce n'atteint que 160 kilomètres par heure. La seule raison pour laquelle le train
de passagers américains existe encore est qu'il a été
nationalisé au sein de la régie Amtrak, chronique-
ment déficitaire, un comble au pays du capitalisme-
roi. Joe Biden, « passager Amtrak de l'année trente ans
de suite », se moquera gentiment une vidéo passée en
2011 au dîner des correspondants de la Maison-
Blanche, un mois et demi après qu'eut été baptisée,
très sérieusement cette fois-là, la nouvelle gare de
Wilmington : « Gare Joseph R. Biden ».

Biden, qui connaît le Capitole comme sa poche puisqu'il y a siégé sous sept présidents, s'avère aussi un atout précieux pour l'équipe Obama au Congrès. Entre les intérêts particuliers, les loyautés envers un parti ou les lignes jaunes que chaque élu s'impose, il faut toute la dextérité et la force de persuasion de Biden pour réussir à convaincre les réticents. C'était vrai lors des deux premières années de mandat d'Obama, quand les démocrates détenaient la majorité à la Chambre comme au Sénat, ce l'est devenu encore plus après la perte de la majorité qualifiée au Sénat en janvier 2010 et la déroute des élections législatives en novembre de la même année.

Autre mission ingrate dévolue à son vice-président par Obama : l'Irak. Biden était déjà parfaitement au courant de la situation à Bagdad, en tant que chef de la commission des Affaires étrangères au Sénat lors des deux dernières années du mandat de George W. Bush. Fin juin 2009, Barack Obama lui confie la tâche herculéenne de tenter de réconcilier les différentes factions irakiennes, au bord de l'affrontement armé, avant la tenue d'élections législatives au début 2010. Biden ne s'épargne pas, effectuant pas moins de sept visites en Irak lors de la première moitié du mandat présidentiel. Il cajole les chiites, rassure les sunnites, palabre avec les Kurdes. Et les élections finissent par avoir lieu le 7 mars 2010, certes avec retard, mais dans des conditions correctes.

Petit rappel : la résolution autorisant l'usage de la force en Irak par les États-Unis a été adoptée à une

majorité des trois quarts au Sénat le 11 octobre 2002.
Le sénateur du Delaware, Joe Biden, en faisait partie.
Près de huit ans plus tard, on sent la détresse dans la
voix du vice-président, ce 21 janvier 2011, quand il
évoque le coût humain de la guerre pour les Américains. « Une question que certains d'entre vous se
posent, et ne croyez pas que je ne me la pose pas, cela
valait-il 4 439 vies de soldats perdues ? Cela valait-il
32 000 blessés, dont 16 000 auront besoin de soins
jusqu'à la fin de leurs jours ? [...] Seule l'histoire le
dira. Mais si nous pouvions revenir en arrière, peut-
être ne le referions-nous pas. » Autre moment de
sincérité de la part d'un vice-président qui se permet
de dire tout haut ce qu'Obama n'évoque plus qu'à
mots couverts.

14.

Pacifiste et chef de guerre

C'est une scène à laquelle j'ai assisté plusieurs fois dans des lieux publics américains, tels que des aéroports. Un militaire en uniforme est assis dans une salle d'attente, son paquetage à ses pieds. Soudain, quelqu'un sort de la foule et vient lui serrer la main en lui disant « *Thank you for your service* » (« Merci de servir votre pays »). Impensable dans d'autres nations comme la France où les relations entre la société civile et l'armée ne sont pas marquées par le même respect inconditionnel pour l'uniforme, cette attitude illustre la place particulière qu'occupe l'armée aux États-Unis. L'héritage d'une histoire, celle des milices de patriotes qui ont arraché l'indépendance au roi George III d'Angleterre, celle des « bleus » qui ont, du point de vue nordiste, sauvé l'unité du pays menacée par la sécession des « gris » du Sud, celle enfin des GI's qui ont débarqué sur les plages de Normandie. Bref, les Américains sont d'autant plus fiers de leur armée qu'elle fait partie intégrante de leur identité nationale.

Dans ce contexte, l'élection d'Obama prend une dimension intéressante. D'abord, il a battu l'ancien « *captain* » (équivalent d'un colonel) de l'US Navy John McCain, héros du Vietnam et prisonnier de guerre pendant cinq ans. Ensui e, tout au long de sa campagne de 2007-2008, il a reproché d'abord à Hillary Clinton puis à McCain d'avoir voté en tant que sénateurs en faveur de l'entrée en guerre des États-Unis en Irak. Une attaque d'autant plus facile pour lui, soulignaient sa concurrente et son adversaire, qu'il n'était pas encore élu au Congrès lors de ce vote. Mais justement, c'est de cette période charnière que date le début de l'attention nationale portée à Obama. Élu local au parlement de l'Illinois, il avait en effet prononcé le 2 octobre 2002 à Chicago un discours en forme de réquisitoire contre les « guerres idiotes » et les « guerres impulsives ». Lors de cette intervention au cours d'un rassemblement anti-guerre, il avait cloué au pilori l'équipe de sécurité nationale de Bush, dont les membres préparaient le renversement de Saddam Hussein. L'offensive avait eu lieu cinq mois plus tard, le 20 mars 2003. « Des guerriers du dimanche » prêts à « nous faire avaler de force leur programme idéologique » plutôt que de s'intéresser à la façon de lutter contre l'accroissement des inégalités aux États-Unis, avait dénoncé Obama.

De ce discours, l'expression « guerres idiotes » est restée, et une légende est née : celle d'un Barack Obama pacifiste. Pourtant, le jeune élu avait aussi ponctué son discours d'astérisques. Dix ans plus tard, dont plus de trois en tant que « commandant en chef » de l'armée la plus sophistiquée et la plus puissante du début du XXIe siècle, ces réserves prennent tout leur sens.

Car Obama, en 2002, avait bien pris soin de dire qu'il n'était « pas opposé à toutes les guerres ». « Après le 11-Septembre, après avoir vu le carnage et les destructions, la poussière et les larmes, j'ai soutenu la promesse de cette administration [Bush] de pourchasser et d'éliminer ceux qui voulaient sacrifier des innocents au nom de l'intolérance, et je serais volontaire pour prendre les armes pour éviter qu'une telle tragédie se reproduise », avait observé Obama, qui, contrairement à Bush, n'a jamais servi sous les drapeaux, puisque la conscription a été abolie en 1973 aux États-Unis, alors que le futur Président n'avait que douze ans.

Une fois dans le Bureau ovale, et en tête de table de la salle de guerre de la Maison-Blanche, Obama a l'occasion de mettre ses convictions en pratique. De Bush, il a hérité deux guerres, celle d'Afghanistan, où 38 000 soldats américains sont déployés contre les talibans, et celle d'Irak, où le contingent atteint alors 144 000 hommes. Mais dès le début de son mandat, en février et mars 2009, Obama annonce l'envoi de 21 000 soldats supplémentaires en Afghanistan, où la situation se détériore. Il souligne en même temps que la « fin de la mission de combat » des soldats américains en Irak aura lieu avant le mois de septembre 2011 et un retrait total avant la fin de la même année, une façon de respecter sa promesse de mettre fin à cette guerre dans les seize mois qui auront suivi sa prise de fonctions.

En Afghanistan, la hausse du nombre des soldats déployés est censée briser l'échine des talibans, qui se sont enhardis, et donner aux forces de sécurité afghanes la possibilité de former davantage de troupes pour lutter contre les extrémistes. Cette stratégie dite du « gonflement » théorisée et pratiquée par le général David Petraeus en Irak à partir de 2007, a permis une baisse générale des violences.

Mais dès l'été 2009, alors que l'insurrection redouble et que les pertes de la force internationale (ISAF) s'accélèrent, le nouveau contingent de soldats arrivés en Afghanistan s'avère insuffisant. Dans les sondages, six Américains sur dix se disent opposés à cette guerre. Obama envisage alors une nouvelle stratégie en Afghanistan, lançant la réflexion en septembre 2009. Avec les forces logistiques, ce sont désormais 68 000 soldats américains qui sont déployés dans le pays. Le général Stanley McChrystal, commandant des forces de la coalition, a tiré la sonnette d'alarme, et affirmé que 44 000 soldats supplémentaires étaient nécessaires pour reprendre le dessus sur les talibans, un chiffre qu'il livre en public, semblant vouloir piéger Obama, au moment où ses adversaires républicains l'accusent d'hésiter.

Finalement, Obama tranche et annonce début décembre sa décision d'envoyer 30 000 soldats supplémentaires, avec un gros bémol : un début de retrait devra avoir lieu dès la mi-2011. Mais les chiffres sont là : en moins d'un an de mandat, Obama « le pacifiste » a décidé de tripler le contingent en Afghanistan, et ce alors qu'il s'est vu décerner en octobre le prix Nobel de la paix ! Obama reconnaît ce paradoxe lorsqu'il prend la parole à Oslo, le 10 décembre 2009, pour accepter sa distinction, en livrant un discours à la limite de la causerie philosophique.

« La controverse la plus grande sur ce prix est le fait que je suis commandant en chef d'un pays pris au milieu de deux guerres. L'une d'entre elles est en train de se terminer. L'autre est un conflit que les États-Unis n'ont pas provoqué, et où nous sommes alliés à quarante-trois autres pays », rappelle-t-il. « Comme tout autre chef d'État, je me réserve le droit d'agir unilatéralement si nécessaire pour défendre mon pays », assure-t-il en rappelant qu'il « ne peut pas rester passif face aux menaces à l'encontre du peuple américain ». S'il salue son héros Martin Luther King, apôtre de la non-violence, il observe aussi qu'« un mouvement non violent n'aurait pas pu arrêter les armées de Hitler. Les négociations ne peuvent pas convaincre al-Qaida de déposer les armes. Dire que la force est parfois nécessaire n'est pas un appel au cynisme, c'est une reconnaissance de l'histoire, des imperfections de l'homme et des limites de la raison ».

Il rend aussi hommage aux soldats américains. « Quelles que soient les erreurs que nous avons commises [...] Le service et le sacrifice de nos hommes et femmes portant l'uniforme a soutenu la paix et la prospérité, de l'Allemagne à la Corée, et permis à la démocratie de prendre racine dans des endroits comme les Balkans », affirme-t-il.

Le soutien d'Obama aux militaires n'est jamais pris en défaut. Lors de sa réflexion sur l'envoi de 30 000 militaires supplémentaires en Afghanistan, il s'était rendu à Dover dans le Delaware. Là, à cent cinquante kilomètres à l'est de Washington, non loin de l'Atlantique, est installée la base militaire où arrivent les dépouilles des soldats tués au combat. Pour ne pas démoraliser ses compatriotes, George W. Bush avait prolongé l'interdiction, déjà en vigueur depuis la guerre du Golfe de 1991, de diffuser des photos des cercueils. Mais le 28 octobre 2009, Obama en personne se rend dans la base, y passant une partie de la nuit pour rendre hommage à dix-huit soldats tués cette semaine-là en Afghanistan, dans ce qui est alors le mois le plus meurtrier pour les forces de la coalition dans ce pays. Le lendemain, il assure que cette expérience lui a rappelé « avec gravité les sacrifices extraordinaires consentis au jour le jour » par les soldats.

Même déférence lorsqu'il décerne le 16 novembre 2010 la « Medal of Honor », la médaille militaire américaine la plus prestigieuse, au sergent de l'armée Salvatore Giunta, alors âgé de vingt-cinq ans. Trois ans plus tôt, le jeune homme a sauvé deux camarades sous le feu des talibans. C'est la première fois depuis 1973 que cette décoration n'est pas accordée à titre posthume. Il y aura d'autres cérémonies de ce genre en 2011 et 2012, mais, chaque fois, Obama entame ses discours par « de tous les privilèges qui me reviennent en tant que président des États-Unis, aucun n'est plus grand que de commander la meilleure armée que le monde ait jamais connue ». Il se déplace aussi régulièrement au cimetière national d'Arlington, l'immense nécropole au sud de Washington où reposent 400 000 soldats, pour fleurir des tombes, et dans l'hôpital des armées de Bethesda, au nord-ouest de la capitale, où il rend visite à des militaires grièvement blessés. L'une des figures imposées de sa présidence qui sont les plus douloureuses pour lui, confie-t-il.

On l'a vu plus haut, Obama, en tant que « commandant en chef » des forces armées, visite assidûment les bases militaires. Une image de ces visites m'est restée, celle du passage du Président à Fort Campbell dans le Kentucky, début mai 2011, pour saluer les membres des forces spéciales qui avaient abattu Ben Laden. Il avait prononcé un discours d'hommage fervent à ces hommes sous un hangar surchauffé de la base, face à plus de 2 000 soldats en treillis. Quand il était entré sur scène, tous les soldats s'étaient mis au garde-à-vous, formant spontanément un arc de cercle parfait en sa direction.

Et lorsque des soldats américains commettent des actes répréhensibles, profanations du Coran, voire meurtres, le Président ou la Maison-Blanche sont prompts à affirmer que ces faits « ne sont pas représentatifs du caractère exceptionnel de notre armée ».

Mais ce soutien inconditionnel aux militaires s'accompagne d'une relation parfois hostile avec leurs chefs au Pentagone. Obama a notamment insisté, après avoir arrêté le chiffre de 30 000 soldats fin 2009, pour écrire noir sur blanc une feuille de route extrêmement précise et exiger que les commandants militaires s'engagent à la respecter dans ses moindres détails, comme le raconte Bob Woodward dans son livre *Les Guerres d'Obama* publié en septembre 2010. Entre-temps s'est produit un coup de théâtre : McChrystal, le commandant des troupes de l'Otan en Afghanistan, est le sujet d'un long article le 21 juin 2010 dans le magazine *Rolling Stone*. Le général y commet l'irréparable en se payant ouvertement la tête du pouvoir civil. L'officier baroudeur, ancien des « forces spéciales », a-t-il mesuré la portée de ses propos ? À la Maison-Blanche, l'article provoque un véritable coup de tonnerre. McChrystal est sommé de rentrer d'Afghanistan séance tenante, Obama le reçoit deux jours plus tard dans le Bureau ovale. Le Président a sa figure des très mauvais jours lorsqu'il intervient quelques heures plus tard dans la Roseraie.

« Aujourd'hui, j'ai accepté la démission du général Stanley McChrystal [...]. Je le fais avec beaucoup de regret, mais aussi avec la certitude qu'il s'agit d'une bonne chose pour notre armée et notre pays », assure Obama. Il affirme que la conduite du général « telle qu'elle apparaît dans l'article [de *Rolling Stone*] ne répond pas aux critères attendus d'un général. Cela mine le contrôle du pouvoir militaire par les civils qui est au cœur de notre système démocratique ». Il s'agit bien là d'un exercice d'autorité sur une armée dont il avait critiqué les excès à la fin de la présidence Bush.

« Lors de ma première année, le Pentagone s'était habitué à fixer lui-même non seulement la tactique, mais aussi la stratégie », explique Obama dans un entretien à *Rolling Stone* fin avril 2012. L'état-major « sait que je prends soin des militaires, mais je pense aussi que les militaires doivent être subordonnés aux civils », affirme le Président, en assurant avoir des discussions « franches et ouvertes » avec l'état-major, « même quand nous avons des désaccords profonds ».

À l'approche de la présidentielle, Obama essaie de plus en plus de politiser son soutien aux militaires du rang. En octobre 2011, un peu plus d'un an avant l'échéance, il vient ainsi défendre dans une base de l'État-clé de Virginie des exemptions de charges pour les entreprises ouvrant des postes à des vétérans d'Irak et d'Afghanistan. « Être solidaire des anciens combattants, ce n'est pas une responsabilité républicaine, ce n'est pas une responsabilité démocrate, c'est une responsabilité américaine », assure-t-il en écho de ses discours électoraux. Même manœuvre en Géorgie, le 27 avril 2012. Obama va dans une autre base, simplement pour signer un décret censé lutter contre les escroqueries commises par des sociétés proposant des formations aux soldats.

Toutes ces visites de casernes, bases, stations navales et porte-avions laissent les républicains silencieux : pas question pour eux d'avoir l'air de s'opposer aux gestes du Président envers les militaires. De fait, l'aide à l'embauche des anciens combattants est, fin 2011, l'une des très rares mesures du plan de relance de l'emploi d'Obama qui passent au Congrès.

Obama prend très au sérieux son rôle constitutionnel de chef des forces armées des États-Unis. Mais ses conseillers gardent aussi à l'esprit un chiffre particulièrement intéressant : en compilant les militaires d'active, de réserve et à la retraite, on totalise quelque 25 millions de personnes ayant le droit de voter aux États-Unis, sans compter leurs conjoints, leurs familles élargies et leurs amis. Même si ce groupe est plus républicain que la moyenne, le convaincre qu'Obama est un président qui s'occupe bien d'eux peut s'avérer important le jour de l'élection.

Saluer le courage et le dévouement des soldats américains est aussi, pour Obama, le moyen de détourner les débats quand ils ne sont pas à son avantage. Une stratégie rappelant celle de l'équipe Bush qui, lors de l'invasion de l'Irak en 2003, avait recours au leitmotiv « soutenez nos troupes », en mettant dans le même sac les opposants à la guerre et les ennemis des soldats. Ainsi, un peu plus de dix ans après le discours des « guerres idiotes », Obama participe le 12 décembre 2011 à une conférence de presse commune avec le Premier ministre irakien Nouri al-Maliki à la Maison-Blanche. Cette visite est censée jeter les bases d'une nouvelle relation entre Washington et Bagdad, cinq jours avant le retrait du dernier soldat américain du territoire irakien, et à l'issue d'une occupation qui aura duré huit ans et demi, fait des centaines de milliers de victimes côté irakien et coûté près de 4 500 vies de soldats américains. Une question lui est posée : « Pensez-vous toujours qu'il s'agissait d'une guerre idiote ? »

La réponse d'Obama est suffisamment ambiguë pour ne blesser personne. « Je pense que l'histoire jugera la décision originelle d'aller en Irak. Mais ce qui est absolument évident, c'est que grâce aux énormes sacrifices qui ont été effectués par les soldats et civils américains, et grâce aussi au courage des Irakiens, nous sommes arrivés à un moment où l'Irak est en mesure de se gouverner tout seul. »

15.

Une semaine presque tranquille

Vendredi 22 avril 2011, 18 h 32. Comme toutes les fins de semaine, nous recevons de la Maison-Blanche un courrier électronique détaillant le programme d'Obama pour les sept jours à venir, qui nous permet d'organiser notre couverture. Un bref coup d'œil sur l'agenda et *a priori* rien que du classique : lundi 25, le Président participe aux festivités de Pâques à la Maison-Blanche, avant de retrouver son équipe de sécurité nationale pour une réunion mensuelle sur l'Afghanistan et le Pakistan. Mardi 26, il reçoit dans le Bureau ovale le prince héritier d'Abu Dhabi, successeur désigné à la tête des Émirats arabes unis, un allié précieux des États-Unis dans le Golfe face à l'Iran. Mercredi 27, en route vers Chicago pour enregistrer une des dernières émissions de la « papesse » du petit écran et soutien de la première heure, Oprah Winfrey, puis New York afin de lever des fonds pour l'espérée réélection de 2012. Jeudi 28, visite du président panaméen à la Maison-Blanche pour discuter d'un accord de libre-échange. Et vendredi 29, la famille Obama a prévu de se rendre à Cap Canaveral en Floride afin d'assister au décollage de la navette spatiale *Endeavour*, avant-dernier lancement d'un transporteur spatial avant la fin du programme de la Nasa. Pas de sommet, pas de déplacement à l'étranger et ce n'est pas au tour de l'AFP d'être dans le pool. Mais cette semaine, qui va illustrer comme jamais la frénésie et la variété de l'agenda présidentiel, rien ne se déroulera comme prévu.

Le début de la semaine est relativement calme. Lundi, Obama, un lapin géant en peluche à son côté, accueille depuis le balcon semi-circulaire de la Maison-Blanche les participants à l'« Easter Egg Roll », la traditionnelle chasse aux œufs à laquelle quelque 30 000 enfants et parents sont invités. L'événement remonte à la fin du XIXᵉ siècle et permet aux vainqueurs d'un tirage au sort de fouler la pelouse sud de la résidence, d'admirer le potager de Michelle Obama et de jouer au basket ou au tennis sur le terrain de l'homme le plus puissant du monde. Aux côtés des Harlem Globetrotters, la célèbre équipe de basket-spectacle, Obama crâne en dribblant et feintant jusqu'au panier, face à une rangée de photographes. Il échange aussi quelques balles de tennis avec des enfants, sous le déjà chaud soleil du printemps washingtonien. Puis il disparaît dans son bureau. On ne le reverra plus de la journée.

Mardi, rencontre avec le prince Mohammed ben Zayed al-Nahyane, futur dirigeant des Émirats. Les

révoltes arabes depuis le début de l'année, que
Washington accompagne avec compréhension la
plupart du temps, sont vues d'un très mauvais œil par
les maîtres de ce pays autocratique. Abu Dhabi a
dépêché un mois plus tôt une colonne armée pour
venir au secours de la monarchie sunnite au pouvoir à
Bahreïn, ébranlée par une agitation populaire dirigée
par les chiites majoritaires. Le communiqué final de la
rencontre est un petit chef-d'œuvre de langue de bois :
« Les deux dirigeants ont eu une discussion productive et de grande ampleur, qui s'est intéressée à nos
intérêts stratégiques communs dans la région. » S'il
s'est passé quelque chose d'important dans le Bureau
ovale, ce n'est pas le service de presse de la Maison-
Blanche qui nous l'apprendra…

Difficile de croire toutefois que les deux partenaires
n'ont pas évoqué la question des cours du pétrole, au
moment où l'instabilité géopolitique du Moyen-
Orient et une timide reprise de l'activité se traduisent
par une envolée des produits pétroliers et en particulier de l'essence à la pompe, au plus haut depuis 2008.
Quelques heures plus tard, Obama envoie d'ailleurs
une lettre aux dirigeants du Congrès pour les prier
d'œuvrer à la suppression des subventions accordées
aux compagnies pétrolières américaines. Le porte-
parole Jay Carney assurera évidemment que la
Maison-Blanche n'a pas d'arrière-pensées politiciennes
en faisant parvenir cette lettre aux médias… À 18 h 40
ce mardi-là tombe le programme détaillé de la journée
suivante. On sait déjà qu'Obama va aller voir Oprah
Winfrey à Chicago, et qu'il doit terminer la journée

par des réunions électorales à New York. Mais, en fin de message, une ligne attire notre attention : « À 8 h 45, le porte-parole Jay Carney organisera un point de presse, sans caméras ni appareils photo, dans la salle de presse. » Bizarre. Cette Maison-Blanche exclut parfois les photographes, mais n'est pas coutumière des communications de si bon matin.

Je prends ma place mercredi à l'heure dite dans la salle de presse. L'administration vient de faire « fuiter » *via* nos concurrents d'AP le nom des prochains titulaires des postes à la tête du Pentagone, de la CIA et des opérations militaires en Afghanistan. Mais ce n'est pas de cela qu'il s'agit, et le briefing démarre par un étrange manège. Carney monte sur l'estrade, accompagné du chef de la communication, Dan Pfeiffer, et du directeur du service juridique de la Maison-Blanche, Bob Bauer, qui parle très rarement aux journalistes. Pendant que les orateurs se mettent en place, les assistants de Carney distribuent des liasses de feuilles aux reporters, fait inhabituel à l'heure des communications électroniques. En regardant les documents, je comprends que la journée s'annonce très différente de ce à quoi nous nous attendions : la Maison-Blanche vient de publier l'acte de naissance complet de Barack Obama !

C'est le dernier développement en date – et l'administration Obama l'espère, le dernier tout court – de l'un des feuilletons de cette présidence : la question de savoir si le locataire de la Maison-Blanche est bien né sur le territoire américain, condition *sine qua non,* selon la Constitution, pour être élu à la fonction suprême. Dès le début de la campagne électorale, en 2007-2008, des voix s'étaient élevées, parmi les Américains les plus conservateurs, pour affirmer que Barack Hussein Obama ne pouvait pas être né sur le sol américain, et qu'il avait vu le jour au Kenya, ou en Indonésie... Des sites Internet entiers, des livres remâchaient depuis les mêmes théories de la conspiration dont le racisme n'était jamais absent. Consciente des dégâts qu'une telle propagande pouvait provoquer, la campagne Obama avait réagi en diffusant en 2008 l'extrait d'acte de naissance du candidat, une pièce officielle mentionnant ses date et lieu de naissance, soit le 4 août 1961 à Honolulu, Hawaï. Un archipel du Pacifique sous souveraineté américaine depuis des décennies et ayant acquis le statut d'État en 1959. Mais, loin de s'éteindre, la rumeur reprend de plus belle au printemps 2011 lorsque l'entrepreneur Donald Trump, magnat de l'immobilier et animateur de télévision-réalité, laisse flotter l'idée d'être candidat à l'investiture républicaine pour 2012. Dans un coup publicitaire qui lui assure une belle couverture médiatique, Trump réclame la publication de l'acte de naissance complet !

Sur l'estrade, Pfeiffer explique : « Cette discussion est passée des zones les plus obscures d'Internet au débat politique régulier dans ce pays [...] elle est devenue constante au sein des médias modérés. Et le Président a estimé qu'elle constituait une diversion par rapport aux problèmes qui sont les nôtres dans ce pays. » Ce débat n'est « pas sain pour notre débat

politique », renchérit Carney. Obama « veut débattre
des problèmes auxquels les Américains s'intéressent »
réellement, assure-t-il. Pendant que Pfeiffer, Carney et
Bauer expliquent comment Obama lui-même a écrit
au bureau de l'état-civil à Hawaï pour obtenir la copie
de son acte de naissance intégral – un document
qui est paradoxalement sans aucune valeur juridique ! –, un message tombe dans ma boîte aux lettres
électronique : « À 9 h 45, le Président va faire une
déclaration » sur son acte de naissance.

À l'échelle de l'histoire américaine, l'épisode est
aussi surréaliste que sans précédent : un président des
États-Unis, élu depuis deux ans et demi, va venir
devant la presse pour affirmer, document à l'appui,
qu'il a le droit constitutionnel d'occuper ses fonctions ! Toutes les télévisions d'information continue
ont interrompu le déroulement habituel de leurs
programmes et les agences de presse fournissent de la
copie à pleins jets, tandis que Twitter s'emballe.

Le temps de rédiger mes dépêches, il est déjà 9 h 48
et l'ambiance est fébrile dans la salle de presse à
l'entrée d'Obama. Le Président fait part de son « incrédulité » vis-à-vis du débat sur son lieu de naissance,
attaque les « bateleurs de carnaval » qui doutent de son
« américanité », reprend l'argument de Pfeiffer sur la
« diversion » que représente ce débat et anticipe aussi
les réactions de ceux qui ne manqueront pas de douter
à nouveau de l'authenticité du document.

« Il y aura toujours des gens pour qui, quel que soit
ce que nous publiions, cette question ne sera jamais

résolue. Mais je parle à la grande majorité des Américains, ainsi qu'à la presse. Nous n'avons pas de temps à consacrer à ces bêtises. Nous avons mieux à faire. J'ai mieux à faire. Il nous faut résoudre de gros problèmes. Et je suis convaincu que nous allons pouvoir les résoudre, mais il faut que nous nous concentrions là-dessus, pas sur cette question » de l'acte de naissance, lance Obama.

De fait, dans les heures qui vont suivre, ceux que les médias américains surnomment les *birthers*, c'est-à-dire ceux qui refusent de reconnaître l'acte de naissance (*birth certificate*) d'Obama, vont livrer un examen critique du document que la Maison-Blanche est allée jusqu'à mettre en ligne sur son site officiel. Ils affirmeront avoir décelé des altérations sur la page, signes de manipulation par logiciel. En attendant, le Président refuse de prendre des questions et retourne dans son bureau.

Quelques minutes plus tard, il s'engouffre dans son hélicoptère en compagnie de son épouse Michelle et de la mère de celle-ci, Marian Robinson. Direction la base aérienne d'Andrews, et de là, Chicago puis New York. Certains collègues de la salle de presse grincent : « j'ai mieux à faire » signifiait sans doute participer à une émission de télévision de divertissement, et récupérer des dollars pour sa campagne de réélection. La suite des événements leur donnera tort.

Obama revient tard mercredi soir de son voyage avec deux à trois millions de dollars de plus dans l'escarcelle du parti démocrate. Auparavant à Chicago, chez Oprah Winfrey qui boucle les derniers épisodes de son « talk-show » après vingt-cinq ans de domination de l'audience, il a répondu à des questions aussi dérangeantes que « Quel est votre meilleur souvenir en famille depuis votre arrivée à la Maison-Blanche ? ».

Obama officialise le lendemain le remaniement en profondeur de son équipe de sécurité nationale : le secrétaire à la Défense Robert Gates, nommé par Bush puis maintenu par Obama, voulait prendre sa retraite après quatre ans au même poste. Son successeur sera Leon Panetta, actuel directeur de la CIA qui sera remplacé à la tête de la puissante agence de renseignement par le général Petraeus, lui-même remplacé comme chef des forces internationales en Afghanistan par le général John Allen. Un nouvel ambassadeur à Kaboul, Ryan Crocker, va également être nommé, son prédécesseur étant à couteaux tirés avec le président Hamid Karzaï. Dans l'East Room où la moitié des chaises sont occupées par des généraux et des officiers en grand uniforme, Obama rend un hommage appuyé à « Bob » Gates, « dont on se souviendra comme de l'un des meilleurs secrétaires à la Défense de l'histoire des États-Unis ».

Dans un agenda toujours mené tambour battant, Obama a réussi à caser le même jour une rencontre avec des vedettes américaines d'origine hispanique, comme la « Desperate Housewife » Eva Longoria, l'héroïne de la série *Ugly Betty* America Ferrera ou encore l'actrice Rosario Dawson. Le but ? Faire bouger l'opinion sur une réforme du dispositif d'immigration.

Autre dossier qui traîne au Congrès, cette fois faute d'accord des démocrates : l'accord de libre-échange avec Panama. Dans le Bureau ovale où il reçoit le président Daniel Martinelli, Obama affirme être « persuadé qu'un accord de libre-échange serait bon pour notre pays, créerait des emplois ici aux États-Unis, ouvrirait des nouveaux marchés avec, potentiellement, des milliards de dollars d'échanges commerciaux ». Mais les alliés démocrates du président veulent s'assurer qu'un tel accord ne se traduira pas par un « dumping social » et que les droits syndicaux des travailleurs seront respectés. C'est sur le même thème qu'ils ont bloqué un autre accord de libre-échange avec la Colombie. Les républicains, moins férus de fibre sociale et sans doute poussés par les lobbyistes des grandes entreprises américaines, menacent de bloquer les nominations de l'administration Obama au Congrès si ces accords, conclus à l'époque de George W. Bush, ne sont pas enfin adoptés.

Mais entre-temps, un drame s'est produit dans le Vieux Sud. Une série de tornades dévaste des régions entières, particulièrement en Alabama, faisant plus de trois cents morts, le bilan le plus lourd depuis quatre-vingts ans pour de tels phénomènes naturels aux États-Unis. La Maison-Blanche révèle rapidement que le Président se rendra vendredi dans la zone pour inspecter les dégâts et réconforter les sinistrés, avant d'aller comme prévu en Floride pour assister au décollage de la navette *Endeavour*.

Départ donc très tôt vendredi matin du Président et de sa famille de Washington pour Tuscaloosa en Alabama. Sur place, le convoi présidentiel traverse des zones d'apocalypse. Grave, marqué par l'émotion, Obama commente face aux caméras : « Je n'ai jamais vu de telles destructions. C'est déchirant. » La Maison-Blanche, malgré ce drame, n'hésite pas à soigner la mise en scène : le décor de l'intervention présidentielle est calibré avec précision pour montrer des maisons détruites. La Maison-Blanche diffusera une photo très forte du Président dans son rôle de « réconforteur en chef » : Barack et Michelle Obama, yeux baissés, posent chacun une main sur la nuque d'un jeune sinistré, dans une attitude proche de celle d'une prière.

Les Obama passent moins de trois heures en Alabama. Il est temps de repartir pour Cap Canaveral, où le lancement de la navette *Endeavour* est prévu en milieu d'après-midi. Mais nouveau coup de théâtre, une panne électrique force la Nasa à reporter d'au moins trois jours le lancement de l'orbiteur. Qu'à cela ne tienne, le programme présidentiel reste le même et *Air Force One* prend la direction de la Floride, à moins d'une heure de vol. Les filles d'Obama, qui sont aussi du voyage, visitent le centre spatial Kennedy, un complexe colossal où sont exposés les symboles de l'âge d'or de la conquête de l'espace par les Américains, des capsules *Mercury*, *Gemini* et *Apollo* aux fusées *Saturne*. Pendant ce temps, Obama s'entretient avec le chef de mission d'*Endeavour*, Mark

Kelly, et surtout son épouse, la représentante démocrate de l'Arizona Gabrielle Giffords, qui a frôlé la
mort en janvier lorsqu'un jeune déséquilibré lui a tiré
une balle en pleine tête.

Le marathon présidentiel se poursuit : *Air Force
One*, laissant la navette *Endeavour* sur son pas de tir,
redécolle, direction Miami, à trois cent cinquante kilomètres au sud. Significatif du jonglage permanent du
président des États-Unis entre ses dossiers, nous
recevons au même moment dans nos boîtes aux lettres
électroniques un décret instaurant des sanctions contre
la famille du dirigeant syrien Bachar el-Assad.

Dans la grande ville multiculturelle du sud de la
Floride, Obama est venu prononcer l'un des discours
qu'il affectionne, devant quelque 4 000 diplômés de
premier cycle. Il exalte, dans un établissement où
90 % des étudiants font partie des « minorités »,
« l'idée radicale mais toute simple que les États-Unis
sont un endroit où l'on peut réussir si l'on tente sérieusement de le faire ». Pendant trente-cinq minutes, avec
son éloquence coutumière, il raconte avec émotion le
parcours de son père, dont il a retrouvé, lorsqu'il s'est
rendu en visite au Kenya, les lettres de candidature à
des universités américaines à la fin des années 1950.
Ces lettres, évoque-t-il, « étaient écrites dans un
anglais simple, parfois un peu bizarre, parfois à la
grammaire incorrecte, mais dans le style très recon-
naissable de celui qui espère si fort qu'on lui donnera
la chance de vivre ce rêve improbable. Et aux antipodes, quelqu'un à l'université d'Hawaï a décidé de lui

donner cette chance. Et, parce que cette personne a donné cette chance à un jeune homme, il a rencontré une jeune femme du Kansas. Et ils ont eu un fils, dans le pays où tout est possible », poursuit Obama, longuement applaudi par les jeunes diplômés. Bientôt, le Président s'engouffre dans sa limousine et repart pour Washington *via* l'aéroport de Miami.

Après cette semaine particulièrement chargée, le programme du week-end ne semble pas trop lourd. Obama participe samedi au grand raout mondain de l'année à Washington : le dîner des correspondants de la Maison-Blanche. Le Président n'a pas d'événements publics prévus dimanche. La soirée des correspondants 2011 est dans la droite ligne de la précédente (voir chapitre 20) mais encore plus savoureuse : le *Washington Post*, à qui il faut reconnaître le sens de l'à-propos, a en effet invité Donald Trump. Grand perdant de la semaine, le milliardaire a dû en rabattre sur la rhétorique de *birther* après la publication de l'acte de naissance complet d'Obama.

Chevelure rousse flamboyante, accompagné de son épouse slovène Melania, ex-mannequin de vingt-trois ans sa cadette, Donald Trump, assis au milieu de la salle dans le champ des caméras, a l'air encore plus renfrogné qu'à l'accoutumée. Sans doute sait-il que ni Obama ni l'animateur de la soirée, le comique Seth Meyers, ne vont lui faire de cadeau.

« Donald Trump est là ce soir ! » s'exclame Obama. « Bon, je sais qu'il s'en est pris plein la figure ces derniers temps, mais personne n'est plus heureux de laisser cette histoire d'acte de naissance derrière nous. En effet, il peut enfin s'intéresser à nouveau aux problèmes importants, savoir par exemple si nous avons vraiment conquis la Lune, ou ce qui s'est vraiment passé à Roswell » au Nouveau-Mexique, l'endroit où est censé avoir atterri un extra-terrestre en 1947. Et de conclure, sardonique : « On peut dire ce que l'on veut à propos de M. Trump, mais il apporterait du changement à la Maison-Blanche. Regardez plutôt. » Et sur les écrans géants dispersés dans la salle s'affiche une Maison-Blanche « améliorée » à la sauce kitsch. Sur le fronton, en néons roses : « Résidence et casino Trump – Maison-Blanche » !

Meyers, qui prend le relais d'Obama à la tribune, n'épargne pas non plus Trump, propriétaire entre autres titres de gloire, de la franchise de concours de beauté Miss USA : « Cela va faciliter le processus de recherche pour le poste de vice-président ! » lance ce dialoguiste en chef de l'émission *Saturday Night Live*. Trump n'a pas desserré les dents. Le temps de rédiger une dernière dépêche AFP sur la soirée : « Acte de naissance : Obama met les rieurs de son côté aux dépens de Trump », il est déjà 1 heure du matin.

Dimanche matin. Cheryl Bolen, correspondante du groupe Bureau of National Affairs, est chargée ce jour-là d'être les yeux et les oreilles de ses collègues journalistes, que ce soit à la Maison-Blanche ou dans les déplacements d'Obama. Le convoi présidentiel s'ébranle à 9 h 42 pour le golf de la base aérienne d'Andrews. Ce terrain est d'autant plus apprécié des présidents et de leur service de sécurité qu'il est situé dans une enceinte militaire sévèrement gardée. Obama et ses compagnons de green passent trois heures et demie sur place mais ne jouent que neuf trous au lieu des dix-huit habituels. Cheryl fait remarquer que le temps est froid et pluvieux, ce qui peut expliquer que le Président reprenne le chemin de la Maison-Blanche. Il y est à 14 h 04 et, vingt minutes plus tard, les journalistes sont renvoyés chez eux : aucune sortie ou apparition publique n'est prévue avant lundi. D'ailleurs, nous avons déjà reçu le programme du lendemain. « Bonne fin de week-end, tout le monde ! » écrit Cheryl.

Fatigué par la soirée de la veille, au dîner des correspondants, qui s'ajoute au déficit de sommeil accumulé pendant la semaine, je ne vaux plus grand-chose aux alentours de 21 heures. Acte manqué ou coup de chance, j'ai laissé mon téléphone portable en mode « vibreur », ce qui le fait tressauter à chaque message électronique. D'habitude, je n'utilise pas cette option le week-end, histoire de ne pas créer du stress pour des messages qui, 98 % du temps, n'ont aucun intérêt.

Mais ce dimanche 30 avril à 21 h 42, c'est la Maison-Blanche qui envoie un courrier, répercutant un message de Cheryl Bolen : « Le pool est informé qu'il doit de nouveau travailler, et que le Président va faire une déclaration qui pourrait intervenir dès 22 h 30. » Pour qu'un président des États-Unis parle à ses compatriotes si tard un dimanche soir, c'est que l'affaire est de très haute importance.

Dans ce cas-là, on ne pense plus, on réagit. Je branche mon ordinateur portable, allume la télévision sur CNN, garde mon Blackberry à portée de main, fouille sur Twitter. Pas encore grand-chose, à part la confirmation de Pfeiffer, le chef de la « com » de la Maison-Blanche, sur son compte officiel : « POTUS (President of the United States) va parler à la Nation ce soir à 22 h 30, heure de la côte Est des États-Unis. » Les alertes AFP partent, l'attention du monde entier se braque sur la Maison-Blanche. Pendant ce temps, les journalistes harcèlent leurs sources, au sein de l'administration, du Congrès ou du Pentagone, pour obtenir des détails. Mais, contrairement à d'habitude, les responsables ne répondent pas, ou affirment laconiquement : « Ne zappez pas… » Tout au plus saura-t-on par la bande qu'il ne s'agit pas d'une affaire de politique intérieure.

22 h 13. Stress bloqué en zone rouge. Mon collègue Steve a réussi à avoir une source mais qui ne veut être citée sous aucun prétexte. Ce qu'Obama va dire concerne apparemment la zone Afghanistan-Pakistan. Et « c'est un truc énorme ». Mais toujours pas de détails. Sur CNN, on est passé en mode de crise : sur l'écran se succèdent le vétéran de l'info Wolf Blitzer, ancien chef du bureau de la chaîne à la Maison-Blanche, et l'actuel titulaire du poste, Ed Henry. Eux aussi soulignent le caractère exceptionnel d'une intervention présidentielle aussi tardive, quand la plupart des journaux « papier » sont en voie d'être bouclés et les bulletins d'informations nocturnes des grandes télévisions terminés.

Obama se fait attendre. 22 h 30 ont passé et toujours rien. Arrive alors à l'écran un troisième journaliste de CNN, John King, lui aussi un ancien correspondant à la Maison-Blanche. Son visage est marqué par l'émotion. « Plusieurs sources viennent de nous dire que le président des États-Unis va annoncer dans quelques instants que les États-Unis... sont en possession du corps d'Oussama Ben Laden, qu'Oussama Ben Laden a été tué, que les États-Unis sont convaincus d'être en possession du corps d'Oussama Ben Laden, le cerveau du 11-Septembre, l'architecte d'al-Qaida. » King semble hors d'haleine : « Imaginez une seconde ce que ça veut dire ! »

Miracle, nos sources recommencent à répondre, confirment l'information de CNN. Et, à 22 h 49, je rédige une dépêche de sept mots qui tombe immédiatement sur les fils : « FLASH – Ben Laden est mort (haut responsable américain) ». Devant les grilles de la Maison-Blanche, quelques dizaines de personnes, souvent très jeunes, ont commencé à se rassembler. Bientôt, la foule se compte en centaines, en milliers. Elle crie : « U-S-A, U-S-A ! » dans une ferveur délirante.

Obama finit par faire son entrée dans l'East Room, à 23 h 35. Cravate prune, costume sombre, il prend la parole d'un air grave. « Ce soir, je suis en mesure d'annoncer aux Américains et au monde entier que les États-Unis ont mené une opération qui a tué Oussama Ben Laden, le dirigeant d'al-Qaida, un terroriste responsable du meurtre de milliers d'innocents. » Côté

AFP, la nuit est longue, mais nous sommes dopés à l'adrénaline et, comme dans tout événement de portée mondiale, notre réseau se mobilise en l'espace de quelques minutes : le desk de Washington tourne à plein régime et enchaîne les actualisations de dépêches, tandis qu'aux antipodes notre collègue Emmanuel Duparcq, basé à Islamabad, prend la route d'Abbottabad, la petite ville de garnison où Ben Laden avait trouvé refuge.

Le lendemain, au-delà de l'énormité de la nouvelle, c'est la formidable partie de poker menteur d'Obama qui nous ébahit. Reviennent en tête les souvenirs encore tout frais de la semaine écoulée : les œufs de Pâques de la Maison-Blanche, la publication de l'acte de naissance du Président, les gentilles questions d'Oprah, le renouvellement de l'équipe de défense et de renseignement – tous les participants savaient que l'opération contre Ben Laden était en cours, et qu'ils jouaient la partie de leur vie –, la visite aux sinistrés des tornades dans l'Alabama, le discours destiné à inspirer les jeunes diplômés issus des couches populaires... Et surtout, surtout, le week-end présidentiel. Au dîner des correspondants, les éclats de rire d'Obama face aux blagues de Seth Meyers. L'une d'elles coupe rétroactivement le souffle. Le comique avait annoncé, sans avoir la moindre idée de ce qui se tramait, que Ben Laden avait été retrouvé : il animait une émission de télévision sur la chaîne parlementaire américaine que personne ne regarde... Et que dire d'un président qui, avant de retrouver son équipe de sécurité nationale dimanche après-midi dans la

Situation Room pour coordonner une attaque de commando contre l'ennemi public numéro un, est allé jouer au golf ? Ma collègue Christi Parsons, du groupe Tribune (propriétaire du *Los Angeles Times*) trouvera l'expression juste : Obama possède la parfaite « poker face », le visage du joueur de poker, capable de bluffer, en l'occurrence, le monde entier. Car si dans le sillage d'Obama nous avons vécu une semaine fertile en rebondissements, ceux-ci ont dû paraître bien bénins au Président qui savait depuis août 2010 que ses services avaient retrouvé la trace du maître d'al-Qaida.

Pour nous, reporters à la Maison-Blanche, cette semaine constitue aussi une vraie leçon d'humilité : nous pouvons passer complètement à côté de ce qui se passe dans le Bureau ovale ou les salles de réunion attenantes. Parfois, comme dans l'assaut final contre Ben Laden, nous l'apprenons quelques heures plus tard ; il arrive que des « fuites » apparaissent, pour expliquer le cheminement des décisions comme ce fut le cas quelques jours plus tard dans le *New York Times* ; le déversement d'informations volées et diffusées par Wikileaks, fin 2010, nous avait permis de parfois mieux comprendre les tenants et les aboutissants de la politique étrangère américaine. Mais ce n'est généralement pas avant la publication des mémoires des acteurs de l'époque que nous pouvons approcher au plus près de la vérité. Quelle que soit notre proximité avec le pouvoir, nous ne savons des événements courants que ce que l'on veut bien nous en dire.

16.

Obama, l'Antéchrist des racistes

« C'est du racisme. Du racisme pur et simple »,
s'indigne ma collègue April Ryan, correspondante à la
Maison-Blanche du réseau de radios AURN, dont la
communauté noire américaine est le cœur de cible.
Motif de son courroux ? Une énième attaque venant
de médias ou commentateurs conservateurs contre le
président des États-Unis. Dans l'Amérique de 2012,
le racisme ne s'exprime pas aussi vivement et sans
complexes, du moins en public, que dans les
années 1950 ou 1960 : lorsque l'on visite les musées
consacrés au héraut de la lutte pour les droits civiques
Martin Luther King dans sa ville natale d'Atlanta, ou
dans l'ancien hôtel de Memphis où il fut assassiné en
1968, des films d'actualités d'époque montrent des
Blancs, parfois très jeunes, proférer des propos d'une
violence extrême sur les « *niggers* », les « négros ». Ils
refusent en bloc la fin de la ségrégation raciale,
instaurée à la fin du XIXᵉ siècle dans les anciens États

confédérés malgré leur défaite face aux troupes du Nord en 1865.

Au moment où les États-Unis marquent le cent cinquantième anniversaire du début de la guerre de Sécession, plus de quarante-cinq ans après la promulgation des lois abolissant la ségrégation, et alors que près de quatre cents ans se sont écoulés depuis l'arrivée des premiers esclaves d'Afrique sur le sol nord-américain, aucun homme politique d'envergure nationale aux États-Unis ne se fait plus l'avocat d'un retour aux honteuses lois raciales. Employer en public le mot « *nigger* », extrêmement connoté, signerait la fin d'une carrière pour quelque responsable que ce soit. Mais les cicatrices de ce « péché originel » des États-Unis restent encore à vif. Quelques mois avant l'élection d'Obama, en août 2008, le sondeur Gallup demandait : « Le racisme contre les Noirs est-il encore répandu aux États-Unis ? » Réponse des Noirs : « oui » à 78 %. Le même institut, trois ans plus tard, note que 48 % des Noirs interrogés ont perçu une amélioration dans les relations entre les communautés depuis l'élection d'Obama. Pour un quart d'entre eux (24 %), en revanche, ces relations se sont détériorées. Et 27 % n'ont pas noté de différence.

L'évolution des mentalités est pourtant là. Les mariages interraciaux étaient encore illégaux dans de nombreux États du Sud au début des années 1960, une époque où, dans leur ensemble, les Américains étaient opposés à 90 % à ces unions. Toujours selon Gallup, à l'été 2011, 86 % des Américains approuvaient ces mariages.

L'élection du premier président noir n'a évidemment pas tout réglé. Au contraire, l'arrivée au pouvoir
d'Obama a provoqué une crispation d'une partie de
la population et quinze jours après sa victoire, alors
que le vainqueur de la présidentielle n'est pas encore
installé à la Maison-Blanche, des spécialistes de
l'extrême droite pointent déjà une hausse importante
des incidents racistes aux États-Unis. Brian Levin, un
universitaire travaillant sur l'extrémisme, explique
ainsi fin 2008 à l'AFP qu'Obama représente pour les
racistes un « Antéchrist ».

Si le premier amendement de la Constitution
américaine sanctuarise la liberté d'expression, les inci-
tations à la violence restent punies par la loi, et le
Secret Service dit enquêter systématiquement sur les
menaces dont le dirigeant américain fait l'objet. Même
s'il ne s'agit que d'une minorité, elle reste bruyante,
et l'on ne réfrène pas facilement l'angoisse voire les
fantasmes que suscitent l'arrivée au pouvoir aux
États-Unis d'un président nommé Barack Hussein
Obama, fils d'un Kényan musulman et ayant passé
une partie de son enfance en Indonésie, le pays
musulman le plus peuplé du monde.

Dès la campagne électorale de 2007-2008, les
adversaires d'Obama ont beau jeu de capitaliser sur
« l'exotisme » des origines du candidat démocrate, de
plus un parfait inconnu quatre ans plus tôt. « Mais qui
est vraiment Barack Obama ? » demande à longueur
de réunions électorales la candidate républicaine à la
vice-présidence, Sarah Palin, qui reproche à Obama
d'avoir « fricoté avec des terroristes » : le sénateur a
fréquenté le même conseil d'administration qu'un des

fondateurs du mouvement violent anti-guerre du Vietnam « Weather Underground », Bill Ayers. Les conservateurs montent aussi en épingle un sermon enflammé de Jeremiah Wright, le pasteur des Obama à Chicago, dans lequel ce dernier affirme que le 11-Septembre est le résultat des politiques menées par les États-Unis : « Nous avons bombardé Hiroshima, nous avons bombardé Nagasaki, nous avons irradié bien plus de personnes que les milliers [de victimes] de New York et du Pentagone, sans jamais cligner des yeux. Et maintenant nous sommes révoltés parce que ce que nous avons fait à l'étranger se produit chez nous ! » Les affaires Ayers et Wright restent encore aujourd'hui utilisées contre le Président même si ces derniers ont dédouané Obama et critiqué les tentatives de « culpabilité par association ».

Les commentateurs conservateurs de la télévision Fox News, comme Sean Hannity, Brit Hume ou Bill O'Reilly, s'en donnent à cœur joie pour évoquer le côté « différent » du candidat. Cela passe par des accusations de « socialisme », un gros mot aux États-Unis qui n'évoque pas la social-démocratie pratiquée et défendue par les mouvements politiques européens de centre-gauche, mais plutôt les grandes heures de la glaciation brejnévienne. Fox est aussi l'un des médias qui pilonne ses téléspectateurs de théories selon lesquelles le Président n'est pas né aux États-Unis, et n'a donc pas le droit d'occuper ses fonctions. Mais la campagne qui fait florès est celle qui défend l'idée qu'Obama est de confession musulmane.

Il est à l'honneur de son concurrent de 2008, John McCain, de refuser l'amalgame. À moins de quatre

semaines du jour J, McCain accuse un retard inquié-
tant dans les sondages. La tension est palpable dans
cette réunion publique de Lakeville au Minnesota où
les participants sont invités à poser des questions au
candidat. L'un d'entre eux lui confie qu'il est
« terrifié » à l'idée de voir Obama s'installer à la
Maison-Blanche. Une autre membre du public
explique : « Je ne peux pas faire confiance à Obama.
J'ai lu des choses sur lui, et il n'est pas... c'est un
Arabe. » McCain secoue la tête et s'empare du micro,
l'air consterné. « Non madame, c'est un père de
famille honorable avec lequel il se trouve que j'ai des
désaccords sur des questions fondamentales », affirme-
t-il. C'est peu de dire que la foule n'avait pas envie
d'entendre cela, et le vieux sénateur se fait même huer.

La vraie question, notera ensuite perfidement
l'émission satirique de télévision *The Daily Show*, est
de savoir si l'on peut être à la fois arabe ou musulman
et un « père de famille honorable », mais passons. Le
fait est qu'une grande partie des Américains, aussi
énorme que cela puisse paraître, reste persuadée
qu'Obama est musulman. Selon un sondage publié
par l'hebdomadaire *Time* en août 2010 – dix-huit
mois après la prise de fonctions d'Obama – près d'un
Américain sur quatre (24 %) estimait que le Président
observait l'islam, un taux qui montait à 34 % chez les
républicains ! Les experts en sciences politiques se grat-
tent la tête : qu'est-ce qui a pu convaincre l'opinion
de telles contre-vérités ? Certains avancent la politique
de main tendue d'Obama au monde arabo-musulman
lors de son discours du Caire en 2009. Il avait alors
proposé un « nouveau départ » pour commencer à

réparer les dégâts occasionnés non seulement par le
11-Septembre, mais aussi par l'invasion de l'Irak sous
des motifs fallacieux, et les scandales des prisons de
Guantanamo et d'Abou Ghraïb.

Mais sans disposer de données incontestables sur
une relation de cause à effet, il paraît sensé de
mentionner le rôle joué par les médias conservateurs,
en particulier la nébuleuse de Fox News et de ses
commentateurs. Faut-il le rappeler, il s'agit de loin de
la chaîne dite d'information la plus regardée des
États-Unis, avec davantage de téléspectateurs que ses
concurrentes CNN et MSNBC combinées. Et ce
joyau très rentable du groupe News Corporation,
propriété du magnat australo-américain Rupert
Murdoch, insiste depuis 2007 sur « l'héritage
musulman » d'Obama, reprend le début du discours
du Caire où le Président explique aux Égyptiens qu'il
a été en contact avec le monde musulman dans sa
jeunesse, et cite en particulier l'une de ses déclarations
au *New York Times* en 2007 : l'appel du muezzin à la
prière, disait-il, « est l'un des sons les plus jolis à l'aube
sur terre ».

Début 2007, un présentateur de Fox News, Steve
Doocy, affirme qu'« Obama a été élevé en tant que
musulman » et qu'il a, lors de son séjour en Indonésie dans son enfance, suivi des cours dans une
médersa, une école coranique. Le terme « médersa »
est devenu suspect aux États-Unis depuis que les
talibans, « étudiants en religion » endoctrinés dans de
tels établissements au Pakistan, ont pris le pouvoir à
Kaboul puis accordé leur protection à Oussama Ben

Laden. « C'est énorme ! » affirme Doocy, visiblement ravi. Énorme mais totalement faux.

Après cet incident, qui contraindra la chaîne à corriger, Fox News ne fera plus dans l'affirmation directe, mais dans la suggestion, un domaine dans lequel la chaîne possède un certain talent : sans jamais dire qu'Obama est musulman, Fox, dont le slogan est « *fair and balanced* » (« juste et équilibré »), affirme qu'elle donne « les faits » à ses téléspectateurs, et que c'est à eux de décider. Mais certains commentateurs conservateurs, sur Fox News ou non, ne s'embarrassent pas de ces nuances. Exemple : Ann Coulter, pasionaria conservatrice connue pour ses déclarations à l'emporte-pièce et les insultes qu'elle décoche aux démocrates en public, estime qu'Obama remportera l'élection et l'appelle cinq fois de suite « B. Hussein Obama » puis « Président Hussein ».

Plus tard, Brit Hume, l'air grave, cite une interview selon lui accordée par un demi-frère kényan de Barack Obama au *Jerusalem Post*, dans lequel Malik Obama affirme que le candidat serait un bon président pour les juifs « malgré ses origines musulmanes ». Problème ? Malik Obama n'a jamais prononcé ces mots au *Jerusalem Post* et Fox News n'a pas vérifié.

Après la diffusion du sondage de *Time* en août 2010 – un Américain sur quatre estimerait que son président est musulman –, Fox News pose à l'antenne la même question que tout le monde : comment est-ce possible ? Et pour ce faire, le présentateur Sean Hannity donne la parole à Brigitte Gabriel, une Américaine d'origine libanaise, de religion chrétienne maronite et connue pour ses écrits conservateurs et critiques de l'islam. Son explication : ces Américains pensent qu'Obama est musulman « à cause de ses actes ». « Depuis qu'il est devenu président, il a tout fait pour plaire au monde islamique, a présenté les excuses des États-Unis au monde islamique, a chanté les louanges du monde islamique en rabaissant l'Amérique, sa première interview exclusive à une télévision a été accordée à al-Arabiya, dans laquelle il s'est vanté du fait que la moitié des membres de sa famille étaient musulmans. » Dans le même souffle, elle cite « la vidéo qu'il a envoyée aux Iraniens pour les féliciter à l'occasion de leur fête [le Nouvel An persan] et le discours du Caire ». Si le doute n'était pas encore instillé dans l'esprit des téléspectateurs de Fox News sur la religion de leur président, c'est désormais chose faite !

Dans le petit monde des commentateurs conservateurs, primauté est souvent donnée à ceux qui parlent le plus fort. Ann Coulter donc, mais aussi et surtout Rush Limbaugh, dont l'émission de radio est l'une des plus écoutées aux États-Unis, et dans une moindre mesure Glenn Beck, transfuge de CNN passé sur Fox et à l'origine du site Internet The Blaze. Ce dernier, sur la chaîne conservatrice, se dit lui aussi troublé par certaines coïncidences. Obama a mentionné lors de son discours d'investiture que les États-Unis étaient « un pays de chrétiens, de musulmans, de juifs et d'hindous », remarque-t-il. Citer les religions dans un tel ordre est suspect à son avis. Obama, souligne-t-il, « organise des dîners de rupture du jeûne du ramadan, ce que les présidents ont le droit de faire ». En effet, et cette tradition a même été lancée par George W. Bush.

Et Beck, grand adepte des théories du complot, souligne que Michelle Obama, en vacances en Andalousie, a visité l'Alhambra de Grenade, « une mosquée », selon lui. Il ne s'embarrasse pas de détails mineurs de l'histoire de l'Espagne, comme la Reconquista qui fait que l'Alhambra, un palais et non une mosquée, n'a en aucun cas été un lieu de culte islamique depuis plus de cinq siècles. Grave, Beck constate : « D'accord, c'est une attraction touristique. Mais n'y a-t-il pas anguille sous roche ? Est-ce qu'ils [les Obama] veulent ainsi envoyer un message ? Je ne sais pas ! » Là aussi, les téléspectateurs de Fox n'ont plus qu'à conclure.

Pour mémoire, Beck est aussi celui qui a affirmé en direct à l'antenne de Fox News en juillet 2009 qu'« Obama est quelqu'un qui éprouve une haine profondément enracinée contre les Blancs, la civilisation blanche. Je ne sais pas ce que c'est [...] je ne dis pas qu'il n'aime pas les Blancs, mais je pense que ce gars, à mon avis, est un raciste ». Dénoncer le « racisme anti-Blanc », une vieille ficelle de l'extrême droite.

Le bruit de fond de ces rumeurs sur la supposée « vraie religion » d'Obama se transforme en hurlements stridents en août 2010. Les États-Unis sont alors secoués par une controverse : des musulmans, et pas les plus intégristes, veulent installer un centre culturel à quelques pâtés de maison de « Ground Zero », le site des tours du World Trade Center dans le sud de Manhattan. Le conseil municipal de New York y a donné son feu vert, mais, neuf ans après les attentats, alors que plus de 130 000 soldats américains sont encore stationnés en Afghanistan et en Irak, ce projet provoque des protestations de familles des victimes du 11-Septembre, dont tous les auteurs étaient musulmans. Plus des deux tiers (68 %) des Américains sont opposés à ce projet, selon un sondage CNN.

Le 13 août 2010, Obama plonge la tête la première dans la polémique. Il accueille justement un « iftar », un repas de rupture du jeûne du mois sacré de ramadan, dans la salle à manger d'apparat de la Maison-Blanche, et prononce un discours dans lequel il se place en garant de la Constitution américaine, qui assure la liberté de culte. « En tant que citoyen, en tant que président, je crois que les musulmans ont le même droit de pratiquer leur religion que quiconque dans ce pays », affirme-t-il. « Cela comprend le droit de construire un lieu de culte et un centre communautaire dans une propriété privée dans le sud de Manhattan », poursuit-il, « nous sommes aux États-Unis, et notre engagement en faveur de la liberté de religion doit être inaltérable. »

Même si Obama a défendu un principe, et non la mosquée elle-même, la nuance est perdue dans la tempête que ces propos déclenchent. Chacun y met du sien, à commencer par les associations des familles des victimes du World Trade Center.

Le Président persiste et signe : il « ne regrette pas » d'avoir défendu la liberté de culte. Quant à la mise en doute de sa religion, Obama estime dans un entretien à NBC fin août 2010 que « les faits sont têtus », et attribue la confusion d'une partie des Américains à la « désinformation constamment rabâchée » par certains médias. Le Président résiste à la tentation de s'en prendre de front aux adeptes de la théorie du complot. « Je ne m'inquiète pas trop des rumeurs qui circulent », dit-il lors du même entretien. « Si je passais mon temps à m'en préoccuper, je n'arriverais pas à faire grand-chose de mes journées. » Le Président, magnanime, assure même que Glenn Beck, l'animateur polémiste de Fox, « exerçait son droit constitutionnel [à la liberté d'expression] exactement comme il le devait » en organisant, quelques jours plus tôt à Washington, une manifestation au cours de laquelle avaient volé les théories les plus délirantes sur les supposées vraies intentions néfastes de l'administration Obama.

Les conseillers d'Obama ont tout de même dû lui faire savoir que le problème était réel et que quelques piqûres de rappel n'étaient pas forcément superflues pour faire passer aux Américains le message que leur quarante-quatrième président était chrétien comme tous ses prédécesseurs. Un mois après l'éclatement de la polémique, le 10 septembre 2010, il affirme lors d'une conférence de presse qu'« ayant énormément recours à ma foi chrétienne dans mon travail, je comprends les passions que la foi religieuse peut susciter ». Même mention pendant une réunion de voisinage avec des Américains moyens au Nouveau-Mexique le 28 septembre suivant. « Je suis chrétien par choix. Dans ma famille, l'on n'allait pas à l'église chaque semaine. Et ma mère était quelqu'un qui avait une forte spiritualité, mais elle ne m'a pas élevé dans les préceptes de l'Église, je suis arrivé à la foi chrétienne plus tard dans ma vie », explique Obama.

Après septembre 2010, on retrouvera l'expression « ma foi chrétienne » pas moins de dix fois dans les discours publics d'Obama. « Ma foi chrétienne m'a soutenu fortement ces dernières années. Quand Michelle et moi entendons de temps en temps notre foi faire l'objet d'interrogation, nous nous rappelons que ce qui est important en fin de compte, ce n'est pas ce que les autres gens disent de nous, mais notre honnêteté envers notre conscience et notre Dieu », dit-il en particulier le 3 février 2011 lors d'un « déjeuner de prière national ».

Contrairement à George W. Bush, Obama mentionnait rarement les Écritures dans ses discours de politique générale, mais ces évocations se produisent plus souvent après 2010. En février 2012, il convoque même la charité chrétienne pour défendre ses projets budgétaires préconisant de faire payer davantage les riches. « Saint Jean nous dit : si quelqu'un possède les biens du monde, et que, voyant son frère dans le besoin, il lui ferme ses entrailles, comment l'amour de Dieu demeure-t-il en lui ? » récite le Président. « Lorsque je parle d'institutions financières qui doivent respecter les mêmes règles que les Américains moyens, quand je dis que les sociétés d'assurance ne doivent pas faire subir de discrimination aux malades [...] c'est parce que je crois au commandement de Dieu enjoignant à aimer son prochain comme soi-même », ajoute-t-il, avant d'assurer qu'« en tant que chrétien cela coïncide avec l'enseignement de Jésus selon lequel celui qui a beaucoup reçu se verra demander beaucoup ». Le genre d'arguments contre lesquels les commentateurs conservateurs manquent de munitions.

Face à l'héritage empoisonné de l'esclavage et de la ségrégation, Obama reste prudent : il est à la fois un symbole de l'arrivée des Noirs aux plus hautes fonctions, mais doit être le président de tous les Américains, qui pour 87 % d'entre eux, n'appartiennent pas à ce groupe. Dès juillet 2009, six mois après son accession au pouvoir, un incident met à l'épreuve cette « double loyauté ». L'affaire concerne un professeur de Harvard, Henry Louis Gates. Ce dernier, un Noir, affirme être rentré de voyage et ne pas avoir réussi à ouvrir la porte d'entrée de sa maison, et avoir essayé ensuite de la réparer. Mais une voisine, voyant Gates et son chauffeur, également noir, s'affairer autour de la porte, appelle la police, craignant qu'un cambriolage soit en cours. Les récits divergent ensuite entre celui de Gates, qui affirme que le policier arrivé sur place l'a arrêté bien qu'il ait montré des papiers d'identité prouvant qu'il vivait bien à cette adresse, et celui du policier, James Crowley, un Blanc, qui assure quant à lui que Gates s'est mis à crier, à l'accuser de racisme et que, face à l'agitation, il a dû l'interpeller pour désordre sur la voie publique.

L'affaire prend d'autant plus d'ampleur qu'une photo de Gates menotté sur le pas de sa porte a été diffusée par les médias, et c'est tout naturellement qu'Obama est interrogé à ce sujet lors d'une conférence de presse, le 22 juillet 2009. Obama, ancien élève de Harvard, dit d'emblée que, connaissant Gates, il est « peut-être un petit peu partial » et revient sur les faits. « Je ne sais pas quel rôle la couleur de peau a joué dans cette affaire, mais je pense que l'on peut dire sans risque de se tromper, premièrement, que n'importe qui [dans la situation de Gates] serait assez en colère. Deuxièmement, que la police a agi avec stupidité en arrêtant quelqu'un qui avait déjà prouvé qu'il se trouvait à son propre domicile. Troisièmement, nous savons, indépendamment de cet incident, qu'il existe une longue histoire dans ce pays d'Africains-Américains et de Latinos qui sont arrêtés de façon disproportionnée par les forces de l'ordre. Ce fait montre que les questions raciales restent un élément important de notre société. Cela ne veut pas dire que nous n'avons pas fait de progrès. Je suis moi-même un symbole des progrès réalisés », note le Président.

Ce dernier a énoncé une évidence, soutenue par les travaux des associations de défense des minorités : le « délit de sale gueule » existe aux États-Unis comme dans d'autres pays, mais l'histoire des Noirs, entre esclavage et ségrégation, le rend encore plus douloureux pour les membres de cette communauté. Ce qui passe mal, en revanche, c'est l'accusation de « stupidité » lancée par Obama à l'encontre des policiers. Une contre-enquête prouvera que le policier Crowley n'avait jamais été soupçonné de racisme, avait été recruté par un Noir pour donner des cours sur la lutte contre les préjugés raciaux, et travaillait en binôme avec un Noir, d'ailleurs présent lors de l'interpellation de Gates. Les associations de policiers, ainsi que des élus républicains, s'indignent de voir la version du policier mise en cause et le bénéfice du doute être accordé ainsi à Gates, qui plus est par le Président à une heure de grande écoute. Face à la bronca, Obama intervient deux jours plus tard à l'impromptu dans la salle de presse, et estime que les parties prenantes ont « probablement réagi avec exagération » à cet incident. Mais il assure ne pas regretter d'avoir pris position dans cette affaire qui, il le répète, « montre que la question raciale pose toujours problème dans notre société ». « Que je sois noir ou blanc, je pense qu'en parler contribue de façon constructive à la sensibilisation à cette question et fait partie de mes tâches », assure-t-il en évoquant un « moment riche d'enseignements ». Et pour solder l'incident, Obama invite Gates et Crowley... à venir boire une bière à la Maison-Blanche, un « sommet » dont la présidence diffusera une photo apaisante des trois hommes en train de trinquer dans la Roseraie.

Près de trois ans plus tard, c'est un drame d'une toute autre ampleur qui vient s'imposer à l'agenda présidentiel. Fin février 2012, un jeune Noir de dix-sept ans, Trayvon Martin, est abattu par George Zimmerman, un homme de vingt-sept ans de mère péruvienne et de père blanc américain. Zimmerman, un ancien élève modèle, patrouilleur volontaire pour surveiller son quartier de la banlieue d'Orlando en Floride, affirme que le jeune Noir, de passage dans le quartier, se comportait de façon suspecte, l'a menacé, et que lui-même a tiré en légitime défense. La Floride est l'un des États américains où des lois élargissant le champ de la légitime défense ont été adoptées au début des années 2000 : toute personne s'estimant menacée peut prendre les devants pour se défendre. Zimmerman est relâché après son interrogatoire. Mais l'affaire enfle lorsqu'il est révélé que Trayvon Martin n'était pas armé, qu'il revenait d'une épicerie de quartier où il avait acheté des bonbons, et que son casier judiciaire était vierge. Plusieurs témoins oculaires, ainsi que les enregistrements d'appels téléphoniques de Zimmerman et Martin, remettent en question la version du tireur. Alors que les autorités locales n'ont pas lancé de poursuites, les autorités fédérales annoncent le 20 mars, quatre semaines après la mort de Martin, qu'elles ouvrent une enquête pour crime à motivation raciale.

Cette semaine-là, le petit monde des correspondants de presse de la Maison-Blanche guette le communiqué, l'intervention ou l'entretien qui donnerait l'occasion à Obama d'intervenir dans un débat devenu national. Les associations de défense des minorités se sont emparées de l'affaire, le *New York Times* y consacre des éditoriaux. Ce moment arrive le 23 mars, dans la Roseraie : le Président, qui doit s'envoler dans la soirée pour une visite officielle en Corée du Sud, vient d'annoncer le nom de son candidat à la Banque mondiale, Jim Kim, président de la prestigieuse université de Dartmouth. Mais contrairement à son habitude, une fois le discours prononcé, Obama ne se retire pas tout de suite, traîne autour du micro, comme s'il s'attendait à être sollicité.

Un de mes collègues saisit l'occasion et lui demande s'il « peut commenter l'affaire Trayvon Martin ». Obama a visiblement préparé sa réponse. « Je suis le chef du pouvoir exécutif, et le ministre de la Justice est sous mes ordres, je dois donc faire preuve de prudence lorsque je m'exprime afin de ne pas entraver toute enquête en cours. Mais, évidemment, c'est une tragédie. Je ne peux qu'imaginer ce que les parents [de Martin] sont en train d'endurer. Quand je pense à ce garçon, je pense à mes propres enfants. » Obama, qui encore une fois a vraisemblablement pesé chaque mot, poursuit sur le même ton grave : « Mais mon message principal est destiné aux parents de Trayvon Martin. *Si j'avais un fils, il ressemblerait à Trayvon.* Et ils ont raison de s'attendre que nous traitions cette affaire avec tout le sérieux qu'elle mérite. »

Obama, en versant dans l'émotion et l'empathie, est-il allé au-delà de ce qui pouvait être attendu d'un président ? Nouvelle preuve que le terrain est de toute façon miné, l'ancien président de la Chambre des représentants et candidat à l'investiture républicaine Newt Gingrich réagit dans les heures qui suivent en estimant que « ce que le Président a dit est scandaleux. La question n'est pas à qui ce jeune homme ressemblait. Tout jeune Américain, quel que soit son origine, doit être en sécurité, un point c'est tout », assure Gingrich, un ancien élu de Géorgie, un État du « Vieux Sud » conservateur. « Est-ce que le Président insinue que si c'était un Blanc qui avait été tué, cela n'aurait pas posé de problème parce qu'il ne lui ressemblait pas ? Diviser ce pays est insensé », poursuit Gingrich, qui ne semble pas prendre en compte la longue et douloureuse histoire des Noirs aux États-Unis.

Obama, contrairement aux charges d'un Gingrich ou d'un Beck, se défend de vouloir toute revanche sur cette histoire et cet héritage. Simplement, comme il l'affirme le 22 février 2012 en inaugurant le chantier du musée national de l'Histoire et de la Culture de la

Communauté noire américaine, en plein centre de Washington, il veut que cet héritage fasse partie intégrante de l'histoire du peuple américain. « Je veux que mes filles voient les chaînes qui entravaient les esclaves au cours de leur voyage à travers l'océan, et les éclats de verre qui ont volé de l'église baptiste de la 16ᵉ Rue », site d'un attentat qui avait coûté la vie à quatre adolescentes noires à Birmingham (Alabama) en 1963, en pleine lutte pour les droits civiques. Mais « je veux aussi qu'elles écoutent la trompette de Louis Armstrong et lisent les poèmes de Phyllis Wheatley », une poète noire américaine du XVIIIᵉ siècle, « et qu'elles considèrent le musée non seulement comme une tragédie mais comme une célébration de la vie. Lorsque les générations futures entendront ces chants de douleur, de progrès, de lutte et de sacrifice, j'espère qu'elles ne les verront pas… comme séparées de l'histoire américaine au sens large. Je veux qu'elles les voient comme centrales, une partie importante de notre histoire partagée ». Son œcuménisme se conjugue au futur.

17.

Les vacances de Monsieur O.

« Bienvenue au Paradis », susurre la voix de l'hôtesse. Le long-courrier vient de se poser sur la piste de l'aéroport international d'Honolulu. Nous sommes le 23 décembre 2010 et la température au sol, en ce milieu d'après-midi à Hawaï, est de 27 °C, très loin des sévères gelées matinales de Washington, à dix heures de voyage de là. Mais, contrairement à la plupart des passagers du Boeing, je ne viens pas dans l'archipel pour oublier à grands frais les rigueurs de l'hiver continental américain. Ma mission est de suivre les vacances du président Barack Obama. Autant dire tout de suite qu'elle a été acceptée de grand cœur.

On l'a vu, les journalistes accrédités à la Maison-Blanche suivent les faits et gestes du Président où qu'il soit, pratiquement minute par minute. Les vacances ne font pas exception. Le « chef du monde libre » doit pouvoir compter sur la chambre d'écho de la presse en cas de crise nationale ou internationale. D'un autre côté, les rédacteurs en chef sont friands d'informations un peu plus légères sur les activités présidentielles, surtout en période d'actualité réduite comme la « trêve des confiseurs » de Noël ou les vacances d'été.

À l'époque de George W. Bush, les correspondants goûtaient aux charmes de la région de Waco au Texas : le quarante-troisième président passait de longues semaines d'affilée dans son ranch de Crawford (huit cents habitants très dispersés), en plein milieu des prairies. De mémoire de collègues, les journées étaient longues et l'ennui profond, d'autant plus que Bush se faisait très rare. À peine si la Maison-Blanche de l'époque distribuait de temps en temps des photos du président : Bush en train de conduire son pick-up, Bush débroussaillant ses champs, Bush faisant du VTT avec Lance Armstrong... Si les journalistes tuaient le temps dans les motels poussiéreux d'une région peu réputée pour son tourisme, le staff de la Maison-Blanche n'était pas forcément à la fête non plus. Étant donné le manque de bâtiments disponibles pour les héberger et les faire travailler, ils se retrouvaient dans des préfabriqués posés à proximité de la retraite présidentielle. En pleines guerres en Irak et en Afghanistan, combien de décisions de sécurité nationale ont-elles été prises dans d'étroits « Algéco » où des climatiseurs luttaient contre la fournaise de l'été texan ?

Bush est resté célèbre – et très critiqué, en particulier par le cinéaste polémiste Michael Moore – pour ses vacances interminables. De fait, selon l'archiviste officieux de la salle de presse, le correspondant de CBS Radio Mark Knoller, il a passé pas moins du tiers de ses huit ans de présidence soit à Crawford, soit à

Camp David (Maryland), la résidence de campagne des occupants de la Maison-Blanche, sur les contreforts des Appalaches à cent kilomètres au nord-ouest de Washington.

Les vacances d'Obama sont plus courtes que celles de son prédécesseur, rarement plus d'une dizaine de jours de suite. Mais, en tout cas pour les journalistes et l'équipe rapprochée du Président, elles sont bien plus plaisantes, même si Obama semble conservateur dans ses choix de destinations. Le Président aime les îles : il visite systématiquement Hawaï et sa douceur tropicale en hiver, Martha's Vineyard et la brise atlantique de la Nouvelle-Angleterre en été. Hawaï, et en particulier l'île centrale d'Oahu, c'est évidemment le lieu de naissance d'Obama, venu au monde dans un hôpital d'Honolulu en 1961, deux ans après l'accession de l'archipel au statut de cinquantième État américain. Il y a passé sa petite enfance et son adolescence, avec une parenthèse indonésienne entre ses six et dix ans durant laquelle il a suivi sa mère remariée à un militaire basé à Jakarta. Honolulu est l'endroit où vit sa demi-sœur Maya, où ses deux grands-parents maternels adorés sont enterrés. Pas question toutefois pour lui de revenir habiter dans leur appartement anonyme, situé dans un petit immeuble quelque peu décrépit de la banlieue nord de la capitale de l'État pacifique.

De 2008 à 2011, Obama, son épouse, leurs deux filles et Bo le chien présidentiel logent en effet dans le très huppé village de Kailua, sur la côte nord-est d'Oahu. Le risque est faible de tomber sur des voisins miséreux : la moindre propriété du quartier change de mains pour plus de 2 millions de dollars. Quant à la demeure de location des Obama, au 57A, Kailuana place, c'est une belle résidence moderne de quatre cent soixante mètres carrés sur un niveau, construite en 2006 et évaluée à 5,5 millions de dollars. Vous ne voulez pas acheter ? Elle peut être vôtre pour 4 000 dollars par jour. À ce prix, elle propose cinq chambres – la principale a vue sur l'océan –, cinq salles de bains, une salle de détente et une belle salle à manger au plafond surélevé, percé d'un puits de lumière. Dans la cour intérieure, tout près d'un patio, une piscine aux formes douces est entourée d'une végétation débordante et d'éboulis savamment installés. La vue sur les flots bleus du Pacifique est évidemment imprenable, au-delà de la moelleuse pelouse et des palmiers élancés se balançant au rythme des vents tropicaux. Plus prosaïquement, le Secret Service a dû apprécier la situation du complexe que le 57A forme avec d'autres bâtiments proches, également loués par les Obama : il est placé au bout d'une impasse résidentielle, facile à bloquer et à contrôler. Lorsque le Président est là, des commandos quadrillent la mer à bord de canots pneumatiques surpuissants. On les retrouve aussi, treillis et armes automatiques bien en vue, sur le petit canal qui borde à l'ouest ce quartier et en fait une presqu'île. Et de l'autre côté du bras d'eau se trouve rien moins que la base de marines de Kaneohe, où sont stationnés plusieurs milliers de militaires surentraînés, armés jusqu'aux dents et prêts à venir à la rescousse du Président en cas de coup dur.

Les journées d'Obama à Hawaï commencent tôt, histoire de ne pas perdre totalement le contact avec Washington, à cinq fuseaux horaires de là : quand il est huit heures du matin à Honolulu, il est déjà 13 heures dans la capitale fédérale. C'est donc en général peu après l'aube qu'il quitte sa location de vacances, pour se rendre dans la base voisine. Là l'attend la salle de sport « *Semper fit* », jeu de mots sur la devise latine des marines, « *Semper fi(delis)* » c'est-à-dire « toujours fidèle » et « *fit* », « en forme ». Pendant que le Président élimine des calories, les journalistes du « pool » en avalent plus que de raison, puisque nous sommes parqués dans le McDonald's de la base, à l'écart des autres clients. Une heure plus tard, Obama repart, le bus des reporters et photographes en fin de convoi. Entièrement tributaires des envies présidentielles, les membres du pool peuvent se retrouver à attendre cinq heures d'affilée qu'Obama décide de sortir à nouveau de sa retraite. La Maison-Blanche a loué une demeure en bord de mer à quelques pâtés de maison, équipée de wifi, qui nous sert de salle d'attente. Chacun tue le temps comme il peut, en attendant que les assistants de la Maison-Blanche qui nous encadrent nous préviennent de remballer nos affaires et de remonter dans le bus : le Président bouge.

Encore plus qu'ailleurs aux États-Unis, suivre Obama sur les routes d'Hawaï en écrivant sur son ordinateur portable ou en tapotant sur son téléphone, c'est s'exposer à un sérieux mal des transports. Les voies traversant l'île volcanique sont en effet sinueuses et la colonne de gros 4 × 4 noirs du Président y circule en trombe. Les destinations varient : certains jours, Obama ne fait qu'un saut chez le glacier voisin pour régaler famille et amis de *shave ice*. Une « séquence régression » pour le Président, friand depuis son enfance de ces glaçons pilés, arrosés d'épais sirop de fruits, souvent fluorescents ! Le pool, un jour où je m'y trouve le 27 décembre, a le droit d'immortaliser l'événement. Nous entrons par une porte dérobée dans la petite boutique « Island snow » de Kailua, à cinq minutes de la retraite présidentielle. Le Secret Service a fait le ménage et l'endroit est désert. De toute façon, les clients auraient du mal à approcher du petit centre commercial où est situé le marchand : des bandes de plastique fluorescentes « police » ont été déroulées à cinquante mètres alentour, retenant les badauds qui ne tardent pas à s'agglutiner. Des gorilles en civil, polo ample couvrant mal l'étui de leur revolver, scrutent les environs. Le convoi de vingt véhicules a du reste complètement bloqué la route d'accès, et le gros 4 × 4 blindé du Président tourne au ralenti, prêt à démarrer en trombe à la moindre alerte.

Difficile de trouver plus grand contraste entre ce véritable état de siège et l'apparence du Président, lorsqu'il entre dans la boutique avec une quinzaine d'adultes et d'enfants de l'âge de Sasha et Malia : Obama porte un polo blanc, un short noir... et des tongs en mousse ! Mini-émoi dans une certaine presse américaine. Le *New York Post*, quotidien populaire conservateur, estimera, en faisant semblant de s'en offusquer, que le Président « a franchi une nouvelle étape dans la décontraction » pour un locataire de la

Maison-Blanche. Déjà deux ans plus tôt, une photo d'Obama, alors président élu, avait provoqué un véritable séisme : un paparazzi avait réussi à prendre à Hawaï une photo de l'encore sénateur sans son T-shirt, tout en pectoraux et en abdominaux. « Notre nouveau voisin est sexy ! » s'était émerveillé le mensuel sur papier glacé de la capitale fédérale, *The Washingtonian.*

Déjouant les mesures de sécurité, un autre paparazzi parviendra, début 2012, à prendre une série de photos d'Obama en train de jouer torse nu à la balle sur une plage d'Oahu, des clichés publiés sur le site Internet TMZ. La Maison-Blanche n'a pas dû apprécier, elle qui depuis le début de la présidence Obama, fait tout pour tenir le pool à distance des activités balnéaires présidentielles. L'équipe rapprochée d'Obama pensait ne rien laisser au hasard pour éviter d'autres clichés volés : quand le Président visite en 2010 et en 2011 le sanctuaire naturel d'Hanauma, paradis pour les plongeurs avec ses coraux et ses poissons multicolores, c'est un mardi, le jour de fermeture hebdomadaire du parc, à la pointe Est d'Oahu. Faute d'images et d'informations supplémentaires, on ne peut que spéculer sur la façon dont le Secret Service opère en milieu aquatique : le Président en maillot, avec masque, tuba et palmes, est-il suivi à la trace par des nageurs de combat ?

Mais le plus fréquemment à Hawaï, Obama consacre une bonne partie de sa journée au golf. Ses partenaires sont souvent les mêmes, en particulier Eric Whitaker, un des proches amis que les Obama ont gardés du temps de Chicago. Bobby Titcomb, que le Président connaît depuis son enfance et qui vit toujours à Hawaï, est presque toujours de la partie. L'île d'Oahu se prête admirablement au golf, entre plateaux côtiers, vallées volcaniques et végétation luxuriante. Le parcours de Luana Hills, par exemple, où je me retrouve de pool derrière le Président le 2 janvier 2011, bat les records dans le spectaculaire avec son décor digne de *Jurassic Park*. Des falaises culminant à huit cents mètres forment un amphithéâtre naturel autour d'épaisses frondaisons et de bouquets de palmiers qui ponctuent les greens disposés en terrasses. Les neuf derniers trous sont situés dans un « canyon tropical », selon le magazine spécialisé *Golf Digest*, qui salue dans Luana Hills « un endroit de sérénité magnifique ».

Pour nous journalistes, c'est surtout la « sérénité magnifique » d'une salle aveugle au sous-sol du clubhouse qui s'impose. Si la Maison-Blanche refuse tout net de laisser entrevoir le torse nu du Président, elle répugne tout autant à laisser reporters et photographes évaluer son « swing ». Malgré tous les efforts des journalistes, les partenaires de golf d'Obama s'imposent un véritable secret défense et ne divulguent jamais ses scores. Peut-être parce qu'ils sont catastrophiques, avancent de mauvaises langues au sein du pool. *Golf Digest* attribue à Obama un handicap de 17 et le fait pointer à la 108e place dans son classement annuel des meilleurs golfeurs de Washington. En moyenne, le Président a donc besoin de dix-sept coups de plus que le score idéal pour terminer un parcours de dix-huit trous. Dans l'absolu, cela n'a rien de déshonorant, mais reste bien moins brillant que le vice-président Joe Biden et le président de la Chambre John Boehner, qui évoluent autour d'un handicap 7.

En été, c'est à l'autre bout des États-Unis que les Obama se ressourcent : Martha's Vineyard, un bout de terre un peu plus grand que l'île d'Oléron en France. L'île est située au sud du cap Cod, l'endroit où débarquèrent en 1620 les pèlerins du Mayflower. La région, à une heure et demie de route au sud de Boston, dans le même État du Massachusetts, est depuis longtemps le terrain de jeux privilégié de la jet-set et des présidents : non loin du fief des Kennedy, Hyannis Port, l'on embarque pour Vineyard Haven, le principal port de l'île. C'est au large de l'île de Nantucket voisine que l'héritier de la dynastie, John Kennedy Junior, s'est tué en avion en 1999. Bill et Hillary Clinton, à l'époque où ils occupaient la Maison-Blanche (1993-2001) avaient eux aussi leurs habitudes à Martha's Vineyard, où ils étaient hébergés par des amis.

Mais contrairement à leurs prédécesseurs, les Obama ne comptent pas sur la générosité de proches pour se loger, et louent comme à Hawaï une demeure de vacances. Ils sont loin d'être les seuls : de quinze mille âmes en hiver, la population de Martha's Vineyard peut être multipliée par cinq en été. L'endroit offre, il est vrai, un répit bienvenu aux riches et puissants de New York et de Washington avec ses tranquilles plages de sable fin bercées par la brise, alors que le reste de la côte Est suffoque sous la chaleur et l'humidité remontées du golfe du Mexique. Ici, la retraite présidentielle s'appelle « Blue Heron Farm », la ferme du héron bleu. Cette propriété, située dans la localité de Chilmark dans le sud de l'île, tout près de la maison de Jackie Kennedy Onassis dans les dernières années de sa vie, s'étend sur plus de onze hectares et compte une demeure principale avec cinq chambres et une maison d'amis. En haute saison, ce genre d'habitation se loue entre 35 000 et 50 000 dollars par semaine, une somme respectable mais qui est plutôt dans la fourchette basse de l'immobilier d'une île où les fortunes se cachent. Est-ce le vestige d'un certain esprit aristocratique de la Nouvelle-Angleterre, à rebours des « nouveaux riches » de Floride ou de Californie ? Martha's Vineyard laisse entrevoir peu de signes extérieurs d'opulence. Les propriétés sont dissimulées derrière d'épaisses haies ou des rideaux d'arbres et il faut avoir vu les jets d'affaires et hélicoptères de luxe stationnés en bord de piste de l'aérodrome du centre de l'île pour se convaincre que l'on n'a pas vraiment atterri en terre déshéritée.

Épousant les coutumes locales, à Martha's Vineyard encore plus qu'à Hawaï, les Obama se font rares en public. Lorsque je les ai suivis en août 2010, ils se sont contentés de quelques sorties, dont une dans la librairie de l'étroite rue principale de Vineyard Haven. Leur convoi avait créé un embouteillage de plusieurs centaines de mètres au cœur de la bourgade, coquettes maisons de bois blanc décorées de moulures chantournées, ce que les habitants du cru appellent les

« gingerbread houses », c'est-à-dire les maisons de pain d'épice. Certains soirs, le convoi présidentiel traverse l'île pour une sortie au restaurant. Le 23 août 2010, les Obama vont ainsi dîner avec trois amis dans le Sweet Life Café, un établissement de cuisine française du petit village touristique d'Oak Bluffs. Comme d'habitude, le pool n'est pas loin, même si nous sommes cantonnés dans le restaurant thaïlandais voisin. Deux heures plus tard, les Obama s'engouffrent dans le 4 × 4 présidentiel, sous les rafales et la pluie.

La fin de l'été 2010 en Nouvelle-Angleterre est en effet maussade et privera le Président de son golf quotidien. On demande à Bill Burton, le porte-parole adjoint, à quoi le Président peut passer ses journées : il lit et joue au Scrabble, répond Burton après s'être renseigné ! Comme à Washington, les journées de travail des correspondants sont régies par le « pool call », l'ouverture officielle de la journée, qui peut fluctuer, et le « lid », le moment où Obama ne bougera plus. Quand ce dernier se produit suffisamment tôt dans la soirée, les journalistes vont eux aussi explorer la gastronomie de Martha's Vineyard, ses petits homards à la chair fade, servis à l'américaine avec des frites et du ketchup, ses fritures de poisson... Mais comme l'île est petite, nous retombons parfois sur notre sujet de prédilection. Un soir, partis acheter une glace à Oak Bluffs, nous nous retrouvons nez-à-nez avec deux mastodontes du Secret Service, encadrant de près une table dans un recoin de la boutique : Sasha et Malia, accompagnées de l'assistante personnelle de Michelle Obama, sont en train d'engloutir des sundaes !

À Martha's Vineyard, la présence des Obama en vacances ne crée pas l'hystérie, juste une certaine fierté. Le jour du départ, fin août, des dizaines de personnes s'étaient calmement massées au bord de la petite route menant à la « Blue Heron Farm », certaines brandissant des panneaux *Thank you* et *Good Bye*. À Oahu, on respecte l'intimité de l'enfant du pays, pour autant qu'il soit possible de déranger un Président qui n'a pratiquement aucun contact avec le monde extérieur. Et les « marchands du temple » sont évidemment au rendez-vous. Dans les petites boutiques de Vineyard Haven, on peut acheter un T-shirt « J'ai passé mes vacances avec Obama », tandis que certains glaciers proposent un yaourt glacé au parfum « Obamaberry », mélange de fruits rouges « sans matières grasses ». À Honolulu, les supermarchés exposent des étagères entières d'assiettes décoratives à l'effigie de la famille présidentielle. Un autre gadget fait fureur : des « bobbleheads », petites statuettes en plastique avec une grosse tête. L'un des modèles présente un président Obama au sourire éclatant, en short de bain et avec une planche de surf sous le bras. On peut aussi se procurer pour quelques dollars un Obama avec un collier de fleurs, jouant de l'ukulélé, la petite guitare locale. « Fabriqué en Chine », est-il bien sûr écrit sous l'emballage.

Si les vacances d'Obama sont plus courtes que celles de ses prédécesseurs, elles sont aussi plus « fermées ». Jamais, de 2009 à 2012 au moins, le quarante-quatrième président américain n'a reçu un chef d'État ou de gouvernement pendant ces retraites. George

W. Bush en avait fait une marque de confiance vis-à-vis de ses homologues : il avait ainsi accueilli à Crawford, entre autres, le Chinois Jiang Zemin, le Russe Vladimir Poutine, le Mexicain Vicente Fox et Tony Blair, l'ancien Premier ministre britannique. Les observateurs n'avaient pas manqué de noter que le Français Jacques Chirac n'avait jamais eu cet honneur, le prix à payer pour le coup d'éclat français à l'ONU en 2003 avant l'invasion de l'Irak ? Son successeur Nicolas Sarkozy, en visite aux États-Unis lors du premier été de son mandat, en 2007, avait quant à lui été reçu dans le complexe de la famille Bush à Kennebunkport, dans sud du Maine.

Les correspondants à la Maison-Blanche les plus expérimentés se souviennent de l'époque où Ronald Reagan, dans un geste symbolique fort, avait ouvert les portes de son « Rancho del Cielo » au secrétaire général du parti communiste soviétique Mikhaïl Gorbatchev. La reine Élisabeth et son Premier ministre Margaret Thatcher avaient eu, elles aussi, le droit de visiter la propriété que le quarantième président américain, ancien gouverneur de Californie, avait acquise au début des années 1970 sur les hauteurs de Santa Barbara. Et Reagan ne faisait que suivre l'exemple de ses prédécesseurs Richard Nixon et Lyndon Johnson, qui entretenaient des « Maisons Blanches de l'Ouest » près de leurs lieux de naissance, respectivement à San Clemente, ville côtière entre Los Angeles et San Diego, et dans un ranch au centre du Texas.

Obama, dont la maison familiale dans un quartier du sud de Chicago ne se prête pas aux ballets diplomatiques, n'a pas adopté le concept de « Maison-Blanche d'été ». Comme le notera le *New York Times* fin 2010, « Obama prend ses vacances très au sérieux » et cloisonne temps libre et temps de travail. Cela ne veut pas dire qu'il est coupé du monde ni qu'il se désintéresse de la gestion des affaires courantes : l'administration Obama prend d'ailleurs soin de souligner que de proches conseillers du Président l'accompagnent sur ses lieux de villégiature. À Martha's Vineyard en 2010, Obama avait ainsi pris dans ses bagages son principal adjoint pour l'antiterrorisme, l'austère John Brennan, ainsi que sa plus proche conseillère et amie, Valerie Jarrett. En vacances, le Président reçoit tous les matins un briefing de sécurité, et ses aides de camp, valise des codes nucléaires en main, ne sont jamais loin. Le service de communication laisse filtrer quelques photos du Président lors de ces séances de travail, pour montrer aux Américains qu'Obama reste un dirigeant à plein temps et qu'ils sont gouvernés.

C'est que la routine des parcours de golf et des pique-niques sur le sable est à la merci de la moindre crise internationale ou nationale : les premières vacances d'Obama à Hawaï en tant que président en exercice, à Noël 2009, avaient été bouleversées par le fameux « terroriste au slip », le jeune Nigérian qui avait essayé de faire sauter un avion de ligne lors de son approche à Detroit, le 25 décembre, au moyen d'explosifs dissimulés dans ses sous-vêtements. Quatre mois plus tôt, la première escapade à Martha's Vineyard avait été elle aussi interrompue en raison de la mort du « vieux lion » de la politique américaine, le sénateur Ted Kennedy. Du reste, et malgré les gentils quolibets de leurs collègues restés à Washington, les journalistes venus couvrir les vacances d'Obama savent qu'ils ne doivent pas tomber dans le piège du parfum des hibiscus de Waikiki ou du murmure des pins maritimes de Martha's Vineyard : un simple courrier électronique et leurs « vacances » ne sont plus qu'un souvenir ! D'autant plus qu'Obama profite parfois de ces périodes creuses, quand le Congrès est lui aussi en vacances, pour nommer par décret des candidats *a priori* rejetés par les élus (cf. chapitre 11).

Les journées de pool peuvent être, elles aussi, assez rudes. Mes collègues de service le vendredi 23 décembre 2011 en savent quelque chose, eux qui avaient rendez-vous en milieu de matinée à la base d'Andrews pour passer les contrôles de sécurité avant de prendre *Air Force One*. L'avion avait finalement décollé à 14 heures. Sans doute tout heureux de retrouver sa terre natale et sa famille, Obama, après huit heures et demie d'avion, avait enchaîné par une soirée dans un restaurant japonais avec ses amis. Ce n'est que vers minuit, soit 5 heures du matin à Washington, que les journalistes avaient regagné leurs chambres d'hôtels.

Reste qu'en vacances les points de presse du porte-parole de la Maison-Blanche, généralement dans les salles de conférence de grands hôtels où logent les membres du pool, prennent un rythme plus doux : du quotidien, on passe au bihebdomadaire et dans un

format plus court. Les chemises sont ouvertes, l'apparence plus détendue. Côté journalistes, c'est le grand
relâchement : lors d'une mini-conférence de presse fin
août 2010 à Martha's Vineyard, j'ai assisté à un briefing où Bill Burton, flanqué de John Brennan en
costume trois pièces, faisait face à un premier rang de
correspondants de télévision en minishorts et en
sandales ! Interpellé par des collègues sur ses plans de
détente en Nouvelle-Angleterre, Brennan, l'œil sévère,
avait eu cette réponse : « La détente, ce n'est pas mon
truc. »

Certains journalistes poussent très loin la couleur
locale, en particulier Ed Henry, ancien de CNN passé
à Fox News en 2011, qui adopte à Hawaï les chemises
bariolées locales et présente certains plateaux mati-
naux les pieds dans l'eau du Pacifique. Un jour, dans
la grande confusion des genres qu'affectionnent les
télévisions américaines, CNN diffuse un sujet où l'on
voit Henry prendre une leçon de danse locale, le
« hula ». Cela lui vaut d'ailleurs une volée de bois vert
de l'éditorialiste du grand journal d'Honolulu, le *Star-
Advertiser*. Henry prend le clavier pour riposter, sur le
site de CNN : « Il faut être capable de se moquer de
soi-même. Et qu'y a-t-il de mal à mettre un peu
d'humour dans des plateaux en direct ? » Pour sa
défense, Ed Henry assure qu'il portait de grosses
boucles de ceinture à la texane lors des vacances de
Bush à Crawford. « Et maintenant qu'un président
nous a emmenés dans des contrées plus exotiques, je
ne veux surtout pas ressembler à Richard Nixon,
porter des pantalons de costume et des mocassins en

cuir sur la plage ! » dit-il. Et de conclure, à propos de ceux qui sont restés sur le continent et critiquent ses acrobaties à l'écran : « Ma vengeance est douce, et elle tient en quatre mots : je suis à Hawaï. »

Obama apparaît donc très conservateur dans ses choix de vacances. Une bénédiction pour les plans logistiques de ceux qui le suivent : outre une cinquantaine de journalistes, caméramen et techniciens, il faut évidemment compter avec un impressionnant contingent de gardes du corps et de collaborateurs. À peine, depuis le début de son mandat, s'est-il autorisé quelques escapades en famille, généralement deux ou trois jours maximum, dans des hauts lieux touristiques américains : les parcs nationaux du Yellowstone (Wyoming) et du Grand Canyon (Arizona) en août 2009 et celui d'Acadia (Maine) en juillet 2010. La « première famille » a aussi arpenté pendant un week-end la chaîne des montagnes « Blue Ridge », dans l'ouest de la Caroline du Nord, au printemps 2010, et rapidement sacrifié à un bain de mer sur la côte occidentale de la Floride en août de la même année : il s'agissait alors de montrer l'exemple aux Américains pour qu'ils reviennent en vacances dans cette zone touchée par quelques nappes de pétrole après le naufrage de la plateforme Deepwater Horizon de BP... Histoire de bien enfoncer le clou, la Maison-Blanche avait même diffusé une photo du Président avec sa fille cadette, Sasha, dans les flots du golfe du Mexique, et les Obama étaient allés manger une friture dans une paillote de bord de mer.

Symptomatique d'un raidissement après la « déculottée » des législatives de fin 2010 ? Ces « mises au vert » disparaissent de l'agenda présidentiel. Il faut dire aussi que le sort s'acharne sur les plans des Obama. Une visite dans la ville historique coloniale de Williamsburg (Virginie) au printemps 2011 est annulée à la dernière minute en raison d'un énième affrontement avec les républicains au Congrès sur le budget de l'État fédéral. En mars, alors que les Obama devaient conclure leur tournée en Amérique latine par un passage sur un site archéologique au Salvador, la guerre en Libye conduit le Président à rentrer plus tôt à Washington : à la trappe, les pyramides maya de Tazumal. Michelle Obama et ses filles se consoleront fin juin avec une tournée en Afrique australe – à laquelle le Président ne participe pas – à l'issue de laquelle elles iront observer de grosses bêtes sauvages dans une réserve du Botswana.

Si le Président est fidèle dans ses choix de vacances, ses adversaires républicains font preuve d'une remarquable constance... dans leurs critiques. « Je pense que le moment est venu d'avoir un président qui ne pense pas qu'avoir la situation bien en main consiste en une meilleure préhension du club de golf », grince début décembre 2011 le présidentiable républicain Mitt Romney. Jalousie ? Le processus des primaires démarre début janvier dans l'Iowa, un État où la température peut descendre à – 20 °C en hiver.
Avant Romney, les vacances présidentielles ont toujours constitué une cible de choix pour les élus

conservateurs, bien que les sessions du Congrès soient elles-mêmes ponctuées de nombreuses interruptions, souvent mises à profit par les parlementaires des deux bords pour récupérer des fonds en vue de leur réélection. « Le président des États-Unis est président des États-Unis, où qu'il soit. Les Américains n'en veulent pas à leur président de passer un peu de temps avec sa femme et ses filles », rétorquent inlassablement les porte-parole d'Obama.

Couvrir les vacances d'Obama, pour les journalistes, permet aussi de rencontrer le personnel de la Maison-Blanche en dehors des vénérables murs de la résidence présidentielle, de faire davantage connaissance, voire de créer des liens qui s'avéreront précieux par la suite. Un jour sur la plage de Waikiki, je me retrouve nez à nez avec un des porte-parole de l'équipe de sécurité nationale, short à fleurs et torse musclé. Lui qui me dit à peine bonjour d'habitude prend l'initiative d'un « *fist-bump* », ce salut viril lors duquel les deux poings s'entrechoquent ! Tout fier, il me montre sa trouvaille : une pochette imperméable et transparente pendue autour du cou, qui lui permet d'envoyer des messages depuis son BlackBerry sécurisé tout en surfant sur les vagues du Pacifique !

Ce choc entre la nonchalance d'Hawaï et les servitudes de la fonction présidentielle sera capté par un de mes collègues photographes à l'AFP, Saul Loeb, le 4 janvier 2011. *Air Force One* vient de rentrer de Hawaï pour se poser sur la base d'Andrews près de Washington. Obama est déjà dans l'hélicoptère qui le ramène à la Maison-Blanche. Deux membres de l'équipe de presse, qui ont troqué leurs maillots de bain et leurs T-shirts pour les réglementaires costumes sombres des employés de la Maison-Blanche, avancent sur le tarmac, mais détail qui tue : ils ont tous les deux une planche de surf orange vif sous le bras ! Le cliché de Saul, avec *Air Force One* en arrière-plan, fera le lendemain la une du *New York Times*. « Hélas, *Aloha*[1] veut aussi dire au revoir », soulignera la légende du prestigieux quotidien.

---

1. *Aloha* est un mot hawaïen signifiant toute une palette de sentiments et aussi bien bonjour, bienvenue qu'au revoir.

18.

Le juriste qui n'aimait pas les juges

La nouvelle est tellement incroyable que CNN et Fox News, dans leur précipitation, se sont trompées en l'annonçant. Ce 28 juin 2012, la Cour suprême a déclaré conforme à la Constitution la réforme de l'assurance-maladie de Barack Obama, que l'on disait déjà morte et enterrée par les « sages » de la plus haute juridiction américaine, saisis par des États dirigés par des républicains hostiles à ce dispositif. À un peu plus de quatre mois de la présidentielle, il s'agit d'un triomphe pour Obama qui avait lutté contre vents et marées pour imposer à la charnière 2009-2010 cette réforme rejetée par pratiquement tous les républicains, suscitant la méfiance au sein d'une bonne partie des démocrates, et impopulaire au sein de la population qui le considère non sans raison comme une usine à gaz.

Pour Obama, cet arrêt historique, obtenu à une voix de majorité (cinq contre quatre) grâce au soutien inattendu du chef conservateur de la Cour, John

Roberts, constitue un don du ciel. C'est aussi un rare développement positif pour le président démocrate dans les relations tumultueuses qu'il entretient depuis le début de son mandat avec la Cour suprême, un corps de neuf juristes qui gardent la Constitution et arbitrent en son nom depuis que les États-Unis ont organisé leur système de gouvernement fédéral en 1789.

La Cour, qui rend ses décisions à la majorité simple, est l'instance devant laquelle aboutissent les recours, généralement des contestations de tribunaux inférieurs, qu'elle aura bien voulu examiner dans son édifice néoclassique situé à quelques dizaines de mètres du Capitole à Washington. Ses arrêts, qui sont sans appel, s'imposent à tous, et certains ont durablement marqué l'histoire des États-Unis. En 1954, elle avait jugé inconstitutionnelle la séparation des Noirs et des Blancs dans les écoles publiques, ouvrant les portes à la fin de la ségrégation dans le Sud. En 1967, elle avait rendu impossible aux États d'interdire les mariages interraciaux. L'arrêt de 1973 « Roe contre Wade » protégeant sous conditions le droit à l'avortement, est resté dans l'Histoire. Et si, aux États-Unis, tous les policiers entament une procédure d'arrestation en disant au suspect « Vous avez le droit de garder le silence », c'est grâce à un arrêt de la Cour suprême datant de 1966. N'oublions pas non plus que la Cour, en interrompant le recomptage des voix en Floride un mois après l'élection présidentielle de 2000, avait livré la présidence à George W. Bush. Là aussi, à une voix de majorité...

À la recherche d'un système d'équilibre des pouvoirs cher à Montesquieu, les rédacteurs de la Constitution ont prévu que les juges de la Cour devaient être nommés par le Président, mais que ces nominations devaient être entérinées par une majorité des sénateurs. Et ces nominations, comme celles des juges fédéraux en place sur tout le territoire américain, sont à vie : début 2012, un juge fédéral au Kansas est ainsi mort en fonctions à l'âge de cent quatre ans. Les observateurs avaient noté que George W. Bush, en nommant Roberts président de la Cour suprême en 2005 à la mort de William Rehnquist, avait saisi l'occasion de marquer de son empreinte le pouvoir judiciaire de façon très durable. S'il vit octogénaire comme Rehnquist, Roberts, âgé de cinquante ans à sa prise de fonctions, pourrait rester en place jusqu'au milieu des années 2030.

Le fait que les juges de la Cour suprême siègent pour certains pendant des décennies, même s'ils ont le droit de prendre leur retraite, est censé donner une certaine stabilité au pouvoir judiciaire. Depuis 1789, les États-Unis ont connu quarante-trois présidents, et seulement dix-sept présidents de la Cour suprême. Mais, pour Obama, cela veut dire aussi devoir s'accommoder, au début de son mandat en 2009, d'une Cour dont sept juges ont été nommés par des présidents républicains, de Gerald Ford à George W. Bush. Sur ces sept, deux, David Souter et John Paul Stevens, sont pourtant considérés comme penchant plutôt à gauche, ce qui donne un rapport de forces de cinq contre quatre en faveur des conservateurs. Il faut bien sûr nuancer cette analyse : certains juges peuvent voter avec l'aile progressiste ou avec l'aile conservatrice de la Cour selon les sujets examinés.

Dès les premières minutes du mandat d'Obama, le 20 janvier 2009, la Cour suprême, et même son président, lui donne un motif d'irritation. Par tradition, le chef de la juridiction fait prêter serment au nouveau Président. L'heure de midi vient de passer, et toute la cérémonie de passation de pouvoirs s'est jusqu'ici déroulée sans anicroche, malgré le froid mordant de l'hiver washingtonien. Plus de 2 millions de personnes sont massées sur le Mall, le parc central de la capitale fédérale, face aux escaliers de la façade ouest du Capitole où se déroule ce moment-clé de la démocratie américaine. Mais est-ce l'émotion de ce qui est pour lui aussi une première ? John Roberts, chargé de prononcer les mots de la prestation de serment qu'Obama répète petit à petit après lui, s'emmêle dans l'ordre de la phrase traditionnelle : « Moi, Barack Hussein Obama, je jure solennellement de remplir fidèlement les fonctions de président des États-Unis, et, dans toute la mesure de mes moyens, de sauvegarder, protéger et défendre la Constitution des États-Unis. » Roberts emploie le mot « fidèlement » après « président des États-Unis », faisant répéter à Obama une phrase fautive ! Même si cela n'invalide pas la prise de fonction d'Obama, l'incident gâche une scène historique.

Roberts, mortifié, présentera ensuite ses excuses à Obama, et, pour éviter toute controverse puisque l'investiture n'est pas conditionnée à ce serment, présidera à une nouvelle cérémonie le lendemain alors que le Président est déjà installé à la Maison-Blanche. L'incident est clos, mais de mauvais augure pour des relations qui s'avéreront de fait orageuses entre Obama et la Cour.

Lors des deux premières années de son mandat, le Président a pourtant l'occasion de commencer à remodeler l'instance : le juge Souter, après dix-neuf années en fonctions, annonce à la mi-avril 2009 qu'il a décidé de prendre sa retraite en juin suivant. Il faisait plutôt partie de l'aile progressiste, bien qu'il ait été nommé par George Bush senior, et son remplacement par un président démocrate n'est pas de nature à changer les équilibres fondamentaux de la juridiction. Les spéculations vont bon train à Washington sur la « perle rare » que devra dénicher le Président, un candidat suffisamment qualifié pour siéger dans cette instance amenée à influer sur la démocratie américaine de façon durable. Il est évident qu'Obama ne va pas nommer un républicain bon teint. Mais il ne peut pas non plus choisir un juriste trop marqué à gauche. Ce serait la meilleure façon de froisser les républicains et même des démocrates attachés à l'impartialité des juges.

Le Sénat prend en effet son rôle de confirmation très au sérieux, comme George W. Bush en avait fait l'expérience en 2005 : sa candidate Harriet Miers, directrice du service juridique de la Maison-Blanche, avait été mise en difficulté par les sénateurs des deux camps lors d'audiences préliminaires, et avait finalement renoncé à briguer ce siège. Même Ronald Reagan avait essuyé une humiliation en 1987 en présentant un candidat trop marqué à droite pour le Sénat, Robert Bork. Le fiasco avait été tel que « *bork* » est devenu un verbe d'argot à Washington, néologisme pour décrire un échec cuisant !

Obama fait un « coup » fin mai en annonçant le nom de sa candidate : Sonia Sotomayor, une juge fédérale de l'État de New York. C'est non seulement une femme – seules deux d'entre elles ont jusqu'alors siégé à la Cour en deux cent vingt ans d'existence –, mais aussi la fille de Portoricains, une reconnaissance de la montée en puissance des minorités hispaniques aux États-Unis. Elle est née cinquante-cinq ans plus tôt dans le Bronx, a été orpheline de père à neuf ans, avant d'obtenir des bourses pour Princeton – comme Michelle Obama – et Yale. Obama affirme que tout au long de sa vie, la juge Sotomayor « a dépassé des obstacles, surmonté les statistiques, vécu le rêve américain qui avait amené ses parents ici il y a si longtemps. Mais elle n'a jamais oublié d'où elle venait [...]. Ce que Sonia apportera à la Cour, ce n'est pas seulement les connaissances et l'expérience acquises pendant une carrière juridique brillante, mais la sagesse accumulée lors d'une vie admirable ». Ce qui ne gâche rien, Sonia Sotomayor a été nommée juge fédérale par le républicain Bush senior et promue à un poste de juge de cour d'appel par le démocrate Bill Clinton.

Mais les républicains s'emparent bientôt de déclarations de Sonia Sotomayor remontant à 2001, dans lesquelles elle laisse entendre que l'origine ethnique et sociale d'un juge joue un rôle dans la façon dont il se prononce. « Mon espoir est qu'une femme latino futée, riche de ses expériences dans la vie, parvienne plus souvent à de meilleures conclusions qu'un homme blanc qui n'a pas vécu ce genre de vie », assurait-elle. Il n'en faut pas plus pour qu'on l'accuse de « racisme ». Pendant les audiences de confirmation qui commencent le 14 juillet, les sénateurs républicains s'offusquent à l'idée qu'un magistrat puisse être plus clément vis-à-vis de tel ou tel groupe selon sa propre appartenance raciale. Même si les statistiques pénitentiaires montrent qu'un tel phénomène existe déjà, en défaveur des minorités, c'est autre chose de l'avouer publiquement... Face aux sénateurs, dont certains sont eux-mêmes avocats ou anciens magistrats, la juge Sotomayor fait amende honorable. « Je veux le dire d'emblée, sans équivoque ni doute : je ne pense pas que quelque groupe que ce soit [...] possède un avantage lorsqu'il s'agit de juger de façon impartiale », affirme-t-elle. Quant à sa sortie sur la « latino futée », elle assure qu'il s'agissait d'une « figure de style fleurie qui est tombée à plat ».

Certains élus républicains ne sont pas convaincus, mais les plus modérés d'entre eux reconnaissent ses compétences et sa maîtrise impeccable du droit, et le Sénat confirme sa nomination le mois suivant avec un score plutôt flatteur de 68 voix pour et 31 contre. Obama peut se féliciter d'avoir réussi sa première nomination à la Cour.

Mais l'arrivée de la juge Sotomayor ne modifie pas l'équilibre de l'instance, et celle-ci prend le 21 janvier 2010 une décision extrêmement controversée : à une majorité de cinq voix contre quatre – toujours la séparation conservateurs-progressistes –, la Cour autorise les entreprises, même basées à l'étranger, à contribuer sans limites aux campagnes électorales. Certains professeurs de droit s'étranglent : la plus haute juridiction américaine a pris sa décision en estimant, dans cet arrêt passant à la postérité sous le nom « Citizens united », que les entreprises, tout comme les individus, bénéficiaient de la liberté d'expression !

Obama réagit à cet arrêt avec une vigueur peu commune. Dans un communiqué au ton rageur, il affirme que la Cour a ainsi accordé « une victoire majeure aux grandes compagnies pétrolières, aux banques de Wall Street, aux sociétés d'assurance-maladie et à tous les intérêts puissants qui sont tous les jours à l'œuvre à Washington pour retirer toute voix au peuple américain ». Deux jours plus tard, il y consacrera même son allocution radiodiffusée hebdomadaire, prenant ses compatriotes à témoin contre les juges. Selon lui, « cet arrêt porte un coup à notre démocratie même » et « ouvre les vannes d'une quantité illimitée d'argent des groupes d'influence dans notre démocratie. Elle donne aux agents des groupes d'influence la possibilité nouvelle de dépenser des millions en publicité pour persuader les élus de voter dans le sens qu'ils souhaitent, ou de punir ceux qui ne le font pas. Cela veut dire que tout responsable qui a le courage de s'opposer aux groupes d'intérêt et de défendre les Américains peut se retrouver attaqué lorsque vient l'élection ».

Juriste de formation et même ancien professeur de droit constitutionnel, Barack Obama sait qu'il franchit la ligne jaune en critiquant de front l'un des trois pouvoirs, fondements de la démocratie américaine. Mais il a aussi compris que les « sages » lui avaient joué un très mauvais tour pour les futures élections. Obama, depuis qu'il a accédé au pouvoir en pleine tourmente économique, n'a eu de cesse de vouloir encadrer davantage les activités de Wall Street. Il a proposé de limiter la taille des banques, de séparer à nouveau leurs activités commerciales et spéculatives pour protéger les clients des conséquences d'activités hasardeuses en bourse, et a même souhaité leur appliquer une taxe punitive au nom de leur responsabilité dans la crise financière. Il a aussi fini par imposer la création d'une puissante agence de régulation des banques et de protection des consommateurs.

Et cette politique le met en porte-à-faux vis-à-vis des puissants donateurs de New York : comment peut-il décemment tendre la sébile à un monde de la finance qui lui a apporté quelque 30 millions de dollars en 2007-2008, lui qui a ironisé, dans un discours en décembre 2009, sur la voracité des banquiers « gras » ? *A contrario*, son futur adversaire républicain, avec la levée de toute restriction au financement des campagnes par les entreprises, pourra jouer sur cet affrontement pour convaincre les fortunes du secteur bancaire d'alimenter à l'envi sa pompe à finances plutôt que celle d'un Obama qui leur a déclaré son hostilité.

Signe qu'Obama ne digère vraiment pas cet arrêt, il promet de tout mettre en œuvre pour le contrer, et annonce qu'il veut « travailler immédiatement avec le Congrès sur cette question ». Il s'élève contre une décision qui donne « encore davantage de pouvoir aux lobbyistes à Washington en limitant l'influence de chaque Américain lorsqu'il fait de petites contributions au candidat qu'il soutient ». Un vœu pieux, puisque les arrêts de la Cour ne sont pas susceptibles d'appel, et qui restera d'ailleurs sans conséquences pendant le reste de son mandat. Le Président en est réduit à exprimer son mécontentement, de façon spectaculaire puisqu'il saisit l'occasion de son discours sur l'état de l'Union, grand rendez-vous de l'année politique américaine qui se tient traditionnellement à la fin du mois de janvier. C'est le premier qu'il prononce : de telles allocutions n'ont pas lieu l'année où le président prend ses fonctions.

Nous sommes donc le 27 janvier 2010, et Obama ne mâche pas ses mots devant l'amphithéâtre de la Chambre des représentants où sont présents les quelque 535 membres des deux chambres du Parlement, mais aussi son gouvernement presque au complet, les chefs de l'armée, les corps constitués… et une majorité des juges de la Cour suprême. Quarante-septième minute de son discours : « Avec tout le respect dû à la sépara-tion des pouvoirs, la semaine dernière la Cour suprême a renversé un siècle de jurisprudence. Je ne pense pas que les élections américaines doivent être financées par les groupes les plus puissants des États-Unis, ou pire, des entités étrangères. Ce sont les Américains qui devraient en décider. Et j'exhorte les démocrates et les républicains à adopter un texte de loi qui corrigera certains de ces problèmes », lance-t-il. Et voilà franchie une autre ligne jaune, qui plus est devant des dizaines de millions de téléspectateurs !

Assis au premier rang de l'amphithéâtre dans leurs robes noires, les juges sont tous restés stoïques. Tous, sauf un, et il faudra un plan plus resserré, diffusé après

le discours, pour se rendre compte de l'attitude du juge
Samuel Alito. Ce dernier est l'un des « sages » les plus
conservateurs, choisi par George W. Bush en 2006
après l'échec de la candidature de Harriet Miers. Le juge
Alito, au moment où Obama évoque les « dépenses sans
limites », fronce les sourcils, prononce deux mots, que
les observateurs seront prompts à déchiffrer comme
« *not true* » (« ce n'est pas vrai ») ! Le lendemain, les
républicains affirmeront qu'Obama a « dépassé les
bornes » en s'en prenant frontalement au respecté
pouvoir judiciaire. Les démocrates, quant à eux, feront
remarquer qu'Alito n'a pas non plus respecté les règles
d'impartialité en manifestant son propre mécontentement. L'incident ne grandit ni l'un ni l'autre camp, et
symbolise l'irritation qu'éprouve le Président pour les
« sages », du moins leur aile conservatrice, sur laquelle il
n'a aucune prise tant que ses membres ne quittent pas
l'instance, que ce soit par décès ou démission.

Le juge John Paul Stevens donne à Obama une occasion rare de pouvoir nommer un deuxième magistrat
de la Cour en deux ans lorsqu'il annonce à son tour sa
retraite au printemps 2010. Stevens, quatre-vingt-dix
ans dont trente-cinq de fonctions, s'est distingué, à
l'instar de Souter retraité un an plus tôt, comme un
progressiste sur les questions de société, bien qu'il doive
lui aussi son siège à un président républicain, Gerald
Ford. Obama propose de le remplacer par une autre
femme, Elena Kagan, une jeune (cinquante ans) juriste
passée comme Obama par Chicago, Harvard... et la
Maison-Blanche où elle était avocat général des
États-Unis, chargée de plaider au nom du gouvernement devant la Cour. Elle est aussi une ancienne

assistante du légendaire Thurgood Marshall, premier Noir à avoir siégé à la Cour. Les républicains, comme ils l'avaient fait pour Sotomayor, lui reprochent certains aspects de son passé, comme son refus d'accueillir des recruteurs militaires sur le campus de Harvard à l'époque où elle en était la doyenne, mais les sénateurs finissent par entériner sa nomination par 63 voix contre 37. Lors de ses audiences de confirmation, cette juriste chevronnée avait donné la mesure de son sens de l'humour. Un sénateur républicain défenseur des valeurs chrétiennes lui demandait ce qu'elle avait fait à Noël précédent, et elle avait répondu : « Comme la plupart des Juifs, j'étais sans doute en train de manger dans un restaurant chinois ! »

Mais Kagan, elle non plus, ne modifie pas l'équilibre de la Cour dont Obama a hérité début 2009 : cinq conservateurs, quatre progressistes, devant lesquels parvient, fin mars 2012, le dossier de l'assurance-maladie. Ces audiences avaient été à l'époque largement interprétées – de façon erronée vu l'arrêt rendu le 28 juin 2012 – comme de très mauvais augure pour l'avenir du dispositif vedette du bilan d'Obama.

Chargé de défendre les arguments de l'administration Obama, le successeur d'Elena Kagan au poste d'avocat général, Donald Verrilli, y avait fait preuve d'un manque de brio confondant à un tel niveau, semblant avoir du mal à se remémorer des arguments que, comble de l'humilation, une des juges progressistes était allée jusqu'à lui souffler ! Plus grave, l'aile conservatrice de la Cour, dont son président John Roberts, avait posé des questions en forme d'opinions déjà critiques de la notion de « mandat individuel », le

pilier de la réforme Obama. Le « mandat individuel »
oblige tous les Américains à se doter d'une couverture
santé. Les doutes manifestés par cinq juges sur neuf
quant à la validité des arguments de Verrilli selon
laquelle le secteur de la santé est commercial, et que
l'État est dans son rôle en le régulant, avaient été perçus
par les observateurs de la juridiction comme un mauvais
signe.

Obama lui-même avait paru anticiper une défaite.
Interrogé le 2 avril à ce sujet pendant une conférence de
presse, il était reparti à l'attaque contre les juges, en y
mettant à peine les formes : « Je continue à être certain
que la Cour suprême maintiendra cette loi, parce qu'elle
est constitutionnelle, si l'on prend en compte la jurisprudence. » Il avait indiqué que la loi était déjà appliquée et avait eu des effets bénéfiques pour des millions
d'Américains. « Je suis persuadé que la Cour suprême
ne prendra pas une décision qui serait sans précédent
et extraordinaire, de frapper de nullité une loi qui a été
adoptée à une forte majorité par un Congrès démocratiquement élu. Et je rappellerai aux commentateurs
conservateurs que pendant des années nous avons
entendu dire que le plus grand problème était la république des juges, et qu'un groupe non élu de gens
pouvait d'une façon ou d'une autre annuler une loi
adoptée en bonne et due forme. »

Tollé général côté républicain. Le sénateur chevronné
de l'Utah Orrin Hatch avait ironisé : « Ça doit être bien
de vivre dans un monde de doux rêves où chaque loi
qui vous plaît est constitutionnelle et chaque arrêt de
la Cour suprême qui ne vous plaît pas signifie la

république des juges. » De fait, Obama n'avait pas seulement franchi la ligne jaune : il était passé de l'autre côté et avait roulé pendant trois kilomètres à contre-sens en klaxonnant ! D'abord, et ses adversaires s'étaient fait un plaisir de le rappeler, ce n'aurait pas été la première fois que la Cour aurait annulé une telle loi, puisqu'il s'agit de l'une de ses principales prérogatives. Quant à la « forte majorité du Congrès démocratiquement élu », ceux qui ont suivi le tortueux cheminement de la loi en 2009 et 2010 se souviennent qu'au contraire, elle avait été adoptée le 21 mars 2010 sur le fil du rasoir à la Chambre par 219 votes pour et 212 contre. Et pour le terme « la république des juges » qu'Obama avait repris à son compte, c'est le rappel d'une période récente et peu glorieuse, quand l'administration de George W. Bush ferraillait avec les magistrats afin de faire avancer son agenda sécuritaire dans la période de l'après 11-Septembre. Enfin, en dénonçant « un groupe non élu de gens », Obama l'ancien professeur de droit avait-il conscience de l'énormité qu'il proférait ? Les juges fédéraux sont par nature non élus, puisque c'est lui ou ses prédécesseurs qui les ont nommés !

Les éditorialistes américains s'étaient alors demandé si Obama, après avoir fait campagne contre le Congrès pour marquer des points, ne s'en était pas désormais pris aux magistrats dans le même but. Et même si, pensant sa réforme perdue, il n'avait pas décidé de s'offrir un moment de bravoure pour s'afficher en défenseur des malades, des pauvres et des assurés sociaux. Fatalisme, prescience ou bravade ? Obama, lors du dîner des correspondants de la Maison-Blanche fin avril 2012, avait présenté sur le ton de la plaisanterie ses projets pour un second mandat. Il avait expliqué que « pendant mon premier mandat, j'ai fait adopter une réforme de l'assurance-maladie. Eh bien, pendant mon second mandat, je crois que je la ferai adopter à nouveau... »

Le 28 juin, Obama savoure d'autant plus sa victoire en intervenant depuis l'East Room, deux heures après la publication de l'arrêt de la Cour sur l'assurance-maladie, même s'il a la jubilation modeste. « Quelles que soient les interprétations politiciennes, la décision d'aujourd'hui a été une victoire pour tous les gens de ce pays dont les vies seront plus en sécurité grâce à cette loi et à la décision de la Cour suprême de la maintenir », affirme-t-il. La Cour n'étant pas coutumière des « fuites », Obama était censé avoir préparé au moins deux versions de son discours, selon qu'il aurait gagné ou non. Dans celui qu'il prononce, il rappelle les bienfaits de cette réforme, censée permettre aux États-Unis de couvrir 32 millions de leurs concitoyens jusqu'ici privés d'assurance-santé, faisant de son pays une exception dans le concert des pays développés. Même si certains Américains passent encore entre les mailles du filet, et que l'on est loin d'un système public généralisé, cette réforme rapproche davantage le pays d'un système de couverture universelle comme le connaissent la plupart des pays d'Europe et le Canada.

Dans la perspective de l'élection du 6 novembre, cet arrêt représente une cascade de bonnes nouvelles pour le président sortant : Obama voit l'un des principaux acquis de sa présidence validé et entre ainsi dans

l'histoire comme l'égal de grands démocrates réforma-
teurs tels F. D. Roosevelt, Kennedy ou Johnson, évite
un grave revers pour son prestige personnel, et surtout
plonge dans l'embarras son adversaire républicain Mitt
Romney. Depuis 2009, Obama fait en effet valoir que
l'obligation de se doter d'une assurance « était à l'origine
une idée républicaine », et que Romney l'avait appliquée pendant qu'il était gouverneur du Massachusetts
de 2003 à 2007. Cela n'empêche pas ce dernier de
promettre, lui aussi peu après l'arrêt : « Ce que la Cour
n'a pas fait lors de sa dernière journée de session, je le
ferai dès le premier jour de mon mandat si je suis élu
président », c'est-à-dire lancer l'abrogation de la loi. Un
engagement audacieux, puisqu'il lui faudrait un accord
des deux chambres du Congrès pour retirer des textes
un dispositif qui sera déjà grandement appliqué début
2013. Or, sauf cataclysme pour les démocrates et leurs
alliés, on les voit mal passer lors des élections de
novembre 2012 de 53 sénateurs à moins de 40, soit la
minorité de blocage qui leur permettrait d'empêcher
Romney de revenir sur cet acquis social.

19.

« *Dear Nicolas* »

« Le président Obama a appelé le président Sarkozy pour le remercier de ses solides qualités de chef, son amitié et sa coopération dans une période difficile. » Il est 15 h 32 à Washington, lundi 7 mai 2012, quand le message du porte-parole Jay Carney tombe dans nos boîtes aux lettres électroniques. Avec le décalage horaire, cela fait un peu plus de vingt-quatre heures que Nicolas Sarkozy a reconnu sa défaite à la présidentielle française face à François Hollande. La veille, alors que le président socialiste élu fêtait sa victoire place de la Bastille, la Maison-Blanche avait révélé, dans un communiqué au ton moins chaleureux et empreint de langue de bois, qu'Obama avait « félicité le nouveau président au téléphone » et avait « l'intention de travailler étroitement avec M. Hollande et son gouvernement sur un ensemble de dossiers difficiles en matière économique et de sécurité ».

Tous les dirigeants étrangers battus dans les urnes comme Sarkozy n'ont pas le droit à de telles oraisons de la Maison-Blanche. En l'occurrence, je me souviens que les Premiers ministres irlandais et britannique déchus, Brian Cowen et Gordon Brown, avaient bénéficié d'un petit alinéa dans les communiqués officiels saluant l'arrivée au pouvoir de leurs successeurs. Le Grec George Papandréou – il est vrai très lié aux États-Unis où il est né – avait lui aussi eu le droit à un coup de fil après sa démission dans la tourmente de la crise de la dette de son pays fin 2011. En revanche, Silvio Berlusconi, parti à la même époque en traînant de nombreuses casseroles, n'avait pas bénéficié d'une telle faveur.

La visite de François Hollande aux États-Unis dès les premiers jours de son mandat, dans le Bureau ovale, au sommet du G8 à Camp David, et à celui de l'Otan à Chicago s'est déroulée dans une ambiance cordiale et franche, en tout cas sans les accrocs annoncés vu les positions du nouveau président français sur l'Afghanistan d'où il a promis de retirer les forces combattantes avant la fin 2012.

Mais sans préjuger de la suite de ces relations, s'il y a un endroit où la cote de Nicolas Sarkozy restait au beau fixe et où il sera regretté, c'est bien la Maison-Blanche. L'ancien président français s'est en effet avéré, de l'avis de hauts responsables de l'administration Obama, un partenaire loyal, efficace et utile tout au long des trois ans et quatre mois durant lesquels les mandats de Sarkozy et Obama se sont chevauchés. C'est une occurrence rare dans l'histoire de deux pays alliés dont les dirigeants respectifs se sont souvent mal entendus : Chirac et Bush bien sûr, mais aussi Mitterrand et Reagan.

Après plus de sept ans aux États-Unis, j'observe que les relations entre Paris et Washington restent marquées par un double malentendu. Côté français, c'est l'héritage gaullien d'un complexe non de supériorité, mais d'égalité : l'idée que sur la scène internationale, la France peut traiter sur le même pied avec la première puissance mondiale, un concept validé par le veto dont Paris dispose au Conseil de sécurité des Nations unies.

Et côté américain, en particulier chez les conservateurs mais pas seulement, existe cette idée que les Français cherchent à boxer dans une catégorie supérieure à la leur, que leur pays constitue une puissance moyenne voire en déclin, et que, lorsque tout va mal, les Américains viennent leur sauver la mise, comme en 1917 et en 1944. Les cicatrices de 2003 – le ministre des Affaires étrangères français Dominique de Villepin rejette une intervention en Irak au Conseil de sécurité – sont toujours présentes au chapitre des griefs. En revanche, lorsque tout s'arrange entre les deux capitales, les Américains sont les premiers à célébrer le marquis de La Fayette, Rochambeau et les autres Français illustres qui ont contribué à l'indépendance d'un pays dont les plans de la capitale, Washington, ont été établis par Pierre L'Enfant, un natif d'Eure-et-Loir.

Autre facette de cette relation, la fausse familiarité que confère l'omniprésence en France de produits ou de concepts américains : fast-foods, feuilletons et films bien sûr, mais aussi ces expressions anglaises plus ou moins fautives utilisées à outrance dans les médias, sans parler de l'habillage de chaînes d'information de l'Hexagone qui doivent à l'évidence beaucoup à CNN. Bref, les États-Unis fascinent, à grands coups d'images rebattues : les gratte-ciel de Manhattan, le pont du Golden Gate, les plages de Malibu, les paysages de western de Monument Valley. Le « rêve américain » aussi, cette idée que l'on peut repartir de zéro et que l'on vous donnera votre chance, et même une deuxième si vous travaillez dur. À force de baigner dans cette culture « anglo-saxonne » par procuration, certains Français, même ceux qui n'ont jamais visité les États-Unis et y ont encore moins vécu, sont persuadés d'en maîtriser les rouages et le fonctionnement.

Mais les États-Unis, ce sont aussi des rapports à la religion, au drapeau, à l'armée, à l'autorité, à la libre-expression, à la pudeur, totalement différents de ce que l'on peut voir en France, une organisation politique à rebours des traditions françaises, en particulier un équilibre des pouvoirs que l'on chercherait en vain dans la Constitution de 1958. Les Américains éprouvent un attachement viscéral à leur Constitution pourtant par bien des aspects archaïque. Ils vivent dans un pays marqué par des inégalités, une violence sociale et une violence tout court sans commune mesure avec celle dont les Français ont l'expérience. Le fait aussi qu'ils soient formés par un système éducatif attachant une grande importance à l'épanouissement personnel et à l'expression orale, produit souvent des Américains à l'aise en public et peu formels. Tandis que les petits Français planchent davantage sur l'expression écrite.

Cette aisance à l'oral, sans tomber dans le cliché, vaut parfois aux Américains une réputation de

« grandes gueules » en France. En revanche, les Américains visitant notre pays confient être souvent surpris par le côté réservé, parfois assimilé à une attitude hautaine, au moins au premier abord, des Français qu'ils rencontrent.

Dans ce contexte, Nicolas Sarkozy et Barack Obama représentent tous deux des contre-exemples de ces images véhiculées à tort ou à raison sur leurs peuples : le style de Sarkozy est volontiers familier et énergique, loin du formalisme compassé de ses prédécesseurs, ce qui lui a d'ailleurs joué des tours dans l'opinion ; Barack Obama, contrairement aux précédents locataires de la Maison-Blanche George W. Bush et Bill Clinton, cordiaux et spontanés, est réputé cérébral et d'un abord assez froid. Ce n'est pas lui qui suivrait l'exemple de Bush junior, au G8 de 2006, et tenterait de faire un massage des cervicales à la chancelière Angela Merkel !

Pourtant, la légende veut que Sarkozy, alors ministre de l'Intérieur, et Obama, à l'époque fraîchement élu au Sénat de Washington, se soient séduits dès leur première rencontre : le 12 septembre 2006, celui qui était alors numéro deux du gouvernement français avait rencontré au Congrès Obama, qui allait déclarer six mois plus tard sa candidature à la présidence américaine. La volonté de Sarkozy de prendre la succession de Jacques Chirac constituait un secret de Polichinelle, et Obama avait alors déclaré : « Je ne devrais pas faire de prédictions pour les élections françaises, mais je sais qu'il a une bonne chance de diriger la France à l'avenir », ce qui était allé droit au cœur du ministre français.

Après ces préliminaires prometteurs, la visite à l'Élysée du sénateur démocrate devenu candidat Obama pour rencontrer le désormais président Sarkozy, le 24 juillet 2008, avait été remarquable pour son ambiance « d'amour débridé », selon le correspondant à Paris du magazine américain *Time*. « La France est heureuse d'accueillir Barack Obama, d'abord parce qu'il est américain. Et les Français aiment les Américains ! Et je veux dire aussi que les Français suivent avec passion la campagne électorale aux États-Unis », avait entamé un Nicolas Sarkozy en quasi-état de lévitation. Il avait dressé un parallèle entre son destin et celui d'Obama, tous deux étant nés de pères étrangers, des parcours « pas tout à fait classiques » dans leurs pays respectifs.

« Ce n'est pas aux Français de choisir le prochain président des États-Unis d'Amérique, quel qu'il soit, on travaillera avec lui », avait ajouté Sarkozy. Mais il avait aussi rappelé leur rencontre de 2006 : « On était deux dans ce bureau, il y en a un qui est devenu président, l'autre n'a qu'à faire la même chose. Ce n'est pas une ingérence ! » Les journalistes assistant à la conférence de presse avaient franchement ri. L'ingérence était évidente, d'autant plus que Sarkozy avait ajouté à propos de son hôte : « Si c'est lui, la France sera très heureuse. Si c'est un autre, la France sera l'amie des États-Unis d'Amérique. »

Obama, dans ses propos liminaires en ce mois de juillet 2008, n'avait pas non plus eu de mots assez doux pour Sarkozy : « J'ai du mal à imaginer que quelqu'un d'autre puisse mieux représenter l'enthousiasme et l'énergie de la France que son président », avait-il dit, en lui assurant être « très reconnaissant de son amitié ». Obama avait aussi rappelé que Sarkozy, lors de sa visite d'État aux États-Unis en novembre 2007, avait reçu un accueil de « rock star ». À l'époque, le nouveau président français avait donné, il est vrai, comme jamais aucun de ses prédécesseurs, des gages d'attachement aux États-Unis, dans une stratégie avouée de « reconquête du cœur » de ce pays.

Devant des élus du Congrès heureusement surpris après douze ans de présidence Chirac, marquée par la grave brouille de la guerre en Irak et une résurgence de sentiment anti-français aux États-Unis, Nicolas Sarkozy avait alors exalté le « rêve américain » qui a permis « de prouver à tous les hommes que la liberté, la justice, les droits de l'homme, la démocratie n'étaient pas une utopie mais au contraire la politique la plus réaliste qui soit et la plus susceptible d'améliorer le sort de chacun [...]. La grandeur de l'Amérique, c'est d'avoir réussi à transformer son rêve en une espérance pour tous les hommes ».

En France, ses adversaires politiques s'étaient dit outrés du reniement de l'héritage gaullien – une démarcation franche entre Paris et Washington –, mais les « congressmen », eux, avaient été conquis : vingt ovations debout et des applaudissements à tout rompre. « Vous êtes le genre de gars avec qui j'aime traiter », l'avait complimenté un Bush en fin de mandat, mais qui lui avait fait l'honneur de le recevoir à Mount Vernon, la propriété historique du père de la nation George Washington, dans la banlieue sud de la capitale fédérale. Les Américains, loin d'ironiser sur le style « bling-bling » alors reproché à Sarkozy, avaient

aussi apprécié qu'il vienne passer ses premières
vacances d'été en 2007 dans la région de Wolfeboro
au New Hampshire, et n'avaient pas été choqués de le
voir arborer des Ray-Ban et des T-shirts à la gloire de
la police de New York.

Fascination pour un pays, admiration déclarée pour
un candidat : lorsque les États-Unis élisent Obama le
4 novembre 2008, Sarkozy prend sa plus belle plume
pour signer une lettre laudative. « En vous choisis-
sant, c'est le choix du changement, de l'ouverture et
de l'optimisme qu'a fait le peuple américain [...] Au
moment où nous devons faire face tous ensemble à
d'immenses défis, votre élection soulève en France, en
Europe et au-delà dans le monde un immense espoir.
Celui d'une Amérique ouverte, solidaire et forte qui
montrera à nouveau la voie, avec ses partenaires, par la
force de l'exemple et l'adhésion à ses principes. »

Toutes ces déclarations d'intention sont mises à
l'épreuve lorsqu'il s'agit de gouverner deux pays dont
les intérêts géopolitiques et économiques peuvent
diverger, comme l'illustre dès avril 2009 le sommet du
G20 à Londres : les États-Unis, qui viennent
d'engager un plan de relance colossal de 787 milliards
de dollars, souhaitent que leurs partenaires européens
leur embrayent le pas afin de remettre plus vite sur
les rails une croissance durement touchée par la crise
financière de 2008. Mais Paris et Berlin renâclent,
l'occasion d'un affrontement entre Obama et Sarkozy.
Ce dernier menace le sommet d'une politique de la
chaise vide. Un accord est trouvé le 2 avril sur une
relance mondiale, avec en contrepartie un volet de
lutte contre les paradis fiscaux, l'un des chevaux de

bataille du président français. Mais la première rencontre ès qualités de Sarkozy et Obama s'en trouve entachée.

Le lendemain, lors du sommet de l'Otan à Strasbourg, Obama redouble de compliments envers Sarkozy, qui a décidé de revenir dans le commandement intégré de l'Otan, quarante-trois ans après son départ sous l'impulsion de De Gaulle. La France a « une fois de plus joué un rôle de leadership extraordinaire dans l'Otan » grâce au président Sarkozy « courageux sur tellement de fronts », dit Obama. « Il ne cesse de faire preuve d'imagination, de créativité » et « il est présent sur tant de fronts qu'on a du mal à suivre » parfois, ajoute-t-il, apparemment sans ironie. Tous deux affichent leur « parfaite identité de vues », malgré les différends du G20.

Mais d'autres doutes sur leur relation apparaissent, lorsque le président américain, revenu en France le 6 juin 2009 pour participer aux cérémonies du soixante-cinquième anniversaire du Débarquement de Normandie, préfère passer sa fin de séjour en privé avec sa famille à Paris, plutôt que de prendre part à de nouveaux événements publics avec son homologue. Finalement, Michelle Obama et ses filles se rendent seules à l'Élysée le 7 juin, Obama ayant repris l'avion pour Washington.

La presse française, de *L'Express* au *Canard enchaîné*, bruisse d'échos sur la supposée exaspération de Sarkozy vis-à-vis du délaissement dont il se sentirait victime de la part d'Obama. Contrairement aux espoirs du Français, Obama ne semble pas s'intéresser à une « relation privilégiée » avec lui. Il a de fait d'autres dossiers à gérer, notamment sur le front économique intérieur, sans parler de la réforme de l'assurance-maladie qui le mobilise toute l'année 2009. Mais il concentre surtout ses efforts diplomatiques en Asie et au Moyen-Orient, au détriment de l'Europe.

Ce « complexe américain » de Sarkozy, d'autres l'ont mieux décrit et expliqué ailleurs, en parlant notamment du nouvel Airbus présidentiel français surnommé « Air Sarko One », pendant à l'*Air Force One* dont jouit le « maître du monde libre ». L'une des réformes constitutionnelles adoptées pendant le quinquennat de Sarkozy, la limitation à deux des mandats présidentiels, est de l'aveu même du dirigeant français, inspirée de celle qui existe aux États-Unis depuis 1951. Mais comme un amoureux éconduit, Sarkozy se laisse parfois aller à l'amertume, y compris en public. En janvier 2010, alors que l'avenir de la réforme de la santé d'Obama semble compromis, Sarkozy défend son agenda réformateur sur plusieurs fronts en notant dans un entretien télévisé : « J'ai vu que M. Obama, pour lequel j'ai de l'estime et même de l'amitié, a tout misé sur une seule réforme. Je n'ai pas vu que cela rendait les choses plus simples. » Le mois précédent, il avait aussi ironisé sur son partenaire américain, qui « est au pouvoir depuis un an et a perdu trois élections ». « Il y a quatre mois, nous avions des élections européennes, nous en sommes sortis vainqueurs... Qu'est-ce qu'on aurait dit si j'avais perdu ? »

Vu de la salle de presse de la Maison-Blanche, l'on sent aussi une volonté de Sarkozy de tirer la couverture à lui. Contrairement à l'usage, c'est en effet l'Élysée, et non les Américains, qui annonce en février 2010 une visite de Sarkozy à la Maison-Blanche le mois suivant, la première du président français dans la résidence exécutive américaine depuis qu'Obama s'y est installé. À noter que Brown le Britannique et Merkel l'Allemande y ont alors déjà été reçus, de quoi nourrir encore une éventuelle jalousie.

Une fois sur place le 30 mars, Sarkozy nie tout désaccord : « J'ai lu beaucoup de commentaires, ça m'a amusé. Pourquoi est-ce facile pour nous de travailler ? D'abord parce que le président Obama, quand il dit quelque chose, il tient parole, et c'est extrêmement important. Quand il peut il le dit, quand il ne peut pas il le dit, il n'y a pas de surprise. »

« Dans l'année écoulée, le président et moi-même avons travaillé étroitement à de nombreuses occasions. Nous nous respectons, nous nous comprenons, et nous partageons la conviction qu'avec des mesures audacieuses et pragmatiques, notre génération peut orienter le cours de l'histoire vers la justice et le progrès », affirme pour sa part Obama, dans un commentaire qui fleure la langue de bois. La Maison-Blanche assure que les relations sont « très solides » entre les deux dirigeants. Mais le porte-parole Robert Gibbs prend soin de préciser que ce sont des « relations de travail ».

Il faudra la foire aux révélations de Wikileaks fin 2010 pour avoir une meilleure idée de la véritable opinion que les pouvoirs publics américains se font de Sarkozy. Des câbles du département d'État le qualifient de « pragmatique brillant, impatient, non diplomate, imprévisible, charmant, innovant » pour qui « le rapport personnel a un impact » sur la relation politique. Mais d'autres câbles relèvent le « mauvais caractère » de Sarkozy, parfois décrit comme « frénétique » ou « impulsif », « autoritaire » et « susceptible ». Si ces télégrammes ne trahissent pas l'opinion personnelle d'Obama sur Sarkozy, ils émanent de l'un de ses plus proches alliés politiques, l'ambassadeur des États-Unis en France Charles Rivkin, qui avait activement participé à la campagne électorale victorieuse d'Obama en 2008.

Ces révélations, ainsi que des divergences persistantes entre les États-Unis et la France, notamment sur le rapprochement entrepris par Paris dans le dossier syrien mais aussi sur la façon de faire repartir l'économie, semblent marquer le point bas des relations Obama-Sarkozy. Ces dernières vont cependant être relancées au début de l'année 2011, et de quelle manière, sur le dossier libyen. C'est pourtant à reculons que Barack Obama donne son feu vert à la résolution 1973 du Conseil de sécurité des Nations unies. Cette dernière, face à la menace du régime Kadhafi de marcher sur Benghazi, bastion des insurgés, et de l'écraser dans le sang, prévoit l'imposition d'une zone d'exclusion aérienne, par la force si besoin. Elle est finalement adoptée par dix voix pour et cinq abstentions : la France, la Grande-Bretagne et les États-Unis ont voté pour, la Russie et la Chine, les deux autres pays disposant d'un droit de veto, se sont abstenus, de même que l'Allemagne, l'Inde et le Brésil. Mais il a fallu toute la persuasion de Sarkozy et du Premier ministre britannique David Cameron pour entraîner Barack Obama dans leur sillage.

C'est à Brasilia, où il entame une tournée de cinq jours en Amérique latine, qu'Obama révèle le 19 mars qu'il a « autorisé les forces armées des États-Unis à entreprendre une action militaire limitée en Libye ». L'annonce d'Obama est très prudente. Il souligne qu'il n'est pas question d'envoyer des troupes au sol, mais aussi que les États-Unis ne se lancent pas tous seuls dans l'aventure et qu'ils laisseront vite le commandement de l'opération à d'autres. Il a évidemment en tête le fait que, huit ans plus tôt, jour pour jour, les premiers bombardements américains s'abattaient sur Bagdad, avec les conséquences à long terme que l'on sait.

Il est remarquable, alors que les Américains n'ont pas l'habitude de céder la première place, de voir des Français effectuer les premiers vols de reconnaissance au-dessus de la Libye pour faire respecter la zone d'exclusion aérienne. Les premiers bombardements sont aussi le fait d'appareils tricolores. Les responsables de la Maison-Blanche voyageant avec Obama insistent, pendant toute sa tournée sud-américaine que je couvre pour l'AFP, sur le fait que les États-Unis sont là dans une mission de « soutien » et mettent en avant les missions des forces européennes. Pourtant, dans les faits, les Américains sont bien ceux qui portent à bout de bras les opérations : leurs bâtiments de guerre stationnés en Méditerranée tirent des dizaines de missiles Tomahawk tandis que l'infrastructure logistique colossale que nécessite une telle offensive, ainsi que la coordination des mouvements aériens, est gérée par le Pentagone et ses puissants avions-radar AWACS. De source de responsables américains, 85 %

des opérations en Libye, dès le début, étaient le fait de leur pays.

Ce qui n'empêche pas Sarkozy, sur un volet politique, de mettre en avant son rôle – certes décisif – dans la coalition en soulignant que la décision d'intervenir a « évité des milliers et des milliers de morts » à Benghazi face à la « folie barbare d'un dictateur ». Il met en parallèle le massacre de Srebrenica en Bosnie en juillet 1995 où la communauté internationale n'avait pas réagi. Et affiche un optimiste (démenti depuis) : « Chaque dirigeant, et notamment dirigeant arabe, doit comprendre que la réaction de la communauté internationale et de l'Europe sera désormais chaque fois la même. »

À Washington, on est secrètement soulagé d'avoir trouvé quelqu'un prêt à endosser la responsabilité de cette opération. Obama était à l'origine hostile à l'idée de s'engager sur un troisième front dans le monde arabo-musulman, alors qu'il était en plein retrait d'Irak et tentait de reprendre le contrôle de la situation en Afghanistan. Cela n'empêche pas quelques recadrages : quand Sarkozy fait mine de refuser la présence du Premier ministre turc Recep Tayyip Erdogan, pourtant un pilier de l'Otan, lors d'une réunion internationale sur la Libye, Obama lui fait savoir qu'il ne tolérera pas un tel traitement d'Erdogan, avec qui il entretient des relations cordiales. Et Sarkozy cède.

L'effondrement subit du régime Kadhafi à la fin de l'été 2011 valide l'opération, dont Sarkozy et Cameron, ainsi qu'Obama, se félicitent de la réussite. L'apothéose se déroule le 4 novembre 2011, lorsqu'à

une heure de grande écoute Obama et Sarkozy apparaissent ensemble dans une interview diffusée par les
deux premières chaînes de télévision françaises. En
deux ans à couvrir la Maison-Blanche, c'est la
première fois que je vois Obama se livrer à un tel exercice médiatique. Sarkozy ne s'est pas encore déclaré
candidat à sa succession, mais Obama le couvre
d'éloges, encore plus que Sarkozy à son égard trois ans
et demi plus tôt pendant la conférence de presse de
l'Élysée.

« Comme nous avons beaucoup travaillé ensemble,
Nicolas et moi, nous entretenons d'excellentes relations, nous les avons toujours eues. Cela vient du fait
que nous partageons des responsabilités, que nous
menons les mêmes combats dans une époque très difficile », assure Obama, qui salue en « Nicolas » « un
partenaire ouvert, qui travaille beaucoup, qui a beaucoup d'énergie. Que ce soit sur des questions économiques, des questions liées à la sécurité, il a été un
partenaire absolument essentiel. » Il insiste : « L'on
n'aurait pas pu réussir en Libye sans le leadership de
Nicolas et de l'Otan, on ne serait pas dans une position aussi forte en Afghanistan sans le leadership de
Nicolas Sarkozy ainsi que des autres partenaires de
notre coalition. » Et insiste encore, au risque de se
répéter, devant son homologue aux anges : « C'est
quelqu'un qui a beaucoup d'énergie, et qui n'aime pas
perdre, donc il va donner cette énergie à toute
campagne éventuelle. »

La relation entre la France et les États-Unis va
« au-delà de la relation entre ses deux dirigeants » et
« les Américains ont un respect énorme pour l'amitié

de longue date entre nos deux pays », poursuit Obama, qui vient tout de même de faire profiter à Sarkozy du prestige que confère la fonction présidentielle américaine. Personne ne le dit ce soir-là, mais l'Élysée a insisté pour qu'Obama accepte non seulement cet entretien, mais aussi le passage en revue de détachements militaires américain et français après le G20 de Cannes auquel les deux responsables ont participé dans la journée.

Même « faveur » accordée par la Maison-Blanche à Sarkozy dans la dernière ligne droite de sa campagne présidentielle, avec une visioconférence entre le président français et Obama. Des journalistes sont présents dans la salle côté Élysée, et enregistrent les premières minutes de la conversation. Sur les images télévisées, filmées au début de l'entretien, Sarkozy dit à son homologue « Nous gagnerons, monsieur Obama, vous et moi, ensemble. » On se demande bien à quoi il fait allusion, à dix jours du premier tour. Les adversaires socialistes de Sarkozy assurent qu'Obama a été piégé. Mais la Maison-Blanche dit qu'elle était au courant et que cela n'a rien d'inhabituel. Faire immortaliser l'instant par un photographe officiel est chose fréquente, mais laisser entrer un pool de presse un peu moins. En tout cas, je n'en ai jamais été témoin dans la Maison-Blanche, où l'AFP fait justement partie du pool en permanence.

Côté américain, on fait valoir que ces concessions étaient destinées à compenser le fait que Sarkozy n'avait pas eu droit sous Obama à une prestigieuse visite d'État, événement riche en décorum et en honneurs, contrairement à Cameron et Merkel. Et ce, en raison du fait qu'il en avait déjà eu une sous Bush au début de son mandat. Mais l'on souligne aussi que la volonté de reconnaissance de Sarkozy par Obama est justifiée par la loyauté et la fiabilité du partenaire français. En anglais, on dit « *he delivers* », c'est-à-dire, « il tient ses promesses ». On loue aussi la franchise du ton, sans fioritures ni salamalecs, qui règne entre les deux dirigeants : leurs discussions bilatérales vont droit au but. Pour les Américains c'est un heureux contraste avec d'autres dirigeants, la langue de bois du président chinois Hu Jintao étant, dit-on, à périr d'ennui.

Cette franchise est bien apparue à Cannes lors de la rencontre bilatérale Sarkozy-Obama. Un canal audio resté ouvert a permis à des journalistes d'entendre Obama tancer Sarkozy sur son vote en faveur de l'entrée de la Palestine à l'Unesco : « Je n'ai pas apprécié. » Mais, signe qu'Obama est finalement à l'aise avec son partenaire, il se permet d'ironiser en pleine conférence de presse commune sur le physique de son hôte, pourtant un sujet sur lequel Sarkozy est réputé susceptible. Évoquant la petite Giulia Sarkozy, dont Carla Bruni-Sarkozy a accouché quinze jours plus tôt, Obama ose : « Je suis sûr que Giulia a hérité du physique de sa mère, plutôt que de celui de son père, ce qui est une très bonne chose ! »

Reste le symbole de la date. Sarkozy, emporté en partie par les conséquences de la crise économique, a perdu la présidence le 6 mai. C'est six mois, jour pour jour, avant la date de l'unique tour de la présidentielle américaine.

20.

« Les Oscars des gens moches »

« Quel groupe ! Dans un seul endroit sont rassemblés des membres de médias, des hommes politiques, des dirigeants d'entreprises, des publicitaires, des lobbyistes et des célébrités. Tout ce qui va mal dans l'Amérique d'aujourd'hui se trouve dans cette pièce ce soir ! » plaisante le comédien Jimmy Kimmel. Bienvenue au dîner des correspondants de la Maison-Blanche ! (Voir aussi chapitre 15.)

En fait, parmi les plus de deux mille convives en smokings impeccables et froufroutantes robes du soir qui se bousculent dans la colossale salle de bal de l'hôtel Hilton, tout près du prestigieux quartier des ambassades, nous sommes peu à pouvoir prétendre émarger quotidiennement aux registres du bâtiment de la présidence comme mes collègues et moi. À cette occasion se fréquentent patrons de journaux, vedettes du petit et du grand écran et autres « people » à la renommée parfois aussi forte qu'éphémère.

L'association des correspondants de la Maison-Blanche, fondée en 1914, organise depuis 1924 ce dîner, censé mêler les journalistes et leurs sources dans une ambiance bon enfant. Est-ce le résultat de l'engouement des Américains pour la culture des célébrités ? Depuis un quart de siècle environ, ce dîner est devenu l'un des endroits les plus courus du circuit mondain, avec un mélange insolite d'hommes politiques, de starlettes au décolleté vertigineux et de journalistes chenus qui vous racontent avec émotion la grande époque de l'administration Eisenhower.

Washington, ville assez guindée, est non seulement le siège des ministères et grandes administrations américaines, mais aussi de la Banque mondiale et du Fonds monétaire international, sans parler de « think tanks », groupes de réflexion de réputation mondiale qui ne font pas dans le glamour et les paillettes. Elle est l'une des rares agglomérations au monde où l'on peut entendre à la radio de la publicité pour des systèmes intégrés de défense, et où certaines rames de métro sont tapissées de réclames pour des réacteurs de chasseurs-bombardiers ou des groupes pharmaceutiques. Dans les bars, l'on peut entendre de jeunes stagiaires du Congrès débattre fiévreusement des mérites comparés des lois d'orientation budgétaire du Sénat et de la Chambre des représentants. Mais chaque année, fin avril ou début mai, la ville tombe dans la fascination la plus éhontée pour les célébrités et bruisse d'excitation à l'approche de ce que les habitants du coin appellent le « *nerd prom* », c'est-à-dire « le bal de fin d'année des polards ». D'autres âmes moins charitables qualifient ce dîner d'« Oscars pour les gens moches » ! Ce qui est forcément réducteur. Les journalistes de télévision américaines, surtout celles des grandes chaînes, sont souvent ravissantes, et leurs homologues masculins alignent mâchoires carrées, chevelures impeccables et peaux resplendissantes en toutes saisons.

Pour avoir couvert les Oscars à Hollywood et les Golden Globes à Beverly Hills à l'époque où j'étais correspondant de l'AFP à Los Angeles, je peux témoigner que le dîner de Washington reste encore une affaire un peu artisanale : rien n'empêche les journalistes les plus obscurs d'aller parader devant les photographes parqués derrière un cordon dans le hall d'entrée du Hilton où un tapis rouge a été déroulé. Aux Oscars, on fait la différence entre le « *face talent* », c'est-à-dire les acteurs ou réalisateurs dont le grand public reconnaît le visage et à qui le tapis rouge est réservé, et les autres, qui même s'ils sont nommés vingt ans de suite aux Oscars du meilleur montage ou des effets spéciaux, n'en sont pas mieux traités.

Au dîner des correspondants, en revanche, tout le monde, ou presque – le *New York Times* refuse ce qu'il estime être une compromission et ne participe pas à ce dîner –, se mêle dans un joyeux brouhaha, et les plus hardis partent même à la chasse aux photos et aux autographes. Une de mes collègues avait ainsi réussi à serrer la main à quelques minutes de distance à l'ancien secrétaire d'État Colin Powell et à l'acteur Morgan Freeman. Jon Hamm, l'interprète du ténébreux Don Draper dans la série *Mad Men*, avait fait se retourner bien des têtes lors de son arrivée dans la salle du Hilton en 2011. Et en 2012, pour prévenir l'émeute prévisible, le nom de George Clooney, pourtant bien présent dans l'assemblée, ne figurait pas sur la liste officielle, histoire sans doute d'empêcher ses admiratrices de submerger sa table où se trouvaient aussi Steven Spielberg et le secrétaire à la Défense Leon Panetta.

Mais, de toute évidence, ce sont les actrices et les starlettes qui provoquent le plus d'engouement, même si elles n'ont que peu de choses à voir avec la politique ou le journalisme. La star de la téléréalité, la callipyge Kim Kardashian, ainsi qu'une autre habituée des tabloïds dans la rubrique people et faits divers, l'actrice Lindsay Lohan, avaient elles aussi été très courtisées en 2012. Une adolescente à la sortie de la fête avait manqué de défaillir en suppliant l'actrice Reese Witherspoon, gagnante d'un Oscar en 2006, de lui accorder une photo en sa compagnie. Même fracas en 2010 lorsque Scarlett Johansson s'était installée non loin de la table de l'AFP, l'une des deux cent cinquante situées en face de la scène.

C'est évidemment pour les occupants de cette scène que tout le monde est venu. Le président des États-Unis en personne, accompagné de son épouse, participe à ce repas, aux côtés des membres du bureau de l'association des correspondants. L'événement est l'occasion de remettre des bourses à des lycéens méritants, pour la plupart issus des établissements des quartiers pauvres de Washington, ainsi que des prix d'excellence aux journalistes accrédités à la Maison-Blanche s'étant distingués par leur couverture des événements de l'année passée. Mais, en fait, les deux mille membres du public attendent surtout le clou de la soirée, le discours du Président, un petit chef-d'œuvre d'autodérision et d'humour féroce.

George W. Bush, à l'époque de sa présidence, avait trouvé le moyen d'exploiter en sa faveur les fameux « bushismes », ces expressions loufoques et à la syntaxe martyrisée qu'il laissait échapper lors de ses interventions officielles. En 2006, lors de ce dîner où il était venu accompagné d'un sosie et imitateur qui avait essayé sans succès de lui faire prononcer des mots aussi difficiles que « prolifération nucléaire », il avait promis de « continuer à faire progresser notre agenda de façon globale, dans le monde entier, ainsi qu'à l'international » !

Bush, bien après son départ de la Maison-Blanche, restera présent dans les discours ciselés par l'équipe d'Obama pour ce dîner. Exemple en 2009, lors du premier exercice du genre pour le nouveau président : « Je dois avouer que je ne voulais vraiment pas venir ce soir, mais je savais que j'y étais obligé. Encore un problème que j'ai hérité de George W. Bush. » Et encore en 2012 : « En 2009, j'ai pris mes fonctions dans un contexte d'énormes difficultés, et certains ont dit que j'ai fait porter la responsabilité de trop de problèmes sur mon prédécesseur, mais n'oublions pas que c'est une pratique qui a été inaugurée par George W. Bush ! »

Les républicains, en particulier ceux du Congrès, constituent une cible de choix lors de ces discours, où le Président peut utiliser des expressions moins compassées qu'à l'accoutumée et même dire la vérité toute crue sans en subir les conséquences politiques puisque l'événement est « pour rire ». « Le Congrès et moi-même avons eu des désaccords, mais j'ai essayé de rester poli, de ne pas lancer d'attaques sous la ceinture. Et c'est la raison pour laquelle je veux remercier tous les élus qui ont fait une pause dans leur programme épuisant d'adoption d'absolument aucune loi pour être ici ce soir. Applaudissons-les bien fort ! » lance-t-il ainsi en 2012.

Obama fait aussi rire aux dépens de ses adversaires politiques en s'en prenant à leur physique, chose impensable même au plus fort d'une campagne électorale. En 2009, il assure ainsi que ses tentatives pour trouver des accords avec les républicains « vont rencontrer tellement de succès que même John Boehner va réfléchir à l'idée de devenir démocrate ». Boehner, à l'époque, est l'opposant en chef d'Obama à la Chambre, il en prendra la présidence début 2011. « Après tout, nous avons beaucoup de choses en commun. C'est un homme de couleur ! Même si ce n'est pas une couleur qui existe à l'état naturel », s'exclame Obama. Éclat de rire général : Boehner est en effet connu pour son bronzage en toutes saisons, qu'il est réputé fignoler sur les terrains de golf. Même genre de blague un an plus tard, cette fois aux dépens de Scott Brown, le tout nouveau sénateur républicain du Massachusetts, dont la victoire début 2010 a provoqué le premier coup de semonce sérieux pour la prééminence des démocrates sur le Congrès. Brown, un jeune quinquagénaire plutôt bien de sa personne, est aussi connu pour une photo dénudée de lui publiée par un magazine féminin au début des années 1980, quand il était étudiant. « Scott Brown est ici. J'admire Scott, un de ces rares hommes politiques de Washington qui n'a rien à cacher », s'exclame Obama.

Obama n'épargne pas non plus son ancienne rivale Hillary Clinton, devenue sa secrétaire d'État. Dès 2009, en son absence, il risque une blague sur un sénateur républicain qui vient de changer de camp : « La secrétaire Clinton a joué un grand rôle là-dedans. Elle lui a dit que s'il ne pouvait pas nous battre, il ferait mieux de nous rejoindre ! » Mais Obama assure que lui et Hillary entretiennent désormais les meilleures relations du monde. Il se trouve qu'à l'époque la toute nouvelle chef de la diplomatie revient d'un voyage au Mexique, pays d'où est parti une souche virulente de grippe. « À la seconde même de son retour du Mexique, elle m'a embrassé de très près. Et elle m'a dit que je ferais bien d'y aller moi-même ! C'était vraiment sympa et gentil. » Et, en 2012, il note que, « malgré de nombreux obstacles, beaucoup de choses ont changé depuis que j'ai pris mes fonctions. Il y a quatre ans, j'étais en plein milieu de primaires violentes avec Hillary Clinton. Quatre ans plus tard, elle n'arrête pas de m'envoyer des messages électroniques après s'être saoulée à Carthagène », la ville de Colombie où elle a été photographiée quinze jours plus tôt dans une boîte de nuit en marge du sommet des Amériques.

Face à plusieurs centaines de journalistes et de patrons de presse, Obama ne peut pas non plus s'empêcher de taquiner les médias, dont la situation financière est précaire pour la plupart. Ainsi en 2010, quand il évoque sa popularité en berne : « Évidemment, j'ai beaucoup perdu de mon lustre, mais soyons honnêtes, vous aussi. Les gens me disent : "Monsieur le Président, vous avez aidé à remettre le secteur bancaire sur les rails, vous avez sauvé General Motors et Chrysler, pouvez-vous faire quelque chose pour le secteur de l'information ?" Je dois leur expliquer que je ne suis que le Président, pas un faiseur de miracles. » Il se moque aussi du site Internet Politico, qui se flatte de couvrir sa présidence « minute par minute » mais à qui il reproche apparemment de ne se concentrer que sur l'écume des jours. Si Politico avait existé en 1865, son titre marquant la fin de la guerre de Sécession, assure-t-il, aurait été « Lincoln perd l'électorat blanc du Sud ». Et, deux ans plus tard, il se paie ouvertement la tête d'Arianna Huffington, dont le *Huffington Post* a fait sa renommée sur l'agrégation d'informations de médias tiers. Cette publication en ligne vient de décrocher son premier prix Pulitzer, la plus haute récompense de la profession. « Tu le mérites, Arianna. Personne comme toi ne fait des liens vers des articles sans concession. Et tu ne les paies pas, c'est vraiment un système d'entreprise formidable ! » lance-t-il, féroce. Pas sûr qu'« Arianna » ait vraiment apprécié.

Lors de ce dîner, Obama peut aussi riposter à ses adversaires sur les nombreuses théories du complot qui le visent. C'est le cas en 2011 contre Donald Trump qui mettait en doute le fait qu'il soit bien né aux États-Unis. Mais déjà l'année précédente Obama avait affirmé que l'année écoulée avait connu « bien des hauts et des bas, sauf pour ma popularité, qui n'a fait que baisser. Mais c'est de la politique politicienne, ça ne me dérange pas. En plus, je sais que ma popularité reste très élevée dans mon pays de naissance ». Et alors que les républicains sont encore outrés du passage en force deux mois plus tôt de la réforme de l'assurance-maladie au Congrès, un paquet législatif de milliers de pages, Obama remarque que « certains républicains ont assuré que ce texte contenait quelques dispositions secrètes. C'est ridicule. Il n'y a pas quelques dispositions secrètes dans cette réforme, il y en a, littéralement, des milliers », ajoute-t-il en déclinant des articles comme ceux censés couvrir « les pertes de mémoire liés au passage de la réforme de l'assurance-maladie dans le Massachusetts ». Explication : le candidat républicain à la présidentielle de 2012, Mitt Romney, a fait adopter une telle loi dans cet État quand il en était le gouverneur, de 2003 à 2007. « Donc bonne nouvelle, Mitt, ta maladie chronique est couverte ! » s'amuse Obama.

Et, à six mois de la présidentielle de 2012, Obama ne résiste pas à l'envie d'en rajouter. « Si je remporte un second mandat, voici ce que je souhaite dire à mes amis de la droite adeptes du complot, qui pensent que je m'apprête à déchaîner un programme secret de mesures : vous avez absolument raison. » Il promet alors de ne plus chanter de la soul mais du rap, de gagner la « guerre contre Noël », une préoccupation annuelle chez Fox News qui se plaint de la déchristianisation de cette fête, et aussi d'aller encore plus loin dans la lutte pour les droits des homosexuels dans l'armée en adoptant une loi intitulée « *It's raining men* » (« il pleut des hommes »), un hymne disco !

Obama, ou du moins le rédacteur de son discours, est encore meilleur dans l'autodérision. En 2012, il remarque que la présidence a été impitoyable pour son physique, que son visage s'est creusé et que ses cheveux ont fortement blanchi. « Et, dans quatre ans, je ressemblerai à ça », affirme Obama, pendant que les écrans géants montrent une photo de l'acteur septuagénaire Morgan Freeman. Dès 2009, il s'était amusé de l'engouement qui avait suivi son arrivée au pouvoir, et du fait que les médias avaient évoqué le bilan de ses cent premiers jours. « J'aimerais parler un peu de ce que mon gouvernement a l'intention d'effectuer dans les cent prochains jours », avait alors affirmé le Président, qui souhaitait « élaborer, construire et ouvrir une bibliothèque présidentielle consacrée à mes cent premiers jours au pouvoir. Ça va être énorme ! » Il assurait aussi être persuadé que « les cent prochains jours seront tellement couronnés de succès que nous serons en mesure de les terminer en soixante-douze jours. Et le soixante-treizième, je me reposerai ».

Tous ces discours humoristiques, difficiles à imaginer dans d'autres pays, font un malheur sur Internet et les réseaux sociaux, et assurent à C-Span, la chaîne parlementaire américaine qui les retransmet en direct, ses meilleures audiences de l'année. Tout bénéfice pour Obama, qui rafraîchit ainsi son image de président décontracté. Il faut dire qu'il est servi par son aisance devant un micro, comme Clinton et Reagan avant lui. Mais, lors de ces soirées, le Président s'expose aussi aux piques des comédiens venus assurer l'ambiance. Tout Washington se souvient encore du discours de Stephen Colbert. Ce présentateur d'un faux journal parodiant Fox News était devenu en 2006 un héros de la gauche américaine pour avoir asséné à George W. Bush un discours au second degré dévastateur. Au moment où l'Irak était à feu et à sang, à trois mètres de Bush et devant des millions de téléspectateurs, il avait affirmé que « mieux de gouvernement, c'est moins de gouvernement. Et selon ces critères, nous avons réussi à mettre en place un gouvernement fabuleux en Irak ! ». Colbert avait aussi assuré que la raison pour laquelle il admirait Bush était qu'il faisait confiance à « ses tripes », pas aux « faits ». « Il croit la même chose le mercredi et le lundi, quel que soit ce qui s'est passé le mardi. Les événements changent, les convictions de cet homme ne changeront jamais ! » Le président de l'association des correspondants de la Maison-Blanche à l'époque, le vétéran d'Associated Press Mark Smith, avait confié qu'il ignorait totalement que Colbert allait se lancer dans une telle diatribe, qui avait reçu un accueil glacial d'une partie de la salle.

Le départ de Bush, gaffeur impopulaire, avait fait craindre à un moment que les humoristes ne se retrouvent à court de matériel pour se moquer du nouveau président. Une crainte heureusement non fondée. En 2012, Jimmy Kimmel rappelle à Obama sa campagne de 2008 : « Vous vous souvenez quand le pays s'était rassemblé autour de vous dans l'espoir de lendemains qui chantent ? Quelle bonne blague ! » Puis Kimmel remercie « le Hilton pour nous accueillir ici ce soir. Vous savez, le président Obama voulait que cet événement ait lieu au Kennedy Center, mais les républicains souhaitaient rester au Hilton. Donc, ils ont trouvé un compromis, et nous voilà au Hilton... ». Le rire d'Obama est sans doute un peu forcé, lui qu'on a accusé de plier trop facilement face à ses adversaires du Congrès. Déjà en 2011, le précédent animateur de la soirée, le principal rédacteur de l'émission comique *Saturday Night Live*, Seth Meyers, avait affirmé à Obama savoir qui « pourrait tout à fait vous battre en 2012 : le Barack Obama de 2008. Vous l'auriez adoré. Tellement charmant et charismatique. Peut-être était-il un petit peu trop idéaliste ? » « Et regardez vos cheveux ! S'ils continuent à blanchir, la droite du parti républicain va finir par les soutenir ! »

Pendant tous ces discours, grâce à la magie des Blackberry, iPhone et autres appareils multimédias, les meilleurs mots s'envolent sur les réseaux sociaux, une façon aussi de faire comprendre à ses abonnés, « amis » et connaissances que l'on est dans la même salle que le Président et une brochette de superstars.

De façon assez amusante, les comptes Twitter des journalistes se transforment en véritables collections de photos de « groupies ». Ainsi, l'ancienne correspondante de CNN à la Maison-Blanche, Suzanne Malveaux, diffuse-t-elle en 2012 une série de photos d'elle avec la conseillère d'Obama, Valerie Jarrett, et une ribambelle d'acteurs, des réceptions préliminaires au dîner jusqu'aux pistes de danse des « afters », ce qui lui vaut des moqueries des médias conservateurs. Mais son collègue barbu et sévère Wolf Blitzer, qui clame à longueur de journée que CNN possède la « meilleure équipe de journalistes politiques à la télévision » dans son émission *The Situation Room*, cache apparemment

lui aussi une âme de midinette : « Quel bonheur de
rencontrer [l'actrice] Goldie Hawn hier soir au dîner
des correspondants. Elle est très gentille », écrit-il à ses
520 000 abonnés Twitter le lendemain de la fête. Il
affirme avoir aussi « adoré rencontrer Diane Keaton »,
qui, confie-t-il, « regarde *The Situation Room* » ! La
vraie star, c'est l'information.

21.

Les ambitions contrariées
du « chef du monde libre »

11 septembre 2011. Dix ans après les pires attentats sur leur sol, les États-Unis se sont recueillis toute la journée en mémoire des quelque trois mille victimes du World Trade Center, du Pentagone et du vol United 93. Barack et Michelle Obama se sont successivement rendus à New York, à Shanksville en Pennsylvanie et au quartier général des forces armées pour méditer et réconforter les proches des disparus. Beaucoup d'émotion et d'images fortes, mais ce n'est qu'en soirée qu'Obama prend la parole pour évoquer le jour funeste, lors d'une cérémonie du souvenir au Kennedy Center, la grande salle d'opéra au bord du Potomac à Washington. Avant lui, dans ce « concert pour l'espoir », s'avance sur la scène le chanteur Alan Jackson, célébrité dans le monde de la musique country. Peu après le 11-Septembre, il avait composé le titre *Where Were You When the World Stopped Turning* (« Où étiez-vous quand la Terre s'est arrêtée de tourner »), un titre résumant ses sentiments après

les attentats. Il l'entonne devant deux mille personnes, dont Barack Obama.

En écoutant le refrain, je ne peux m'empêcher de sursauter. Traduction : « Je suis un chanteur de chansons simples – je ne m'intéresse pas vraiment à la politique – je regarde CNN mais je ne suis pas sûr de pouvoir faire la différence entre l'Irak et l'Iran ». Pour certains, un singulier raccourci de la réaction de l'administration de George W. Bush, qui après avoir renversé le régime des talibans à Kaboul avait lancé l'invasion de l'Irak sous des motifs fallacieux, une administration réputée avoir appris sur le tard que l'Irak était comme l'Iran habité par une majorité de musulmans chiites.

Il serait dangereux de lancer des généralités sur les Américains qui ne connaîtraient rien à la géographie ou à l'histoire des pays étrangers. Mais en sept ans de séjour aux États-Unis, dont de nombreux voyages au cœur de « l'Amérique profonde », j'ai plusieurs fois participé à des conversations surréalistes à ce sujet. Exemple à l'été 2006 à Camp Pendleton en Californie. Je suis venu couvrir une audience préliminaire dans cette immense base militaire située entre Los Angeles et San Diego, où se déroule le procès de marines accusés de crimes de guerre en Irak. Un jeune marine remarque mon accent, me demande d'où je viens. « Oh, vous êtes français ! J'adore la France. D'ailleurs, je suis allé en voyage l'année dernière à Barcelone ! »

On cite volontiers le fait que peu d'Américains possèdent un passeport : Selon le département d'État, 109 millions de documents de voyage en cours de validité circulaient aux États-Unis début 2012. En moyenne, deux Américains sur trois ne peuvent donc pas voyager en dehors de leur pays. Et encore, le nombre de passeports a-t-il augmenté de moitié depuis l'entrée en vigueur de nouvelles règles fin janvier 2007, obligeant les Américains à s'en doter pour se rendre au Canada et au Mexique. Explication avancée : les États-Unis sont très grands et les touristes peuvent y trouver leur bonheur sans aller le chercher à l'extérieur, des plages de Floride aux pistes de ski des Rocheuses en passant par les paysages désertiques du Nevada et les sentiers forestiers de l'État de New York. Mais la contrepartie est aussi que les États-Unis se pensent souvent comme autosuffisants, et pas forcément intéressés par ce qui se passe en dehors de leurs frontières.

Pour Barack Obama, diriger la première puissance mondiale veut dire gérer des dossiers internationaux explosifs, des relations aussi étroites que complexes avec des États comme la Chine, le Pakistan et Israël, mais aussi et surtout se faire pédagogue face à des Américains peu passionnés par l'étranger voire tentés par l'isolationnisme, bien que plus de deux cent mille de leurs compatriotes soldats soient stationnés en dehors des frontières du pays.

Le Président est ainsi interpellé le 6 juillet 2011 – en pleines négociations avec les républicains du Congrès au sujet de la réduction des dépenses – sur le niveau de l'aide américaine à l'étranger. « Il s'agit de quelque chose qui, même en période budgétaire difficile, doit être poursuivi par les Américains, dans le cadre de notre rôle de leader mondial », explique-t-il lors d'une séance de questions-réponses avec des utilisateurs de Twitter, dont certains sont sceptiques quant à l'utilité de cette aide, notamment en direction du Pakistan et de pays qui la gaspilleraient. « C'est un petit montant qui a des conséquences importantes », assure-t-il. « Il est intelligent que les États-Unis effectuent un investissement modeste dans l'aide à l'étranger, s'ils veulent être un leader dans le monde, avoir de l'influence, aider à stabiliser des pays [...] pour qu'ils n'accouchent pas de terroristes ou créent de gros flux de réfugiés, et cætera. »

Plus généralement, chaque fois qu'Obama part à l'étranger, il se sent obligé d'expliquer à ses compatriotes qu'il ne les oublie pas et que c'est pour eux qu'il voyage à l'autre bout du monde. Exemple parfait en avril 2012, lorsqu'il entame un voyage de deux jours en Colombie où est organisé le sommet des Amériques à Carthagène. Par *Air Force One*, l'endroit n'est qu'à quatre heures de vol à travers la mer des Caraïbes, mais Obama coupe son trajet à l'aller par une escale au port de Tampa, dans le sud-ouest de la Floride. C'est, fait valoir la Maison-Blanche, un endroit par lequel transite une partie des exportations vers le reste des Amériques. Mais ce qu'elle ne dit pas, c'est que la Floride constitue un État crucial sur la carte électorale américaine. Tampa est aussi la ville que les républicains ont choisie pour accueillir leur convention présidentielle devant désigner officiellement le héraut des couleurs conservatrices face à Obama. Ce dernier vient donc marcher sur les futures plates-bandes de ses adversaires.

Et pour enfoncer le clou de ce « plan com » magis-
tral, après une rapide tournée de ce port encombré de
conteneurs, Obama prononce un discours très volontariste. « Je suis prêt à aller partout dans le monde pour
ouvrir de nouveaux marchés aux entreprises américaines. En fait, c'est ce que je vais faire juste après cette
visite à Tampa. Quand je serai en Colombie pour
parler à d'autres dirigeants, je penserai à vous. Je
penserai à la façon de permettre à de nouvelles entreprises [...] d'accéder à de nouveaux marchés et à
davantage de clients dans la région, parce que je veux
que nous vendions plus de choses et que nous permet-
tions à davantage d'Américains de retrouver du
travail », promet-il. Durée du discours : onze minutes,
le strict minimum.

Même genre d'intervention quasi électorale à la fin
du sommet du G8 à Camp David, le 19 mai 2012.
Obama vient de se prononcer en faveur d'une « prio-
rité absolue » donnée à la croissance face à ses interlo-
cuteurs des pays les plus industrialisés, arbitrant, au
moins sur la forme, en faveur du président français
François Hollande contre la chancelière allemande
Angela Merkel. « Une économie européenne stable et
en croissance est de l'intérêt de tout le monde, dont
celui les États-Unis. L'Europe est notre plus important partenaire économique », explique Obama, visant
de toute évidence les électeurs américains. « Pour faire
simple, si une entreprise est forcée de réduire la voilure
à Paris ou à Madrid, cela peut dire moins d'activité
pour des usines à Pittsburgh ou Milwaukee. » Le fait
que ces deux villes soient situées dans deux autres

États-clés en vue de la présidentielle n'est pas le fruit du hasard !

Sans doute, en liant ses relations avec l'étranger à la situation économique de son pays, Obama a-t-il en tête l'expression célèbre : « *It's the economy, stupid* » (« c'est l'économie [qui est importante], imbécile »), cause et résumé de la défaite de George Bush senior en 1992 face à Bill Clinton. Un an et demi plus tôt, Bush père avait remporté une victoire éclatante lors de la guerre du Golfe, s'assurant une cote de popularité de 89 %, mais un trou d'air dans la croissance économique lui avait été fatal dans les urnes face à son jeune adversaire démocrate. En matière électorale, la politique étrangère est considérée comme un secteur où il n'y a que des coups à prendre. Si l'on remporte des succès, ils tomberont vite dans l'oubli. En revanche, si l'on échoue, comme Jimmy Carter dans la pénible crise des otages américains détenus pendant 444 jours en Iran à la fin de son mandat, cela peut vous marquer irrémédiablement. Mais Obama, dès le début, s'attaque à un plat sur lequel tous ses prédécesseurs se sont cassé les dents : le règlement du conflit israélo-palestinien.

L'un des premiers gestes d'Obama à son arrivée à la Maison-Blanche est de nommer un émissaire pour le Proche-Orient, George Mitchell, qui a pour mission de faire reprendre langue à deux camps qui ne se parlent plus. L'armée israélienne vient de mener une opération sanglante à Gaza en riposte à des attaques palestiniennes depuis ce territoire. Obama est décidé à rompre avec la politique de George W. Bush, celle d'un soutien inconditionnel à Israël, y compris lorsque les gouvernements de droite successifs qualifiaient Yasser Arafat de « Ben Laden palestinien ». Il promet un « engagement robuste » au service de la paix.

Trois ans et demi plus tard, le bilan est particulièrement maigre. Même si les Palestiniens et les Israéliens ont repris des contacts sporadiques, rien sur le fond du dossier n'a changé, et Obama a même réduit à néant son crédit en s'avançant, lors de l'assemblée générale de l'ONU en 2010, sur l'espoir de voir l'organisation internationale accueillir dès l'année suivante un État de Palestine indépendant et viable. Les négociations, lancées en grande pompe à la Maison-Blanche sous son égide, échouent lamentablement, en particulier sur la question de la colonisation israélienne : les Israéliens refusent un moratoire des constructions de logements en Cisjordanie, pourtant un préalable demandé par les Palestiniens et édicté par l'administration américaine pour une reprise réelle des pourparlers. En décembre 2010, la Maison-Blanche bat en retraite, annonçant que ce préalable est abandonné et qu'il s'agit désormais de s'attaquer aux « problèmes centraux » du conflit.

Pour Obama, l'un des « problèmes » dans ce dossier est sa relation exécrable avec le Premier ministre Benjamin Netanyahu, sans même parler du fait qu'il a perdu la confiance des chefs palestiniens par ses tergiversations et sa menace de veto à une demande d'adhésion de la Palestine, un an après son discours de l'ONU. Il faut avoir vu ces incroyables images du dirigeant israélien, reçu dans le Bureau ovale peu après qu'Obama eut proposé de relancer les négociations pour un État palestinien sur la base des lignes de 1967.

Netanyahu inflige un véritable camouflet au président américain en direct devant les caméras du
« pool », en qualifiant ces lignes d'armistice d'« indé-
fendables ». Et de poursuivre : « Monsieur le Président, vous êtes le dirigeant d'un grand peuple, les
Américains. Et je dirige un peuple bien plus petit, la
vieille nation d'Israël. Vous savez, cela fait quatre mille
ans que nous existons. » Une façon à peine polie de
dire que les États-Unis n'existent que depuis deux cent
trente ans...

Obama ne peut pas se permettre, à l'approche d'une
élection présidentielle où ses concurrents l'accusent
déjà de mollesse face aux régimes autoritaires, d'avoir
l'air de lâcher Israël ou même de conditionner son
soutien à de véritables concessions de l'État hébreu
dans le processus de paix, comme l'avait fait avec
succès Bush père avant les négociations d'Oslo. Il
manifeste régulièrement un soutien « sacro-saint » à la
sécurité d'Israël. Et ce ne sont pas que des paroles : il
accepte même de financer une partie du système de
défense antimissile « dôme de fer », censé protéger
l'État hébreu des attaques de Katioucha du Hezbollah
libanais ou des roquettes artisanales du Hamas. Coût
pour le contribuable américain : plus de 200 millions
de dollars. Sa marge de manœuvre reste limitée, même
si l'aide américaine à Israël constitue une composante
essentielle de la supériorité de Tsahal dans la région.
L'environnement géopolitique de l'État hébreu n'a
plus grand-chose à voir en 2012 avec celui de 1991, où
furent lancées les premières négociations qui allaient
aboutir à la création de l'Autorité palestinienne. La
menace nucléaire iranienne potentielle, la conquête du

DANS LES PAS D'OBAMA

parlement et de la présidence par les Frères musulmans en Égypte et les secousses dans tout le monde arabe mettent Israël sur la défensive et convainquent l'administration Obama de limiter ses efforts de paix. Symbole de ce renoncement, Obama annonce le 13 mai 2011 le départ de l'émissaire Mitchell. Son successeur David Hale fera fort peu parler de lui.

Le dossier israélien est donc étroitement lié à celui de l'Iran. Les responsables israéliens ont donné des sueurs froides à la Maison-Blanche début 2012 par leurs allusions transparentes à des bombardements contre les infrastructures nucléaires iraniennes. Les Israéliens en sont persuadés, les Iraniens sont en train de mettre en place un programme nucléaire de grande ampleur dont la seule justification plausible, dans un pays qui possède les troisièmes réserves mondiales de pétrole et les deuxièmes de gaz naturel, est de mettre au point une bombe atomique. Combiné à la rhétorique agressive et négationniste du président Mahmoud Ahmadinejad, il s'agit d'un danger mortel pour l'État hébreu, assurent ses dirigeants.

On se souvient qu'Obama avait proposé lors de sa première campagne électorale une politique de la « main tendue » aux régimes autoritaires voire totalitaires, qu'il s'agisse de l'Iran, de Cuba ou de la Corée du Nord, en les enjoignant de « desserrer l'étau » sur les libertés de leurs peuples en échange de meilleures relations avec la communauté internationale. Mais ni Téhéran ni Pyongyang n'ont fondamentalement changé de stratégies, faites de concessions sur la forme, de ruptures puis de reprises de négociations. Trois ans et demi après l'arrivée d'Obama à la Maison-Blanche,

son porte-parole assure que ces deux régimes n'ont
« jamais été aussi isolés » et n'ont pas d'avenir, bien
qu'ils se perpétuent depuis soixante ans pour la Corée
du Nord et plus de trente pour l'Iran... Dans le cas
de l'Iran, vu des États-Unis en tout cas, l'argumentaire selon lequel le régime voit la pression s'exacerber
tient : entre sanctions à l'ONU et injonctions à ses
alliés, Washington essayait à la mi-2012 de couper
l'accès des mollahs à la manne pétrolière. Un jeu
toutefois périlleux qui peut coûter cher en termes de
hausse des cours du brut, et donc avoir des conséquences économiques, voire électorales, pour Obama.

Mais l'un des plus gros casse-tête internationaux de
la présidence Obama a été le monde arabe et
musulman. Là aussi, le nouveau locataire de la
Maison-Blanche avait de grandes ambitions : tenter de
relancer les relations des États-Unis avec ce bloc à la
fois stratégique et disparate, richissime en pétrole mais
aux énormes inégalités sociales qu'une démographie
non maîtrisée contribue encore à creuser. Après pratiquement une décennie de guerre en Afghanistan, une
invasion de l'Irak hautement controversée et meurtrière, on attendait beaucoup d'Obama, de Casa-
blanca à Karachi. Symbole, c'est au Caire, siège de la
prestigieuse université al-Azhar, qu'Obama prononce
ce discours de « remise à zéro » en juillet 2009, six
mois après son arrivée au pouvoir.

« Les changements induits par la modernisation et
la mondialisation ont conduit de nombreux
musulmans à voir l'Occident comme une force hostile
aux traditions de l'islam », déplore Obama, en
évoquant la question la plus brûlante, celle des

conséquences des attentats du 11-Septembre pour l'image de l'islam aux États-Unis. « Aussi longtemps que notre relation sera définie par nos différences, nous rendrons plus puissants ceux qui sèment la haine plutôt que la paix, qui promeuvent le conflit plutôt que la coopération […]. Ce cycle de soupçon et de discorde doit cesser », lance Obama, dans la partie de son discours qui fera le plus date.

Rétrospectivement, une autre facette de cette intervention prend tout son intérêt, celle qu'Obama avait consacrée à la démocratie, en s'engageant en faveur de « gouvernements qui reflètent la volonté du peuple » dans le monde arabo-musulman. « J'ai une foi absolue dans le fait que tous les gens aspirent à certaines choses : la possibilité de dire ce qu'ils pensent et de dire comment ils sont gouvernés ; la confiance dans l'État de droit et l'égalité devant la justice ; un gouvernement transparent qui ne vole pas son peuple. » Et si le coup de coude à Hosni Moubarak et tous les autres autocrates de la région n'était pas clair, Obama conclut : « Ceux qui détiennent le pouvoir doivent se maintenir au pouvoir par le consentement [des électeurs], pas par la force. Vous devez respecter les droits des minorités et agir dans un esprit de tolérance et de compromis, vous devez placer les intérêts de vos concitoyens et le fonctionnement légitime du processus politique au-dessus de votre parti. Sans ces ingrédients, des élections à elles seules ne créent pas une vraie démocratie. »

Mais malgré ce geste de bonne volonté et cette insistance sur le respect des droits de l'homme, l'administration Obama réagit avec lenteur, c'est le moins que l'on puisse dire, aux événements qui prennent forme à la fin 2010 en Tunisie et aboutissent rapidement au départ de l'homme fort Zine el-Abidine Ben Ali, avant d'emporter successivement en moins d'un an l'Égyptien Hosni Moubarak, le Libyen Mouammar Kadhafi et le Yéménite Ali Abdallah Saleh, et d'ébranler le pouvoir à Bahreïn. Les intérêts américains en Tunisie sont mineurs. Washington, malgré une visite de Condoleezza Rice à Kadhafi en septembre 2008 pour relancer les relations entre les deux pays après trente ans d'hostilité, n'en était pas encore à danser main dans la main avec le régime libyen. Mais abandonner Moubarak et Saleh s'avérera bien plus difficile. C'est que le raïs égyptien, par son habileté au pouvoir et un appareil sécuritaire bien rodé, avait réussi à imposer une « paix froide » avec Israël, négociée par son prédécesseur assassiné Anouar al-Sadate en dépit de la grande hostilité de son peuple. Et Washington, dont les liens avec l'État hébreu sont donc « sacro-saints », s'inquiète de voir le glacis égyptien se fissurer, avec l'arrivée d'islamistes au pouvoir à une frontière sud d'Israël que l'on pensait jusqu'alors neutralisée.

D'où un certain flottement de l'administration au tout début de 2011 lorsque les manifestants envahissent la place Tahrir au Caire et réclament le départ de Moubarak. Obama ne peut décemment se déjuger de ses propos dans la même ville moins de deux ans plus tôt. Il ne peut soutenir le maintien du pouvoir égyptien, spécialiste des élections présidentielles en forme de plébiscite. Mais un « après-Moubarak » est encore difficile à envisager. Le 18 janvier, alors que les manifestations n'avaient pas encore commencé, Obama avait appelé Moubarak au téléphone, officiellement pour parler de la Tunisie en pleine ébullition, sans doute pour demander son avis sur cette agitation au « sage » de la région, partenaire de toutes les tentatives de relance du processus de paix israélo-palestinien depuis trente ans. Dix jours plus tard, Moubarak est déjà déstabilisé par une contestation sans précédent, mais l'administration Obama semble hésiter à le passer par pertes et profits. Témoin la déclaration de la secrétaire d'État Hillary Clinton, qui affirme que le pouvoir égyptien semble « stable ». Mais, peu à peu, Washington lâche son allié. Le 1er février, Obama appelle Moubarak à une « transition immédiate ». Trois jours plus tard, le président américain laisse entendre que le vieux raïs ferait mieux de partir immédiatement, et le 11, quand ce dernier cède enfin, Obama n'aura qu'une oraison très courte : « Le peuple égyptien a parlé. » Il prononce ce discours dans l'entrée de la résidence de la Maison-Blanche, là même où cinq mois plus tôt Moubarak était reçu avec tous les honneurs.

Face aux militaires et aux frères musulmans qui se partagent tant bien que mal le pouvoir, les États-Unis possèdent tout de même une carte maîtresse : les 1,3 milliard de dollars d'aide militaire qu'ils déversent chaque année sur l'Égypte, officieusement pour l'inciter à ne pas rompre les ponts avec les Israéliens. Dès le départ de Moubarak, Washington a insisté sur le respect des accords de Camp David.

Le départ de Saleh de la tête du Yémen, où il était au pouvoir depuis plus longtemps que Moubarak, est peut-être encore plus lourd de menaces pour l'administration Obama. Le pays le plus pauvre de la péninsule Arabique,

sans ressources naturelles et à qui l'on promet un gravis-
sime épuisement de ses réserves d'eau dans la décennie à
venir, est en effet devenu la base de repli de la branche
locale d'al-Qaida. Et celle-ci ne s'en prend pas seulement à l'armée yéménite, aux ambassades ou aux autres
symboles de la présence étrangère, tel le navire de guerre
USS Cole, attaqué dans le port d'Aden par un bateau-
suicide en 2000 (dix-sept morts). Cette succursale de la
nébuleuse extrémiste cherche aussi à frapper les
États-Unis. Et elle y parvient presque, le jour de
Noël 2009, quand un jeune Nigérian, Umar Farouk
Abdulmutallab, tente de faire sauter les explosifs dissimulés dans ses sous-vêtements alors qu'il se trouvait à
bord d'un avion de ligne en approche de Detroit. La
nervosité du jeune homme, la défectuosité des explosifs
font que l'attentat rate, mais il s'en est fallu de peu que
les 290 occupants de l'Airbus 330 y laissent la vie. Or
l'enquête montrera qu'Abdulmutallab a subi un endoc-
trinement au Yémen avant de passer à l'acte. Plusieurs
autres alertes se produisent ensuite, en particulier deux
colis piégés envoyés par transporteur du Yémen vers les
États-Unis. Ils sont interceptés à Dubaï et en Grande-
Bretagne, sans avoir explosé. L'un d'entre eux était
destiné à une synagogue toute proche de l'ancien domicile des Obama à Chicago.

Face à cette menace, les États-Unis veulent que le
départ de Saleh s'effectue en bon ordre, de façon à ne
pas contrarier les opérations de la CIA. En effet, tout
comme au Pakistan, la centrale américaine de renseignement utilise des drones au-dessus du territoire yéménite.
Un fait que le pouvoir à Sanaa a longtemps caché à ses
administrés. Après de longues tergiversations, marquées

par une révolte sanglante et un attentat qui manque lui coûter la vie, Saleh accepte de passer le pouvoir à son vice-président. Et Obama n'aura pas un mot pour lui dans son message de félicitations à son successeur.

Pour Obama et son équipe, le Pakistan est encore plus explosif : cette puissance nucléaire, censée être l'alliée des États-Unis dans la « guerre contre le terrorisme », est en effet fortement soupçonnée de double jeu. Les services de renseignement de l'armée pakistanaise soutiendraient en sous-main les talibans afghans contre le pouvoir d'Hamid Karzaï, dans le but avoué d'empêcher l'ennemi héréditaire d'Islamabad, l'Inde, d'étendre son influence en Afghanistan et de le prendre ainsi en tenaille. Tout au long de sa présidence, Obama, ainsi que sa secrétaire d'État Hillary Clinton, tentent à la fois de rassurer les Pakistanais et de les inciter à collaborer davantage avec eux contre les extrémistes qui évoluent dans les zones tribales frontalières du nord-ouest, offrant un sanctuaire aux insurgés. Mais la « guerre des drones » clandestine que mène la CIA et une bavure américaine qui se solde par la mort de vingt-quatre soldats pakistanais en novembre 2011 mettent ces relations à l'épreuve. Sans même parler du fait qu'Oussama Ben Laden, réfugié dans une villa fortifiée située dans une ville de garnison, a été abattu par un commando américain passé derrière les lignes pakistanaises sans que les militaires l'aient détecté. Une autre double humiliation pour la puissante armée d'Islamabad. Gérer la relation avec ce pays restera l'un des casse-tête d'Obama.

Une double ombre plane sur la plupart de ces dossiers, celle des relations de Washington avec Moscou et Pékin. Dès leur arrivée aux Affaires, Obama et Hillary Clinton lancent une ambitieuse politique de « réinitialisation » des relations avec la Russie, où le jeune président Dmitri Medvedev a provisoirement succédé à son mentor Vladimir Poutine. Après la guerre éclair entre la Russie et la Géorgie à l'été 2008, la présidence Bush s'était achevée sur fond de relations exécrables avec Moscou. Le but d'Obama, qui lance début 2009 à Prague l'idée ambitieuse d'un monde débarrassé d'armes nucléaires, est de négocier avec Moscou un accord de désarmement succédant au programme START qui arrive à expiration. Ce sera chose faite un an plus tard, avec la signature d'un traité avec Medvedev à Prague en avril 2010. Obama accueille Medvedev avec tous les honneurs début 2011, emmenant même son homologue dans un restaurant de hamburgers à bord de sa limousine blindée. Mais la « lune de miel » avec Moscou n'est pas sans bémols, et les gains fragiles : à la mi-2012, Poutine, qui a retrouvé son siège de président, boude le sommet du G8 de Camp David. Et l'intervention commune d'Obama et Poutine devant la presse au G20 de Los Cabos au Mexique en juin 2012 s'effectue dans une ambiance visiblement glaciale. Est-ce une façon pour Poutine de montrer à la fois son indépendance et sa mauvaise humeur vis-à-vis de Washington ? Les contentieux ne manquent pas, à commencer par celui de la Syrie, que Moscou refuse de lâcher malgré la répression sanglante.

Obama hérite d'une relation compliquée avec un autre membre permanent du Conseil de sécurité de l'ONU, la Chine. L'étroitesse des liens économiques, Washington étant grand consommateur de « *Made in*

China » et Pékin détenant une grande partie des obligations de dette souveraine américaine, ne permet pas d'ignorer le pays le plus peuplé du monde, une puissance mondiale aux ambitions géopolitiques grandissantes, parfois aux dépens d'alliés des États-Unis comme Taïwan, les Philippines et le Japon. L'un des principaux reproches que Washington oppose à Pékin réside dans sa politique de changes, qui, selon les Américains, donne un avantage indu aux exportations chinoises grâce à une sous-évaluation du yuan. Laisser cette monnaie respecter davantage les conditions de l'offre et de la demande sera un leitmotiv d'Obama et de son secrétaire au Trésor, Tim Geithner, avec des résultats encore modestes. D'autres dossiers viennent empoisonner ces relations, comme la question tibétaine, celle de Taïwan et le respect des droits de l'homme en général, qu'il s'agisse de la répression des dissidents ou de l'encadrement d'Internet. Ces tensions sont évidentes chaque fois qu'Obama rencontre le président Hu Jintao. Je suis témoin de l'une d'entre elles, fin juin 2010 à Toronto en marge du G8 : l'atmosphère, dans une salle sombre, y est à couper au couteau.

Observer Obama évoluer au milieu de ses homologues ou chefs de gouvernement, lors des sommets internationaux, à la Maison-Blanche ou dans des palais présidentiels à l'étranger, m'a permis d'assister à quelques autres « instants de vérité » notables, comme début novembre 2011 au sommet du G20 à Cannes. Dans la salle de réunion plénière, Obama se déplace pour aller saluer les autres hauts responsables. Il embrasse la Première ministre australienne Julia Gillard, puis se dirige vers un groupe comprenant le président européen Herman Van Rompuy, le président de la Commission européenne José Manuel Barroso... et le Premier ministre turc Recep Tayyip Erdogan. Ce dernier a droit à une étreinte virile et les deux Européens à une simple poignée de main. Selon les conseillers d'Obama, Erdogan est l'un des dirigeants mondiaux avec lesquels il s'entend le mieux sur le plan personnel. Un an plus tôt à Lisbonne, les dirigeants européens avaient pu passer un peu moins de deux heures avec Obama, tout à la fin du sommet de l'Otan. Le président américain, visiblement fatigué et maussade, avait lancé : « Ce sommet n'était pas aussi captivant que d'autres parce que nous sommes d'accord à peu près sur tout. » Il avait effectué deux semaines plus tôt une tournée de dix jours en Asie en faisant preuve d'un tout autre enthousiasme.

Car le fait majeur de la présidence Obama en matière de politique étrangère, du moins tel que vanté par lui-même et ses collaborateurs, est l'engagement de son pays sur la scène asiatique. D'aucuns notent qu'Obama a passé quatre ans en Indonésie lorsqu'il était enfant, et ne se sent pas d'atomes aussi crochus avec l'Europe. Il souhaite aussi renforcer la présence militaire américaine en Asie et en Océanie, comme le montre l'accord avec Mme Gillard sur l'installation d'une base de Marines à Darwin, sur la côte nord de l'île-continent. Le tout participe évidemment de la volonté de ne pas laisser champ libre à la Chine communiste et non-démocratique, mais aussi, une fois de plus, d'aller chercher la croissance économique là où elle se trouve pour en faire bénéficier son pays. Ce n'est pas en Europe, dont une grande partie est retombée en récession en 2012, que

cette croissance semble devoir avoir lieu dans l'immédiat. Un autre continent est très délaissé par Obama
pendant son mandat, du moins en ce qui concerne les
visites officielles : l'Afrique. Un paradoxe quand on
connaît l'histoire personnelle d'Obama. Son élection
avait provoqué un énorme engouement de Dakar à
Maputo. Pourtant en trois ans et demi de pouvoir, il
ne s'est rendu qu'une seule fois en Afrique noire, à la
mi-2009 pour une visite-éclair au Ghana. Mais il faut
lui reconnaître un activisme important sur plusieurs
dossiers africains. La Côte d'Ivoire, où il avait personnellement contacté Laurent Gbagbo fin 2010 pour
l'enjoindre de démissionner, lui offrant même de venir
aux États-Unis ; l'Ouganda, où il a dépêché des
commandos américains pour traquer le chef de la
sanguinaire Armée de libération du seigneur, Joseph
Kony ; le Sénégal, où la Maison-Blanche a encouragé le
déroulement de l'élection présidentielle et chaleureuse-
ment salué l'arrivée au pouvoir de Macky Sall en
mars 2012. Et Obama ne manque jamais de marquer
chaque année l'anniversaire du génocide rwandais de
1994. À défaut d'aller sur le sol du continent noir, il
avait réuni en août 2010 plusieurs dizaines de jeunes
Africains à la Maison-Blanche pour les encourager à
enraciner la pratique démocratique dans leurs pays, et à
ne pas suivre la voie de la génération « des indépen-
dances » qui s'était selon lui accrochée au pouvoir. Un
numéro d'équilibriste pour un président qui a serré la
main à l'homme fort de la Guinée équatoriale Teodoro
Obiang et reçu dans le Bureau ovale en juin 2011 Ali
Bongo. Face à la bronca d'ONG et de médias américains ayant enquêté sur la pratique du pouvoir

contestable du dirigeant et héritier gabonais, le porte-parole de la Maison-Blanche, Jay Carney, avait eu cet aveu : « Il serait un peu naïf de penser que le président des États-Unis ne devrait pas rencontrer de dirigeants ne répondant pas à tous nos critères pour une gouvernance parfaite. »

À l'approche de l'élection de novembre 2012, la politique étrangère d'Obama s'est faite encore plus utilitariste, avec deux dominantes : argumenter en faveur de politiques de stabilisation et de croissance en Europe – afin de soutenir la reprise économique aux États-Unis –, et éviter à tout prix la conflagration majeure au Moyen-Orient que provoquerait une attaque préventive d'Israël contre les installations nucléaires iraniennes. Une telle opération entraînerait à coup sûr les États-Unis dans le conflit et placerait Obama en situation précaire. Dans le vocabulaire de Washington, on appelle cela le scénario de la « surprise d'octobre ».

22.

Une campagne sans pitié

« Le voilà ! » s'exclame un photographe perché en haut de l'estrade des journalistes alors que la foule en contrebas laisse éclater sa joie. Tout à notre gauche dans le ciel, en approche de la piste de l'aéroport régional d'Asheville à sept cent cinquante kilomètres au sud-ouest de Washington, vient d'apparaître la forme imposante d'*Air Force One*. L'appareil se pose dans le nuage de fumée de son train d'atterrissage, passe à toute allure devant le public, vrillant nos tympans du hurlement de ses inverseurs de poussée. Quelques minutes plus tard, après avoir parcouru pratiquement toute la piste, la carlingue bleue et blanche du 747 fait demi-tour et vient s'immobiliser à trois cents mètres de la scène. La joie des spectateurs redouble alors que la silhouette familière d'Obama sort de l'avion, descend la passerelle. Un bras sur l'épaule de la maire d'Asheville, le Président marche d'un pas décidé vers la scène. « *Ladies and gentlemen, the President of the United States !* » lance l'annonceur,

alors que la sonorisation embraye sur l'hymne présidentiel *Hail to the Chief.* Une fois dans le champ des
caméras, Obama se met à courir, grimpe en un éclair
sur l'estrade, derrière laquelle un drapeau américain
d'au moins dix mètres de haut a été tendu. « *Hello
Asheville !* » s'écrie le Président, salué par un tonnerre
de vivats. Nous sommes le 17 octobre 2011, il est
10 h 53 du matin, et Barack Obama entame une répé-
tition générale de la dernière ligne droite de sa
campagne électorale.

La Maison-Blanche a pris le soin de démentir que le
Président vienne défendre ses chances de réélection en
Caroline du Nord, à moins de treize mois de la consultation de novembre 2012. Une fois de plus à couteaux
tirés avec ses adversaires républicains, il vient solliciter le soutien de ses compatriotes pour qu'ils l'aident
à convaincre leurs élus de la nécessité d'adopter un
dispositif législatif chiffré à 447 milliards de dollars.
Combinant mesures de relance et prorogation d'allègements fiscaux pour la classe moyenne, cet ensemble
de lois a le potentiel de créer 1,9 million de postes,
assure Obama. Quelque 380 jours avant de remettre
son mandat en jeu, le Président a désespérément
besoin de bonnes nouvelles dans le domaine économique : sortis début octobre, les chiffres de l'emploi
ont montré un taux officiel de chômage stagnant à
9,1 %. Encore faut-il prendre en compte ceux qui se
sont découragés de chercher du travail, ou sont sous-
employés : le taux de chômage réel, de l'aveu même du
Bureau fédéral du travail, s'établit ainsi à un effrayant
16,5 %.

Mais en plein lancement de la campagne présidentielle, les républicains du Congrès ne sont pas disposés
à lâcher du lest. Six jours avant le début du voyage
d'Obama, ils ont refusé d'examiner son plan emploi.
En cause, son financement : Obama veut la fin des
cadeaux fiscaux consentis aux plus riches par son
prédécesseur George W. Bush. Pire aux yeux de ceux
qui qualifient les contribuables aisés de « créateurs
d'emplois », Obama veut surtaxer temporairement les
millionnaires et les milliardaires de cinq points.
Malheureusement pour lui, deux démocrates ont
rejoint la partie adverse et se sont prononcés le
11 octobre contre l'examen de ce plan.

Le voyage d'Obama répond à plusieurs objectifs
plus ou moins avoués : faire pression sur les républicains, prendre les Américains à témoin de leur obstruc-
tionnisme, présenter le Président comme celui qui
défend les instituteurs, les forces de l'ordre et les
services d'urgence, autant de figures populaires et
respectées. Il s'agit aussi de tenter de faire passer un
message optimiste et volontariste en comptant sur
l'éloquence du Président. Ce que la Maison-Blanche
ne dit pas, c'est qu'Obama parcourt ainsi deux États
cruciaux sur la carte électorale : en 2008, il a conquis
de justesse les voix des grands électeurs de Caroline
du Nord, État qui n'avait plus voté pour un démocrate depuis Jimmy Carter en 1976. Il a aussi enlevé la
Virginie, où il fallait remonter à Lyndon Johnson en
1964 pour une victoire de son parti.

Que l'on soit vétéran de la campagne de 2008 ou
relativement peu familier de l'exercice, comme c'est
alors mon cas, le moins que l'on puisse dire c'est que

le voyage de trois jours et de mille kilomètres qu'Obama entreprend vers la côte atlantique de la Virginie constitue une véritable tournée de captage des votes. Les scénographes de la Maison-Blanche n'ont pas laissé grand-chose au hasard : la tribune de presse, où sont perchés les caméras et les photographes, met Obama dans l'axe d'*Air Force One*, symbole par excellence de la présidence. L'équipe de communication doit aussi apprécier le ciel sans un seul nuage, devant lequel se découpe la chaîne de montagnes des Appalaches qui, en cette mi-octobre, se pare des sublimes couleurs jaunes, brunes et rouges de l'automne nord-américain.

On sait qu'Obama est un bon orateur, capable de faire vibrer les foules lorsque nécessaire. Il faut revoir, relire l'incroyable discours du « *Yes we can* », le 8 janvier 2008 à Nashua dans le New Hampshire. Évoquant la campagne des primaires en cours, Obama avait dit : « Nous nous rappellerons que quelque chose est en train de se produire aux États-Unis, que nous ne sommes pas aussi divisés que notre vie politique semble le dire, que nous sommes un peuple, une nation, et qu'ensemble nous allons entamer le prochain grand chapitre des États-Unis avec trois mots qui vont résonner d'une côte à l'autre, de l'océan à l'océan : oui, c'est possible ! » Quatre ans plus tard, on a oublié que ce discours, prononcé d'une voix blanchie par la fatigue et la tension, était un discours de défaite. La campagne de l'encore sénateur de l'Illinois, parti en fanfare dans la course des primaires face à Hillary Clinton, cinq jours plus tôt dans l'Iowa, venait de se faire sèchement battre par l'ancienne première dame.

Mais le « *Yes we can* » était lancé, et promis à un brillant avenir.

Toutefois, en cette mi-octobre 2011, les envolées lyriques de la campagne de 2008 ont été oubliées depuis longtemps, et le message du Président, après trois ans de difficile exercice du pouvoir, est teinté d'un certain cynisme. Pendant cette tournée, « je vais parler un peu, mais je vais surtout beaucoup écouter, parce que, ces temps-ci, on n'a pas vraiment l'impression que l'écoute soit le point fort de Washington », affirme face aux habitants d'Asheville celui qui travaille à Washington depuis six ans, en comptant son mandat de sénateur.

Détaillant le plan pour l'emploi que ses adversaires ont retoqué, Obama affirme : « Nous allons donner une nouvelle occasion aux membres du Congrès de se montrer à la hauteur et de faire ce qui est juste [...] Nous allons leur donner une nouvelle chance de faire leur travail en s'occupant de vous. Évoquant le plan emploi, il affirme en ironisant que « nous allons le couper en petites bouchées digestes pour qu'ils puissent y réfléchir ». Si le président des États-Unis voulait laisser entendre que ses adversaires politiques sont un peu simples d'esprit, c'est réussi.

Après avoir moqué, Obama menace. « S'ils votent encore contre ces propositions, s'ils votent contre des mesures dont nous savons qu'elles remettront des Américains au travail tout de suite, ce n'est pas à moi qu'ils devront des explications. C'est à vous. Il va falloir qu'ils viennent en Caroline du Nord et qu'ils disent aux gamins qu'ils ne peuvent pas récupérer leurs professeurs. Il va falloir qu'ils viennent en Caroline du

Nord et qu'ils regardent ces ouvriers du bâtiment dans les yeux et leurs disent qu'ils ne peuvent pas travailler aux travaux dont les États-Unis ont besoin. Il va falloir qu'ils viennent ici et qu'ils expliquent aux familles laborieuses pourquoi leurs impôts vont augmenter pendant que les Américains les plus riches et les multinationales continuent à bénéficier des niches fiscales », s'exclame le Président, décidément d'humeur bagarreuse. Et de conclure par l'une des expressions les plus éculées de la démagogie électorale à l'américaine : « Montrons au monde entier, une nouvelle fois, pourquoi les États-Unis sont le pays le plus formidable du monde ! »

Cette entrée en matière, mi-désabusée, mi-cynique, résume le gros problème d'Obama, au moment où se dessine sa stratégie de réélection. En 2007 et 2008, il avait mené ce que les spécialistes de sciences politiques appellent une « campagne d'insurrection », où un candidat se présentant comme providentiel promet d'apporter le « changement » et de rendre l'« espoir ». Mais, au moment de solliciter à nouveau les voix des électeurs, Obama ne peut plus prétendre incarner un « changement », et l'« espoir » semble pour beaucoup s'être brisé sur la crise économique. Difficile pour lui de faire campagne seulement sur un bilan qui, s'il n'est pas ridicule, souffre de plusieurs points faibles, à commencer par le chômage.

Face à cette situation, Obama et ses conseillers embrassent un modèle paradoxal pour eux, mais qui a démontré son efficacité dans la campagne victorieuse... de George W. Bush en 2004. Le président républicain sortant, qui semblait mal parti face au

démocrate Kerry, avait mené une campagne extrêmement offensive sur le thème de la sécurité nationale, en
attaquant sans relâche son adversaire et en réussissant à
le présenter comme un inconstant, indécis et incapable de présider un pays engagé dans deux guerres.
Orchestrée de la Maison-Blanche par l'éminence grise
de Bush, Karl Rove, cette campagne avait aussi vu
l'émergence d'un canardage de publicités négatives,
l'une en particulier qui remettait en cause l'héroïsme
de Kerry pendant son déploiement au Vietnam.

Huit ans plus tard, Barack Obama et son équipe,
essentiellement le triumvirat du directeur de
campagne Jim Messina, du stratège David Axelrod et
du conseiller politique David Plouffe, ont opté pour
le même genre de tactique : enfourcher un cheval de
bataille – la défense de la classe moyenne américaine –, attaquer sans relâche son adversaire sur ses
points faibles ou perçus comme faibles, et rendre coup
sur coup. La campagne de 2008 était celle des lendemains qui chantent, celle d'un Obama qui ne perdait
pas son calme face aux attaques de ses adversaires ? La
campagne de 2012 sera brutale. Même si le Président
garde le sourire lors des discours politiques qu'il
prononce par dizaines, il insiste chaque fois sur l'enjeu
d'une élection qui se déroule « à un moment auquel
"ça passe ou ça casse" pour la classe moyenne ».

« Il est important de comprendre que la dernière
chose que nous pouvons nous permettre est de revenir
aux politiques économiques qui nous ont fait tomber
dans cette catastrophe [la crise de 2008] », assure-t-il
ainsi face à des donateurs de son parti, le 5 avril 2012
à Washington. Et de décrier le projet budgétaire des

républicains : « Quand on regarde ce budget, c'est la vision d'une Amérique où chacun se débrouille tout seul, quelques-uns s'en sortent très bien et tous les autres peinent à joindre les deux bouts. »

Voilà pour le message. La forme et le séquençage de la campagne démocrate sont peut-être encore plus significatifs de l'attitude agressive adoptée par les alliés du Président depuis l'ouverture du processus des primaires républicaines, début janvier 2012. Au lendemain des innombrables débats, une vingtaine, qui ont opposé les prétendants du parti conservateur, on sait que le titulaire de l'investiture républicaine sera Mitt Romney, candidat malheureux face à McCain en 2008. C'est donc sur lui que se concentrent d'ores et déjà les attaques de l'équipe démocrate.

Le conseiller David Axelrod, à qui Obama doit en grande partie son ascension politique, s'affiche d'emblée comme le plus mordant, accusant Romney d'être prêt à tout pour se faire élire, y compris « changer d'opinions sur des questions fondamentales de principe ». « Comment pouvons-nous savoir ce que vous ferez en tant que président ? » interroge Axelrod. La campagne d'Obama, établie à Chicago, embraye immédiatement avec une série de publicités sur le site de partage de vidéos YouTube décrivant Romney comme une « girouette ». L'expression en anglais est *flip-flop*. Elle désigne également des sandales légères, déjà brandies par les partisans de Bush en 2004 contre Kerry…

Il est vrai que Romney ne se rend pas service. Lors des primaires, il s'affiche conservateur sur les questions économiques et sociales – il ira même jusqu'à se décrire comme « sévèrement conservateur » – dans le but évident de séduire l'aile droite du parti républicain, toujours influencée par le « Tea Party » et plus attirée par ses deux principaux adversaires, Newt Gingrich et Rick Santorum. Pourtant, il a défendu dans le passé le droit à l'avortement, et promulgué pendant son passage à la tête du Massachusetts une réforme de l'assurance-maladie proche de la couverture universelle dont l'équipe Obama se délecte à rappeler qu'elle a servi de modèle à sa propre loi vedette.

Romney, né à l'abri du besoin en 1947 dans le foyer d'un homme d'affaires devenu gouverneur du Michigan et capitaine d'industrie automobile, a fait lui-même fortune au cours des années 1980 et 1990 dans le capital-risque, reprenant des entreprises pour les restructurer et les revendre avec bénéfices. Sa fortune personnelle est réputée atteindre entre 190 et 250 millions de dollars. Ce n'est pas assez pour le faire figurer en tête des personnalités les plus riches des États-Unis, mais suffisant pour prêter le flanc à la critique de la campagne d'Obama, qui le décrit comme « détaché des réalités » face aux Américains qui souffrent des conséquences de la crise.

Malheureusement pour lui, Romney multiplie les gaffes au point de faire passer le vice-président Biden pour un parangon de retenue. En août 2011, pris à partie par un participant à une réunion publique sur la taxation des entreprises, il rétorque : « Les entreprises sont des personnes, mon ami ! » C'était un mois après avoir rencontré des chômeurs en Floride, et leur avoir dit oîtement : « Vous savez, moi aussi je suis chômeur… » En décembre, lors d'un débat des primaires républicaines face au gouverneur du Texas Rick Perry qui lui reproche la réforme de l'assurance-maladie du Massachusetts, Romney se dit prêt à parier « 10 000 dollars » que c'est faux. Les démocrates lancent dans la foulée le mot-clé « 10K » sur Twitter pour insister sur le fait que 10 000 dollars, trois mois de salaire net pour un foyer américain moyen, constituent de la petite monnaie aux yeux du candidat !

On pouvait penser que Romney aurait appris à tourner sa langue sept fois dans sa bouche avant de lancer des énormités. Mais, en janvier 2012, abordant la flexibilité du marché du travail, il affirme qu'il « apprécie le fait de pouvoir virer des gens qui me fournissent des services ». Deux semaines plus tard, après avoir refusé de le faire, il accepte de publier sa feuille d'impôts, et prévient qu'il a touché de l'argent pour prononcer des discours « de temps en temps, mais pas tellement ». En fait, cette activité, répandue chez les hommes politiques américains, lui a rapporté quelque 350 000 dollars ! Romney aggrave encore son cas en février, quand il assure au micro de CNN qu'il n'est « pas vraiment inquiet au sujet des très pauvres », car ils bénéficient, selon lui, d'un filet de sécurité grâce aux politiques sociales. Quand on sait qu'un Américain sur sept dépend de bons alimentaires délivrés par l'État pour se nourrir… En mai, alors qu'un journaliste lui demande, pour détendre l'atmosphère, s'il serait prêt à affronter Obama sur un terrain de basket, Romney répond qu'il préférerait l'affronter au ski nautique !

Romney, qui a donc grandi dans le Michigan, croit faire plaisir aux habitants de Detroit dont il sollicite les votes pour la primaire en affirmant dans ce fief de General Motors (GM) que sa femme « conduit deux Cadillac ». C'est d'autant plus malheureux pour lui qu'il est poursuivi depuis fin 2008 par une tribune qu'il avait publiée dans le *New York Times*, et titrée, contre son avis assure-t-il, « Laissez Detroit faire faillite ». Il défendait l'idée de laisser sombrer GM et Chrysler pour que ces entreprises se restructurent d'elles-mêmes, sans aide de l'État. Bush, fin 2008, et Obama, dès le début de son mandat, avaient adopté une stratégie opposée, en exigeant en retour une modernisation et un allègement de ces compagnies.

Et quelques jours plus tard, Romney continue à s'enfoncer sur le thème automobile en vantant le fait qu'il a des amis « propriétaires d'équipes NASCAR », les voitures de course très populaires dans l'Amérique qui vote républicain. Du pain bénit pour les émissions de télévision satiriques, mais aussi évidemment pour la campagne d'Obama qui se vante de ne même plus avoir besoin d'éditer les discours de Romney pour en faire des publicités négatives.

L'équipe de campagne d'Obama, dès le printemps 2012, rend en effet coup pour coup : Messina, le directeur de campagne, et Axelrod, le stratège, envoient des « tweets » venimeux à un rythme soutenu, tandis que Plouffe, conseiller du premier cercle d'Obama, distille la bonne parole aux journalistes à la Maison-Blanche. La campagne démocrate multiplie les communiqués, vidéos et les interventions télévisées. Mais l'opiniâtreté de la présidence est

surtout décelable dans l'impeccable contre-program-
mation qu'elle a organisée face à Romney, pendant
que ce dernier semblait peiner à se débarrasser de ses
adversaires les plus coriaces de la primaire, Gingrich et
Santorum.

Le voyage en bus d'Obama à travers la Caroline du
Sud et la Virginie à la mi-octobre avait eu lieu au
moment d'un débat républicain, une bonne façon
d'éviter la saturation de l'actualité par les conservateurs. Lorsqu'il effectue une tournée dans cinq États
à la suite de son discours sur l'état de l'Union, fin
janvier 2012, Obama visite le Nevada, un État là
encore crucial sur la carte électorale, où la primaire
républicaine est organisée huit jours plus tard. Son
voyage passe aussi par le Colorado, important dans la
perspective du 6 novembre, où les républicains votent
quatre jours après le Nevada. Et dans le même voyage
il est passé par l'Arizona et le Michigan, où les
primaires sont prévues le 28 février ! Autant d'occasions de marquer son territoire.

Le Michigan, donc. Un repaire de cols bleus, en
particulier dans le secteur automobile, qu'Obama se
vante d'avoir contribué à sauver. Le jour de la primaire
dans cet État où Romney peut raisonnablement
compter sur ses racines familiales pour s'assurer un
soutien, Obama ne va pas jouer les trouble-fête en
allant visiter l'État. Mieux, il le fait venir à
Washington ! La Maison-Blanche dément qu'il
s'agisse d'autre chose qu'une coïncidence, mais dans
ce cas, elle est quasi miraculeuse : le 28 février, Obama
a été invité à prononcer un discours devant plusieurs
milliers de syndicalistes automobiles de la centrale

UAW participant à un congrès dans la capitale fédérale. Et il en profite pour défendre son bilan, mais aussi et surtout s'en prendre à Romney. Il ne le nomme pas, mais la référence est immanquable.

« L'électrocardiogramme du secteur manufacturier était en train de s'aplatir, et il nous fallait faire un choix », lance-t-il à propos de la décision de renflouer sous conditions Chrysler et GM. « Avec l'économie qui était en train de s'écrouler, aucun investisseur, aucune entreprise privée n'aurait parié sur l'industrie automobile. Personne ne faisait la queue pour vous accorder des prêts. Toute personne travaillant dans la finance pourrait vous le dire. » Et pan dans la figure de l'ancien investisseur Romney ! Le choix à l'époque, selon Obama, était soit de continuer à renflouer à perte les constructeurs sans leur demander de se restructurer, soit de « ne rien faire et de laisser ces entreprises sombrer. Et vous vous rappelez que certains hommes politiques disaient que c'est ce que nous devions faire ». « Houuuu ! » crient les syndicalistes. « Certains disaient même que nous devions laisser Detroit faire faillite », martèle Obama, citant Romney dans le texte. Nouvelles huées de la foule.

« Imaginez un peu ce que cela aurait voulu dire pour ce pays, si nous vous avions tourné le dos, si l'Amérique avait jeté l'éponge, si GM et Chrysler avaient fait faillite [...]. Une production arrêtée, des usines condamnées. Des entreprises, autrefois fières, dépecées et vendues à la ferraille. Et vous tous, hommes et femmes qui aviez construit ces entreprises de vos propres mains, vous auriez été laissés pour compte. Plus d'un million d'Américains auraient

perdu leurs emplois au milieu de la pire crise économique depuis la Grande Dépression » des
années 1930, argumente encore le Président, qui
conclut son discours par une nouvelle tirade démago-
gique. Il dit apprécier, lors d'une visite dans une usine
Chevrolet près de Detroit, d'avoir pu monter dans la
voiture hybride rechargeable « Volt », symbole du
renouveau de la marque. « Dans cinq ans, quand je
ne serai plus président, j'en achèterai une et la
conduirai moi-même. Oui, parfaitement ! » Et les
membres de l'UAW de scander « quatre ans de plus,
quatre ans de plus ! » comme s'il n'était pas évident
que ce discours était avant tout électoral.

Après les « cols bleus » du secteur manufacturier, un
autre sujet s'invite dans la campagne républicaine, et
sur lequel Obama pense détenir l'avantage : la défense
des droits des femmes, et en particulier la contraception. Cette question et celle de l'avortement divisent
profondément la société américaine, même depuis que
la Cour suprême a légalisé l'avortement sous conditions en 1973 : que ce soit sur des affiches de publicité au bord des autoroutes, des autocollants plaqués
à l'arrière des voitures ou au sein des parlements des
cinquante États, les « pro-choice » favorables au droit
à l'avortement et les « pro-life » qui le rejettent continuent à défendre passionnément leurs positions.
Obama, comme la plupart des démocrates, est favo-
rable au droit des femmes à mettre un terme aux gros-
sesses non désirées. Or Romney a pris des positions
particulièrement musclées dans ce dossier lors de la
campagne de l'hiver 2011-2012, en promettant de
tout faire pour revenir sur le compromis de 1973.

L'équipe de campagne Obama a beau jeu de ressortir des archives vidéo dans lesquelles on voit un Romney aux tempes à peine moins grises protester de ses convictions « pro-choice » lorsqu'il était gouverneur.

Mais ce débat prend un aspect inconfortable pour les démocrates lorsque la très conservatrice conférence des évêques catholiques s'alarme en février 2012 d'alinéas de la réforme de l'assurance-santé promulguée par Obama en mars 2010. Ces dispositions devant entrer en vigueur à l'été 2013 obligent en effet les employeurs à fournir une couverture maladie complète, incluant la contraception, à leurs employées. Pour les évêques, cela revient à réclamer à des hôpitaux, à des écoles ou à des universités gérées par des institutions catholiques qu'elles financent la pilule à laquelle elles s'opposent.

Peu importe que 98 % des catholiques américaines aient un jour ou l'autre eu recours à la contraception. Les républicains, comme le président de la Chambre John Boehner, voient carrément une « attaque contre la religion » dans ce volet de la réforme de l'assurance-maladie qu'ils honnissent. Obama souligne que « chaque femme doit pouvoir prendre elle-même les décisions lorsqu'il s'agit de sa santé » en annonçant le 10 février un compromis, au terme duquel ce seront les sociétés d'assurance et non les employeurs, qui devront acquitter le remboursement de la contraception.

Mais le dossier est loin d'être refermé, et de la défensive, la campagne Obama passe à l'offensive, en profitant du fait que Mitt Romney a successivement pris position contre, puis pour un amendement législatif qui reconnaîtrait une telle objection de conscience pour les employeurs. Une nouvelle accusation d'être une « girouette », et plus grave, de vouloir mener une « guerre contre les femmes ». Côté démocrate, on a tout à gagner à dépeindre Romney comme voulant revenir sur les progrès de la condition féminine : le stratège Axelrod accuse carrément Romney de croire qu'il vit dans *Mad Men*, série fertile en attitudes machistes, qui se déroule dans une agence de publicité du début des années 1960 à New York ! L'équipe de campagne d'Obama n'ignore pas que les femmes représentent 53 % du corps électoral américain et que celles-ci s'étaient portées à 56 % sur le candidat démocrate en 2008. Le Président multiplie donc les événements pour marquer sa différence avec les républicains. Sans parler de « guerre contre les femmes », il rappelle tout ce qu'il a fait pour elles : une loi pour l'égalité salariale promulguée dès ses premières semaines au pouvoir, la nomination de deux femmes à la Cour suprême... et la réforme de l'assurance-maladie. Il note aussi que les femmes représentent 80 % de son foyer « lorsque je compte ma belle-mère. Et je compte toujours ma belle-mère ! »

Au fur et à mesure de l'avancement de la campagne, au printemps 2012, le trio Messina-Axelrod-Plouffe poursuit ses attaques sans relâche contre Romney, fouillant dans les journaux et les archives vidéo pour trouver des déclarations de l'ancien gouverneur qui pourraient lui porter tort, toujours avec un sens très pointu de la programmation. Le premier anniversaire du raid contre Ben Laden, le 1er mai, approche et, dès le 27 avril, le comité de campagne d'Obama sort une vidéo d'une minute célébrant l'esprit de décision du président sortant, en donnant la parole à l'ancien président Bill Clinton, qui le couvre d'éloges. Clinton souligne les risques politiques que son successeur a pris, alors que la présence de Ben Laden sur place n'était pas certaine. « Supposez qu'ils y soient allés et que cela n'ait pas été Ben Laden. Supposez qu'ils aient été capturés ou tués. Les conséquences négatives auraient été horribles » pour Obama, explique Clinton. Jusqu'ici, rien que du positif. Mais la publicité mentionne aussi des déclarations passées de Romney. Ce dernier s'opposait à l'idée, professée par Obama dès 2007, d'intervenir à l'intérieur du Pakistan contre al-Qaida, et mettait en doute l'intérêt de « remuer ciel et terre et de dépenser des milliards pour capturer une seule personne ». C'est le monde à l'envers : Obama, un démocrate, qui met en cause la solidité d'un républicain en matière de sécurité nationale !

Le Président, qui a aussi ouvert la salle de gestion des crises ultra-sécurisée de la Maison-Blanche, la « Situation Room », aux caméras de la télévision NBC – un geste *a priori* sans précédent –, pour évoquer le raid, doit même se défendre le lundi suivant de s'adonner à une « célébration excessive » de la mort de Ben Laden pour des raisons électorales. Mais, lors d'une conférence de presse, il tacle lui-même Romney sur ce sujet, sans toutefois le nommer. « En ce qui concerne mon rôle personnel [dans le raid] et ce que d'autres auraient fait, je me contenterai de recommander à tout le monde de regarder les précédentes déclarations des gens sur la question de savoir s'il était convenable d'aller au Pakistan et de mettre Ben Laden hors d'état de nuire. »

Le lendemain, mardi 1er mai, au moment où le Président est parti en visite secrète en Afghanistan – ce que tout le monde ignore encore –, l'équipe de Chicago, décidément très en forme, change d'angle d'attaque mais reste virulente. Une nouvelle vidéo s'en prend au bilan de Romney en matière d'emploi. « En tant que PDG d'entreprise, il a délocalisé des emplois américains dans des pays comme le Mexique et la Chine. En tant que gouverneur, il a supprimé des postes de fonctionnaires au profit de centres d'appel en Inde. Il souhaite toujours que des entreprises délocalisant à l'étranger bénéficient de réductions d'impôts », affirme cette publicité. Le coup bas suit : « Il fallait s'y attendre de la part d'un type qui avait un compte en banque en Suisse ! » Dans ses déclarations d'impôts publiées début 2012, Romney faisait en effet état d'un compte bancaire dans la Confédération helvétique, tout en précisant qu'il était au nom de sa femme, avait été dûment déclaré à l'IRS, le fisc américain, et avait été clôturé en 2010. Riposte immédiate du camp Romney : « Avec le pire bilan de l'histoire récente en matière de création d'emplois et la reprise économique la plus lente depuis la crise de 1929, le président Obama essaie de détourner l'attention des Américains des vrais problèmes. » Mais la meilleure défense après l'attaque étant... l'attaque, la campagne d'Obama a prévu un nouvel étage à sa fusée : elle diffuse sur Twitter une infographie des cartes des pays où les Romney possèdent ou possédaient des comptes. La liste donne le tournis :

l'Allemagne, le Luxembourg, les îles Caïmans, les Bermudes, l'Irlande et l'Australie.

Ces parties de ping-pong quotidiennes (attaque, contre-attaque, réponse, nouvelle attaque, etc.) deviennent une figure imposée de la couverture de la Maison-Blanche et de l'équipe Romney à partir du mois de mai 2012. Il nous faut rester à l'affût de nouvelles vidéos sur le site de partage YouTube, de courriers électroniques aux argumentaires acérés et de « tweets » incessants. Il est d'ailleurs assez fascinant de noter que chaque camp possède ses « éléments de langage » tout prêts à servir, et même des contre-vidéos en stock. Nouvel exemple le 14 mai, quand l'équipe Obama donne la parole à d'anciens ouvriers d'une aciérie du Missouri, rachetée dans les années 1990 par Bain Capital, l'entreprise de capital-risque de Romney. Des images de friches industrielles défilent, pendant que des sexagénaires au visage creusé racontent leur histoire, celle de gens qui ont tout perdu après que Bain eut démantelé l'usine en engloutissant 750 emplois, mais aussi leurs plans-retraite et leurs assurances-maladie pour leurs vieux jours. L'un d'entre eux qualifie Romney de « destructeur d'emplois » et même de « vampire ». Dans un autre spot, il est comparé à un « Robin des Bois à l'envers », qui dépouille les pauvres pour donner aux riches. Cela fait mauvais effet pour Romney, qui affirme depuis des mois que son expérience de chef d'entreprise le qualifie plus qu'Obama pour faire repartir le marché de l'emploi aux États-Unis.

Mais le 21 mai, Obama reprend à son compte lors d'une conférence de presse le message que sa campagne martèle : « Si votre principal argument pour faire croître l'économie est que vous savez comment faire gagner beaucoup d'argent aux investisseurs, vous ne comprenez pas ce dont il s'agit à ce poste » (de président). De son côté Romney accuse Obama d'« attaques contre la libre-entreprise ».

Les campagnes électorales américaines ne sont jamais des duels de gentlemen, et les publicités négatives restent une arme efficace pour déconsidérer l'adversaire. Il est toutefois rare qu'elles soient diffusées en masse aussi longtemps avant l'élection, ce qui augure d'un cycle particulièrement violent. Pour les républicains qui y ont eux aussi recours, les attaques incessantes de l'équipe d'Obama n'ont qu'un but, faire oublier le bilan selon eux désastreux de sa présidence en matière d'économie et d'emploi. Et ils remarquent que le slogan choisi par les démocrates pour leur campagne de 2012, « En avant », constitue aussi une invitation à ne pas s'attarder sur le bilan pour « promettre des lendemains qui chantent, sur la base de politiques qui ont échoué aujourd'hui ».

23.

« Casse du siècle » chez George Clooney

Le convoi présidentiel traverse en trombe la vallée de San Fernando, enserrée par les montagnes californiennes qui flamboient dans le crépuscule de la mi-mai. À chaque carrefour sont agglutinées des centaines de personnes, brandissant des appareils photo ou des téléphones portables, saluant avec enthousiasme le passage du président des États-Unis dans cette banlieue résidentielle de Los Angeles. La file de limousines blindées, de gros 4 × 4 bourrés de gardes du corps et de minibus s'engage bientôt dans des rues plus sinueuses et finit par s'immobiliser, au-delà d'un périmètre de sécurité qui tient la foule d'admirateurs à distance. Nous sommes à Hollywood, et Barack Obama vient rendre visite à George Clooney.

Certes, Obama connaît bien l'ancien bourreau des cœurs de la série *Urgences*, devenu un acteur de cinéma à succès et un réalisateur de films politiques, comme *Good Night, and Good Luck* ou encore *Les Marches du pouvoir*. Clooney lui a rendu visite deux fois à la

Maison-Blanche pour parler du Soudan et en particulier du Darfour, une cause pour laquelle il s'est engagé
de longue date. Mais ce 10 mai 2012 au soir, la visite
d'Obama chez Clooney, braqueur de charme dans le
film *Ocean's Eleven*, s'apparente au « casse du siècle »,
butin de 15 millions de dollars à la clé.

Après quelques minutes à patienter dans l'allée
conduisant au jardin de la massive maison de style
Tudor entourée d'eucalyptus, le pool de journalistes
de presse écrite – photographes et caméramen sont
persona non grata – est escorté sous une tente dressée
sur le terrain de basket de la propriété. Une quinzaine de tables de dix convives sont disposées face à
une petite scène, sur laquelle Obama commence son
discours : le président des États-Unis remercie ses
généreux donateurs. Chacune des personnes présentes
a en effet déboursé 40 000 dollars pour avoir le privilège de dîner en sa compagnie. Multiplié par cent
cinquante, cela fait 6 millions de dollars. Mais la
campagne d'Obama a aussi capitalisé depuis des
semaines sur la popularité de Clooney pour effectuer
une offre alléchante : à tous les donateurs qui auront
donné au minimum 3 dollars, elle a offert de participer à un tirage au sort pour assister au dîner chez
l'acteur. Apparemment ce dernier fait rêver les foules :
9 millions de dollars supplémentaires ont ainsi été
récupérés. 15 millions de dollars pour une soirée, un
record absolu dans les annales des campagnes électorales américaines. Encore faut-il souligner qu'Obama,
le même jour, était passé par la région de Seattle pour
deux autres réunions de levée de fonds, en empochant
3 millions de dollars supplémentaires. En moins de dix

heures le 10 mai, Obama a donc enrichi son trésor de guerre de 18 millions de dollars !

L'une des caractéristiques des campagnes électorales américaines réside dans la nécessité de lever d'importants fonds pour les financer : selon le *New York Times*, faire sérieusement campagne pour l'un des cent sièges de sénateur que comptent les États-Unis revient, en moyenne, à 10 millions de dollars, sans garantie de succès. Et la campagne électorale victorieuse d'Obama pour la présidence, qui s'était étalée de février 2007 à novembre 2008, avait coûté 670 millions de dollars, le tiers du PIB d'un pays comme la République centrafricaine. Les candidats à la présidentielle, dès les primaires de leur parti, peuvent choisir d'avoir recours à un financement public, mais cela a pour conséquence de plafonner le montant qu'ils peuvent dépenser, et Obama a préféré faire appel à des donateurs privés. L'argent sert à financer les incessants déplacements des candidats, mais aussi et surtout les achats d'espaces publicitaires sur la myriade de télévisions locales que comptent les États-Unis.

C'est aussi pour cela qu'Obama a déclaré sa candidature à un second mandat dès avril 2011, dix-neuf mois avant l'élection. Cela lui a permis de commencer à récolter des fonds pour sa campagne, en se mettant en règle avec la Commission électorale fédérale, la FEC, qui contrôle et valide les dépenses des candidats.

Retour chez Clooney. « Nous avons récupéré beaucoup d'argent parce que tout le monde aime George », lance Obama face à des stars comme Jack Black, Billy Crystal, Robert Downey junior, Salma Hayek, Tobey

Maguire et Barbra Streisand. Il remercie le véritable chef d'orchestre de cette réunion, l'ancien PDG de Disney Jeffrey Katzenberg, qui fut l'un de ses premiers soutiens à Hollywood et mobilise régulièrement son carnet d'adresses en faveur du candidat.

Pour 40 000 dollars, les convives ont le droit de serrer la main du Président, de poser pour une photo avec lui et même de lui poser des questions qui leur tiennent à cœur. Lesquelles ? Les journalistes, et donc le public, ne le sauront pas : nous sommes seulement autorisés à rendre compte des propos liminaires du Président, et à patienter à nouveau à l'extérieur ensuite. C'est ainsi qu'avec mes collègues je me retrouve à travailler autour d'une table dans le garage de George Clooney pour rendre compte au monde extérieur des tenants et aboutissants de cet événement qui provoque un certain émoi à Hollywood et dans le reste du monde.

Généralement, les interventions présidentielles dans le cadre de ces réunions sont sans aspérités et suivent le même schéma : même si nous tendons l'oreille, ce n'est pas là que s'annoncent des changements de politique. Obama se contente de faire allusion aux fonds qu'il vient récolter, en saluant les « amis » qui sont dans la salle, et leur affirmant : « Je suis là parce que j'ai besoin de votre aide, mais aussi parce que votre pays a besoin de votre aide. » Pudiquement, la Maison-Blanche appelle ces séances un « événement de campagne », et ne communique pas sur les rentrées : le comité de campagne à Chicago se charge de nous prévenir par courrier électronique à ce sujet.

Pour les journalistes qui suivent Obama comme son ombre, les réunions de levée de fonds – menées en 2011-2012 au rythme d'une centaine par an – permettent en tout cas de découvrir des bribes de la vie des riches et des puissants lorsqu'elles se produisent à leurs domiciles. Quelques dominantes se dégagent : dans la région de Los Angeles, Obama courtise surtout Hollywood, et les réunions ont souvent lieu dans les somptueuses propriétés de producteurs ou d'acteurs. Avant Clooney, Antonio Banderas et Melanie Griffith avaient ainsi prêté leurs demeures au Président. À San Francisco, les entrepreneurs de la Silicon Valley ont ses faveurs. Du côté de Seattle, Obama fait appel à la générosité des actionnaires de Microsoft, ou à celle du fondateur de la chaîne de supermarchés Costco. Il est rare que le Président laisse passer un mois sans se rendre à New York, à moins d'une heure de vol de Washington : il s'agit d'un nid d'électeurs démocrates très à l'aise financièrement, en particulier grâce à Wall Street. Parmi les autres villes accueillant de telles réunions figurent son ancien fief de Chicago, les riches Miami et Boston, et parfois des endroits moins évidents comme Atlanta, voire Austin, la capitale du Texas, rare enclave démocrate dans l'ancienne place forte de George W. Bush.

Avant l'épisode de Clooney, la réunion de levée de fonds qui m'a le plus marquée s'est produite le 20 avril 2011, dans le quartier très chic de Presidio Heights à San Francisco, où le ticket d'entrée dans l'immobilier vaut au moins 3 millions de dollars. L'événement est organisé dans un patio situé entre deux maisons : l'occupant des murs a acheté deux demeures et les a fusionnées ! Par les fenêtres, la vue est elle aussi sans prix : au loin, derrière les conifères vert-de-gris du parc du Presidio, se profile la silhouette orange du majestueux pont du Golden Gate. Nous sommes dans la maison de Marc Benioff, un entrepreneur considéré comme l'un des précurseurs du « cloud computing », l'informatique dématérialisée, *via* sa société SalesForce cotée à la bourse de New York. Fortune personnelle : 1,9 milliard de dollars, selon le magazine spécialisé *Forbes*. Obama reste donc dans le thème de la « Silicon Valley », cette région au sud de San Francisco où ont prospéré Google, Oracle et Apple : quelques heures plus tôt, il a participé à Palo Alto à une réunion publique *via* Facebook, donnant la réplique au jeune PDG milliardaire du réseau social, Mark Zuckerberg.

Dans le patio de Marc Benioff, une soixantaine de personnes, dont Obama, sont assises autour de tables richement décorées. Un air jazzy s'échappe des haut-parleurs, et soudain s'élève une voix inimitable : dans un coin du chapiteau, Stevie Wonder en personne s'affaire sur son piano ! Benioff s'est offert – en concert privé – le légendaire musicien « soul », soixante et un ans dont cinquante de carrière salués par pas moins de vingt-trois Grammy Awards…

Obama ne se limite pas aux petits comités, mais dans ce cas, les contributions demandées sont inversement proportionnelles au nombre de participants. Et, au cours de la même soirée, Obama passe souvent d'une réunion intime à un événement un peu plus important, avant de finir par un rassemblement de plusieurs centaines de personnes. Exemple le 30 novembre 2011. Obama est à New York pour trois réunions consécutives : la première rassemble une trentaine de personnes au domicile du président d'un groupe de défense des intérêts juifs, Jack Rosen, dans le quartier huppé de l'Upper East Side à Manhattan, à deux pas de Madison Avenue. C'est une superbe maison de ville aux volumes modernes, avec des œuvres de peintres contemporains aux murs, dont une belle fresque du célèbre « graffiteur » new-yorkais Keith Haring. Prix d'entrée : à partir de 10 000 dollars. Obama parle dix minutes et en passe cinquante de plus avec ses hôtes, avant de remonter dans sa limousine. Le convoi dévale la voie sur berge de l'East River, direction le quartier branché de Greenwich Village, plus au sud de Manhattan. Là, dans un restaurant au décor sobre et chic, Obama parle devant quarante-cinq personnes, qui ont acquitté chacune 35 800 dollars. Huit minutes de discours, et là aussi, une heure en tout sur place. Il est déjà temps de repartir : nouvelle remontée à toute vitesse vers le centre de Manhattan, à l'hôtel Sheraton près de Times Square. Ici, cinq cents personnes ont fait le déplacement, payant chacune 1 000 dollars pour entendre le Président parler pendant vingt-huit minutes. Bilan de la soirée : Obama a passé sept heures à New York et en est reparti avec 2,4 millions de dollars !

Cela peut paraître énorme, mais il fera encore plus fort lors d'une véritable « blitzkrieg » de levée de fonds entre le 15 et le 17 février 2012. Dans la foulée de son discours sur l'état de l'Union, le 24 janvier, et profitant d'une série de bonnes nouvelles économiques, entre reprise de la production industrielle et baisse du chômage, Obama vient exalter le secteur manufacturier américain, d'abord à Milwaukee au bord du Lac Michigan, où il visite une usine de cadenas le 15, puis deux jours plus tard à Everett, dans la banlieue nord de Seattle, où sont installées plusieurs chaînes géantes de montage de l'avionneur Boeing. Entre-temps, Obama réussit l'exploit de participer à pas moins de huit réunions de levée de fonds ! On le voit notamment dans la demeure de producteurs d'Hollywood à Holmby Hills, une enclave plaquée or de l'ouest de la mégalopole californienne, où le groupe rock Foo Fighters se produit en session acoustique pour le Président et ses invités. Le lendemain, après une nuit dans un hôtel de Beverly Hills, Obama fait un saut en hélicoptère à Newport Beach, un repaire de millionnaires entre Los Angeles et San Diego ; le même jour, il s'envole une fois de plus pour San Francisco, où c'est une héritière de l'un des fondateurs de la firme Oracle qui héberge l'une des trois réunions de levée de fonds de la journée. Et enfin, le vendredi, après avoir rendu visite à Boeing et promis de tout faire pour doper les exportations américaines, Obama participe encore coup sur coup à deux « événements ». Le résultat de cette tournée laisse rêveur : 8,6 millions de dollars supplémentaires ont atterri sur les comptes en banque de sa campagne.

Cela n'empêche pas l'équipe d'Obama d'assurer qu'elle compte surtout sur de petits donateurs. Selon elle, le Président, qui a érigé en credo la lutte contre les groupes d'intérêt, n'est pas influencé par de puissants mécènes aux poches bien garnies. Évidemment, ce n'est pas tout à fait vrai. Fin 2011, le comité de campagne révèle ses chiffres de levée de fonds et affirme que « 98 % des contributions étaient de 250 dollars ou moins ». Nuance de taille : cela ne veut pas dire que 98 % de l'argent récupéré venaient des petits donateurs, loin de là. Et si les Américains ne peuvent apporter plus de 35 800 dollars à un candidat et à son parti à titre individuel, le système permet aux donateurs de faire appel à leur carnet d'adresses, en convainquant leurs familles, amis et relations de contribuer elles-mêmes à la campagne du candidat. En 2011, leurs apports ont dépassé les 70 millions de dollars, soit plus du quart des donations au candidat Obama et au parti démocrate, quelque 250 millions de dollars au total pour cette année-là.

Ces fédérateurs de donateurs s'appellent familièrement les *bundlers*, littéralement les « empaqueteurs ». Parmi eux, des célébrités, comme l'actrice Eva Longoria, qui a rassemblé entre 200 000 et 500 000 dollars pour Obama. Mais les vrais « poids lourds » sont ceux qui ont réussi à mobiliser plus d'un demi-million de dollars. Leur liste, diffusée par la campagne fin janvier 2012, se révèle intéressante à consulter. On y trouve des grands noms d'Hollywood, comme Katzenberg, le producteur Harvey Weinstein – connu en France pour avoir mené *The Artist* au triomphe des Oscars en 2012 –, mais aussi la « papesse » new-yorkaise de la mode Anna Wintour, rédactrice en chef du magazine de mode *Vogue* et dont la réputation redoutable a inspiré le film *Le diable s'habille en Prada*. La liste comporte également des patronymes plus discrets d'entrepreneurs – comme Benioff, l'hôte de San Francisco –, d'avocats ou de dirigeants de Wall Street. Le moindre de ces derniers n'est pas Jon Corzine, un ancien gouverneur démocrate du New Jersey tombé en disgrâce fin 2011 après que sa société d'investissement MF Global eut fait faillite dans des circonstances suspectes.

Mais les contributions de personnes à la biographie douteuse ne constituent pas le principal problème des argentiers d'Obama. Leur cauchemar, et la raison pour laquelle le Président participe à ces « événements de campagne » à un rythme affolant, tiennent dans des organismes au nom barbare : les « super-PAC ». Il s'agit d'entités qui récupèrent des fonds pour défendre des causes proches de celles des candidats, sans avoir à rendre compte de la provenance de ces sommes. PAC est l'acronyme de Political Action Committee, comité d'action politique, et « super » trahit la puissance de véritables machines à cash. Elles ont fait récemment irruption dans les campagnes électorales américaines, en bouleversant la donne de fond en comble, « grâce » à l'arrêt de la Cour suprême controversé qu'Obama a dénoncé comme ouvrant les vannes à un déversement d'argent sur les campagnes.

Et ce que le président démocrate avait redouté se produit. Dès le processus des primaires républicaines à l'hiver 2011-2012, le républicain Mitt Romney nage dans les dollars grâce à un « super-PAC », un organisme qui n'est pas censé avoir de liens formels avec le candidat mais qui est dans les faits dirigé par d'anciens membres de son équipe de campagne. Nommé « *Restore our future* » (« Rétablir notre avenir »), ce « super-PAC » lance des attaques sur les ondes contre Obama, mais aussi contre les adversaires de Romney à la primaire. Parmi eux en particulier, l'ancien président républicain de la Chambre et ennemi intime de Bill Clinton dans les années 1990, Newt Gingrich. Cet ultraconservateur, politicien roué, est revenu du purgatoire politique pour remporter à la surprise générale la primaire de Caroline du Sud le 21 janvier 2012. Gingrich n'est pas aussi bien financé que Romney, mais lui aussi a un « Super-PAC », intitulé « *Winning our future* » (« Gagner notre avenir »). C'est cet organisme qui montre le mieux les conséquences de la décision de la Cour suprême en 2010 : Gingrich, qui subit une déculottée lors de la primaire suivante, dans l'État crucial de Floride le 31 janvier, aurait dû selon toute vraisemblance renoncer à la course à la nomination lors d'un cycle électoral « normal ». Mais il a trouvé un bienfaiteur qui est donc libre de dépenser autant qu'il le souhaite pour alimenter « *Winning our future* ». Il s'agit du milliardaire Sheldon Adelson.

Adelson, soixante-dix-neuf ans en 2012, est considéré par Forbes comme la huitième plus grosse fortune des États-Unis, avec un patrimoine de 21,5 milliards de dollars. Il doit sa prospérité à son groupe de casinos Sands, dont le fleuron est le complexe du Venetian, à Las Vegas, doté de 8 000 chambres et suites. Marié en secondes noces à une Israélienne, il défend inconditionnellement l'État hébreu. Gingrich, de l'avis général, lui doit sa victoire en Caroline du Sud : Adelson, qui avait déjà financé son « Super-PAC » en décembre, l'a alimenté à hauteur de 10 millions de dollars avant la consultation du 21 janvier, lui permettant d'acquérir des espaces publicitaires à foison pour faire passer son message, en particulier des attaques contre Romney. Est-ce un hasard ? Depuis qu'il est financé par Adelson, Gingrich muscle son message pro-israélien. Lui que l'on n'a pas toujours connu aussi véhément dans le dossier du Proche-Orient, affirme ainsi le 26 janvier que les Palestiniens sont un « peuple inventé ». Le peuple palestinien « était techniquement une invention de la fin des années 1970 et, avant cela, ils étaient arabes », lance-t-il, reprenant une antienne familière à ceux qui couvrent l'actualité de la région. C'est mot pour mot la rhétorique de l'extrême droite israélienne.

Adelson, pour quelques millions de dollars, de la petite monnaie à l'échelle de sa fortune personnelle, a trouvé un porte-voix en Gingrich, sans avoir à entrer lui-même dans l'arène politique. C'était précisément ce qu'Obama redoutait. Face à ses troupes démocrates en septembre 2010, il remarquait que les républicains, grâce à l'arrêt de la Cour suprême et *via* des « Super-PAC », « peuvent dépenser des montants illimités pour diffuser des publicités négatives. Et ils n'ont même pas besoin de dire qui est à l'origine de ces publicités. Ils ont des noms innocents, comme "les Américains pour la prospérité", "les Américains pour la tarte aux pommes", "les mamans pour la maternité"… Mais si l'on regarde derrière ce décor, il y a un républicain aux manettes […] avec tous les gens qui combattent le changement ».

L'humoriste Stephen Colbert démontre par l'absurde le nouveau pouvoir des « Super-PAC », en créant le sien : « *Americans for a better tomorrow, tomorrow* » (« Les Américains pour des lendemains qui chantent dès demain », *sic*), qui obtient plus d'un million de très réels dollars ! Il soutient alors pour rire la campagne de l'ancien roi de la pizza Herman Cain, alors que ce dernier s'est retiré de la course à l'investiture républicaine fin 2011 à la suite de révélations sur une relation extraconjugale.

Mais, pour la campagne d'Obama, les « Super-PAC » ne sont pas matière à rire : bien qu'à des années-lumière de Gingrich et même de Romney en termes de rentrées d'argent directes début 2012, elle est distancée dans la course aux « Super-PAC », dont elle s'oppose au principe. Il existe bien un tel organisme soutenant Obama, « *Priorities USA Action* », monté par un ancien porte-parole adjoint de la Maison-Blanche, Bill Burton, mais le comité de campagne démocrate ne lui a pas donné sa bénédiction, et le groupe peine à faire rentrer des donations.

Le 7 février 2012, le réalisme prend le pas sur la pureté morale dans l'équipe démocrate de Chicago. Le directeur de campagne, Jim Messina, annonce, visiblement la mort dans l'âme, que l'effort de réélection passera aussi par « *Priorities USA Action* ». « Nous avons décidé de le faire parce que nous ne pouvions pas nous permettre de voir votre travail écrasé par des publicités négatives achetées avec des centaines de millions de dollars », affirme Messina. Il assure que le

Super-PAC de Romney a levé 30 millions de dollars grâce à seulement deux cents donateurs. « L'enjeu est trop élevé pour que nous jouions selon des règles différentes. Si nous n'agissons pas, nous laisserons cette élection à un petit groupe de puissants, déterminés à faire perdre le Président à tout prix », commente Messina.

Comme pour la plupart des mauvaises nouvelles à la Maison-Blanche, Obama ne s'exprime pas sur le sujet. Mais Messina assure que le Président a donné son aval à cette décision. Avec quelques bémols : il est hors de question que lui, son épouse ou le couple vice-présidentiel Biden participent aux séances de levée de fonds de « *Priorities USA Action* ». En revanche, ses proches collaborateurs, conseillers ou ministres, sont libres de le faire. Les républicains, avec un certain culot, ironisent sur le retournement de veste du Président. Ils attribuent à Obama une citation apocryphe : « Les Super-PAC sont une menace pour notre démocratie (non, je rigole). »

« Super-PAC » ou pas, la course à la présidence est une course à l'argent : le site officiel de la campagne Obama possède une galerie commerciale virtuelle qui propose outre les classiques autocollants, T-shirts et badges, des balles de golf, des bijoux... et des laisses pour chien ! Une zone périlleuse pour les Obama, qui ont refusé, depuis le début de la présidence, toute utilisation de leur image à des fins mercantiles. Début 2010, la marque de vêtements Weatherproof avait été obligée de décrocher une affiche géante qu'elle avait installée sur un immeuble de Times Square à New York, après intervention du service juridique de la Maison-Blanche : on voyait sur cette publicité Obama portant un blouson de la marque lors d'une visite officielle sur la Muraille de Chine, avec la légende « un style de leader » ! Même réaction glaciale de la présidence américaine, fin 2011, lorsque Benetton lance une campagne utilisant des photomontages : Obama y embrasse ses homologues vénézuélien Hugo Chavez et chinois Hu Jintao. « Depuis longtemps, la Maison-Blanche a pour politique de désapprouver l'usage du nom et de l'image du Président pour des motifs commerciaux », affirme le service de presse. Mais, dans la boutique « Obama 2012 », il est possible de se procurer des affichettes aimantées représentant les Obama, avec leurs deux filles mineures...

Même grand écart pour Obama, qui a revêtu le costume de défenseur de la classe moyenne et milite pour un taux plancher d'imposition de 30 % appliqué aux Américains gagnant plus d'un million de dollars par an, lorsqu'il participe à des réunions de levée de fonds dans les domiciles babyloniens de ses contributeurs. « Il y a encore beaucoup de gens ici en Californie et dans tout le pays qui souffrent toujours » de la crise, affirme-t-il ainsi à San Francisco le 17 février 2012, devant une soixantaine de personnes rassemblées dans une sublime demeure contemporaine, tout droit échappée d'une revue d'architecture. Les participants au dîner ne souffrent sans doute pas des problèmes auxquels le Président fait référence : comme on l'a déjà vu en d'autres endroits, ils ont chacun déboursé 35 800 dollars, presque le salaire annuel d'un Américain moyen, pour venir l'écouter.

D'aucuns, surtout en Europe où le rapport à l'argent et à la politique n'est pas du tout le même qu'aux États-Unis, pourraient s'offusquer de cette utilisation du prestige de la fonction présidentielle à des fins mercantiles. « Ce sont les dollars de mes impôts ! » s'était ainsi écriée une manifestante au passage de l'imposant convoi présidentiel entre deux réunions de levée de fonds, à la mi-février 2012 en Californie.

« Ce président, la Maison-Blanche respectent toutes les règles. Les coûts relatifs à la campagne sont acquittés par la campagne », répond Jay Carney, le porte-parole d'Obama pendant la seconde moitié de son mandat. « Nous le faisons exactement de la même façon que le président Bush et le président Clinton l'avaient fait », dit-il. Une grille de remboursement de l'État par l'équipe de campagne est ainsi appliquée, en particulier pour l'utilisation d'*Air Force One* dont l'heure de vol coûte, répétons-le, quelque 180 000 dollars. Mais rien n'empêche la Maison-Blanche d'insérer un événement lié à la fonction présidentielle au milieu de réunions électorales, afin de soulager les finances de Chicago. Et tant pis si le discours présidentiel ressemble comme deux gouttes d'eau au précédent ! Obama, lorsqu'il revient de Californie, s'arrête presque toujours, en 2012, dans des États comme le Nevada et le Colorado, dans l'espoir de les enlever le 6 novembre. Hasard heureux, il a toujours des annonces « politiques » (par opposition à « électorales ») à effectuer.

24.

L'heure des bilans

La vidéo s'appelle « Forward », c'est-à-dire « En avant ». Elle a été publiée sur YouTube fin avril 2012, quelques jours avant les premiers discours de campagne du président-candidat Obama, dans les États-clés de l'Ohio et de la Virginie. Comme toutes les productions de l'équipe de campagne démocrate, il s'agit d'un document très léché, avec des commentaires prononcés d'une voix profonde par Tom Hanks lui-même. Et elle se termine par un catalogue des éléments les plus flatteurs du bilan d'Obama, trois ans et demi après sa prise de fonctions : « 4,2 millions d'emplois sauvegardés, des réductions d'impôts pour 160 millions d'Américains, la réforme de Wall Street, division par deux des normes de consommation des véhicules, production pétrolière américaine au plus haut depuis huit ans, fin de la guerre en Irak, Oussama Ben Laden mort, réforme de l'assurance-maladie, industrie automobile sauvée. Mais il reste davantage à accomplir. »

En effet, plusieurs promesses vedettes d'Obama n'ont pas été tenues. El Paso, 10 mai 2011. Obama s'est déplacé pour la journée dans un endroit assez inhabituel pour lui : cette ville-frontière, jumelle de l'agglomération mexicaine de Ciudad Juarez, est située à l'extrême ouest du Texas, un État solidement républicain qu'il serait illusoire pour le Président d'espérer enlever en novembre 2012. Mais, quelques semaines après avoir déclaré sa candidature à un second mandat, Obama y est venu livrer un message assez peu subliminal à une catégorie d'électeurs qu'il chérit : les Hispaniques. Ces derniers, avec les jeunes et les Noirs, lui ont permis de prendre l'avantage sur McCain en 2008 : deux tiers de ce groupe dynamique, en passe de devenir la première minorité des États-Unis devant les Noirs, l'avaient préféré à McCain, en raison notamment de son engagement à faire adopter une réforme « de fond en comble » de la politique d'immigration du pays.

Peu de questions sont aussi passionnelles aux États-Unis que l'immigration clandestine. On estime qu'environ 12 millions de personnes, surtout des Latino-Américains, vivent et travaillent de façon illégale dans le pays, à une écrasante majorité dans des emplois précaires et pénibles, comme la récolte des fruits et légumes dans la plaine centrale de Californie, les chantiers de construction, ou encore la restauration. Quiconque a eu un aperçu des cuisines d'un restaurant américain moyen ou vu une équipe de jardiniers à l'œuvre sur les gazons des banlieues aisées comprend que les Mexicains, Guatémaltèques ou Honduriens jouent un rôle essentiel dans le fonctionnement de l'économie américaine. C'est tout le propos d'un film qui avait fait son effet en 2004 : *A Day Without a Mexican*, c'est-à-dire « Un jour sans Mexicains ». Cette satire sociale imagine que tous les Mexicains vivant en Californie disparaissent du jour au lendemain, et le casse-tête qui en résulte pour les Blancs, forcés d'exécuter eux-mêmes les lourdes tâches du quotidien !

Dans le contexte de la crise économique ayant éclaté en 2008, synonyme de chômage de masse et de budgets publics exsangues, l'immigration clandestine est perçue comme un danger pour l'intégrité et la solidité de la société américaine. « Broken Borders », « Des frontières dysfonctionnelles », devient à l'époque un passage obligé des interventions de l'un des commentateurs vedettes de CNN, le conservateur Lou Dobbs, qui agite même la menace d'une tentative d'incursion d'al-Qaida par le Sud. Cette crispation se voit aussi dans l'émergence de milices anti-immigrés, les « Minutemen », qui patrouillent bénévolement le long de la frontière aussi longue (plus de trois mille kilomètres) que poreuse séparant les États-Unis du Mexique, et par laquelle passent des clandestins, mais aussi la drogue. Le racisme ordinaire s'en nourrit, avec le développement de thèmes de campagne locaux comme la lutte contre les « anchor babies », c'est-à-dire les « bébé-ancres », nés aux États-Unis de parents étrangers. Un droit du sol absolu s'appliquant dans le pays, héritage d'une politique d'immigration de longue date qui a permis l'assimilation de millions de personnes, permet à des clandestins de devenir parents d'enfants américains, ce qui, une fois que ces derniers ont atteint la majorité, ouvre plus facilement la voie vers un statut légal.

À l'échelle des États, qui disposent d'une large autonomie vis-à-vis du pouvoir fédéral central et lui reprochent d'avoir été inefficace dans la gestion de l'immigration, certaines collectivités prennent elles aussi des mesures, souvent sous l'impulsion de l'aile conservatrice des républicains, pour lutter contre l'immigration clandestine. Dans le pourtant paisible Maryland, d'obédience démocrate et qui dans sa partie centrale accueille les banlieues prospères du nord-ouest de Washington, les élus des assemblées législatives ont adopté une loi contraignant depuis 2009 les étrangers à renouveler leurs permis de conduire tous les ans au lieu de tous les cinq ans, la vérification de leur statut légal dans le pays à la clé. Aux États-Unis où la carte d'identité n'est pas très répandue, le permis de conduire est considéré comme la principale pièce justificative d'identité.

Plus au sud, dans le très conservateur Alabama, le gouverneur républicain promulgue en juin 2011 une loi anti-clandestins musclée qui permet la mise en détention d'une personne soupçonnée d'être entrée illégalement dans le pays, si elle ne peut pas produire de pièce justificative sur-le-champ. Les écoles publiques, à tous les niveaux, doivent refuser de scolariser des enfants en situation clandestine. Les propriétaires se voient interdire de louer des logements à des clandestins, et sont passibles de sanctions s'ils le font.

La loi extrêmement stricte se traduit par quelques effets secondaires qui font du bruit et portent tort à l'image de l'État : un haut responsable allemand de Mercedes est ainsi arrêté et conduit au poste pour ne pas avoir pu produire son passeport à un policier. Il y a de meilleures façons de se concilier les grâces d'un puissant constructeur automobile qui a installé une usine employant des milliers de personnes en Alabama.

Mais c'est l'Arizona, à l'autre bout du pays, qui fait le plus parler de lui, dès 2010, pour une loi sur l'immigration très controversée. Entre autres, elle instaure ce que les associations de défense des immigrés qualifient d'institutionnalisation du délit de faciès : les forces de police locales peuvent vérifier le statut migratoire de toute personne interpellée. Signe de l'émotion que cette législation provoque des deux côtés de la frontière, le président mexicain Felipe Calderon, en visite d'État à la Maison-Blanche le 19 mai de cette année-là, regrette que « malgré leur contribution énorme à l'économie et à la société des États-Unis, à son progrès », les immigrés « vivent encore dans l'ombre, et parfois même, comme en Arizona, subissent des discriminations institutionnalisées ». Obama ne relève pas cette rare rupture du protocole, pendant que des républicains crient à l'incident diplomatique. Mais le département de la Justice lance des poursuites contre l'Alabama et l'Arizona pour obtenir la suppression des articles de loi en défendant le principe selon lequel l'État fédéral central, et non les cinquante États qui composent les États-Unis, a la responsabilité de défendre les frontières.

Pour Obama, il s'agit d'un sujet explosif, sur lequel trouver un équilibre se révèle ardu. Garant des institutions et des lois, il ne peut évidemment pas approuver la présence de clandestins sur le territoire. Mais d'un point de vue politique, il serait suicidaire de ne pas courtiser le vote latino. Face à cette quadrature du cercle, Obama, comme souvent, explique que sa bonne volonté s'est heurtée à l'obstruction des républicains. Et à El Paso, il fait valoir que son administration a multiplié les patrouilles à la frontière, poursuivi la construction de la clôture – déjà critiquée pour son inefficacité – censée empêcher des infiltrations, autant de gages donnés aux États frontaliers et à leurs représentants à Washington. Une loi a certes été présentée au Congrès par les démocrates pour réformer le système d'immigration, mais seul son volet sécuritaire a été adopté à l'été 2010. À la fin de la même année, dans l'effervescence législative qui précède l'entrée en fonctions de la Chambre des représentants dominée par les républicains, M. Obama et ses alliés tentent de faire le « forcing » pour que le Congrès adopte un projet de loi, le « DREAM Act ». Ce dernier prévoit, sous conditions assez draconiennes, d'offrir un chemin vers la nationalité américaine aux clandestins qui sont arrivés aux États-Unis « sans l'avoir choisi », comme le dit Obama : les enfants qui ont suivi leurs parents lorsque ces derniers ont franchi au péril de leur vie le désert ou le Rio Grande en quête d'un avenir meilleur. Mais las ! Le « DREAM Act » échoue à quelques voix près en décembre 2010 au Sénat, malgré son passage à la Chambre. Une poignée de républicains s'y sont opposés, suffisamment pour empêcher son adoption.

À El Paso, Obama emploie une fois de plus un ton populiste et ironique vis-à-vis des républicains. Malgré les mesures sécuritaires déjà actées, « peut-être qu'ils veulent des douves » à la frontière, s'exclame-t-il. « Et pourquoi pas des alligators dans les douves ? » poursuit un président dont la verve ne peut cacher la frustration. Souvent, en 2011 et 2012, Obama rappellera qu'il souhaite cette réforme mais qu'il en a été empêché, prenant la communauté hispanique à témoin. Sur le terrain ou à la Maison-Blanche, il reçoit souvent des responsables locaux et leaders d'opinion de la communauté latino. Une tentative éhontée de récupérer le vote hispanique, qui s'était porté aux deux tiers sur lui en 2008, assurent les républicains. Mais la cote d'Obama n'est pas pour autant au beau fixe chez les Hispaniques, dont les dirigeants dénoncent la politique d'expulsions menée loin des caméras par le département de la Sécurité intérieure : sous Obama, on renvoie les clandestins dans leur pays à un rythme double, soit quatre cent mille par an, de celui de l'époque du premier mandat de George W. Bush. Toutefois, le 15 juin 2012, Obama, décidé à mettre toutes les chances de son côté, donne l'instruction au service de l'immigration de ne plus expulser les jeunes sans papiers, un appel du pied évident au vote latino et dénoncé comme tel par les républicains. Un « DREAM Act » au rabais, mais le maximum qu'il pouvait faire sans passer par le Congrès.

Autre groupe pour lequel la présidence d'Obama aura été un verre à moitié vide, les défenseurs de l'environnement. L'arrivée d'un président promettant d'entreprendre la lutte contre le réchauffement avait soulevé de grands espoirs après huit années de pouvoir de George W. Bush, au cours desquelles les lobbies pétroliers, automobiles et industriels avaient eu, selon les démocrates, portes ouvertes à la Maison-Blanche, sans parler des républicains qui niaient ouvertement la réalité du changement climatique. Président élu mais pas encore investi, Obama avait enregistré une vidéo à l'adresse d'un sommet de lutte contre le réchauffement auquel participait Arnold Schwarzenegger, le gouverneur de Californie à l'image « verte », le 18 novembre 2008 près de Los Angeles. Il promettait de « s'engager énergiquement » dans des discussions sur le changement climatique. « Peu de défis auxquels les États-Unis et le monde font face sont plus urgents que de combattre le changement climatique. La science ne se discute pas, et les faits sont clairs », affirmait-il. À l'époque en poste sur place, j'étais dans la salle lorsque ces mots ont retenti, et je me souviens que le public avait applaudi debout l'allocution du président élu. Deux participants s'étaient même étreints, les larmes aux yeux !

Mais trois ans et demi plus tard, le bilan d'Obama en matière d'environnement fait pâle figure. Le système de permis de polluer dont il se faisait le défenseur est mort de sa belle mort au Congrès à l'époque où les démocrates y détenaient la majorité absolue, enlevant à Obama l'argument selon lequel les républicains bloquent seuls un tel dispositif. Des élus démocrates d'États producteurs d'énergie fossile faisaient notamment partie de ce front du refus, comme en Virginie-Occidentale. Cet État, l'un des plus pauvres des États-Unis, tire une grande partie de ses ressources du charbon qui y est exploité à outrance, selon la technique des mines à ciel ouvert qui a métamorphosé une partie de cette région vallonnée et champêtre en paysage d'apocalypse.

La Louisiane, un autre État comptant des élus démocrates influents comme la sénatrice Mary Landrieu, dépend quant à elle de la manne pétrolière (un tiers de ses recettes budgétaires), au détriment de son environnement. À l'horizon des plages du sud du delta du Mississippi, ce ne sont qu'infrastructures pétrolières et oléoducs, comme viendra le rappeler la marée noire catastrophique du printemps 2010 due à la plateforme « Deepwater Horizon ». La pollution, si terrible soit-elle, ne remettra pas en cause le soutien de l'administration Obama à la production d'hydrocarbures aux États-Unis, *via* des permis de prospection accordés dans le Golfe ou sur la côte atlantique. L'administration démocrate a même donné son feu vert à des permis de prospection à Shell sur les côtes nord de l'Alaska, des zones où lutter contre une pollution pétrolière s'avérerait encore plus difficile que dans le golfe du Mexique. Et si Obama a rejeté début 2012 le trajet central d'un oléoduc avec le Canada, il ne s'est pas opposé au principe de voir arriver aux États-Unis des hydrocarbures issus des sables bitumineux de l'Alberta, dont l'extraction est extrêmement polluante.

Les défenseurs de l'environnement s'alarment aussi du fait que l'administration Obama, malgré les assurances du Président, a renâclé à encadrer sévèrement la technique d'exploitation de gaz naturel par « hydrofracturation », l'envoi de liquide sous haute pression dans le sous-sol pour libérer le gaz contenu dans le schiste. Les États-Unis, grâce à une telle technique, pourraient être assis sur une réserve énergétique de plus d'un siècle supplémentaire, ce qui, en période de pétrole cher et d'économie anémique, suffit sans doute à faire taire certains scrupules. Obama, pour sa seconde campagne présidentielle, a même embrassé le slogan du lobby charbonnier, « le charbon propre », un produit encore du domaine de la science-fiction.

Et l'espoir de voir les États-Unis, première économie mondiale, cesser d'être le cancre du protocole de Kyoto – signé par les États-Unis à l'époque de Bill Clinton mais jamais entériné sous l'administration Bush – s'est évanoui lors du sommet de Copenhague consacré à la question en décembre 2009. Cette rencontre, malgré la tentative de dernière minute d'Obama de forcer la main aux Chinois et autres puissances industrielles émergentes, n'a pas débouché sur des mesures contraignantes. Pourtant, les États-Unis figurent parmi les pays qui ont le plus à craindre de la montée du niveau des eaux consécutive à la fonte des glaces polaires : des joyaux comme le parc national des Everglades en Floride, les langues de sable des Outer Banks dans les Carolines, pourraient n'être plus que des souvenirs d'ici un demi-siècle si le réchauffement n'est pas au moins enrayé. Même destin pour deux endroits chers aux Américains et symboliques de leur histoire : le cap Cod au large de Boston, où débarquèrent les « pères pèlerins » du *Mayflower*, et la colonie de Jamestown en Virginie, lieu de la première installation anglaise sur l'actuel territoire américain en 1607.

Malgré tous ces revers, Obama continue à protester de ses objectifs d'améliorer l'efficacité énergétique d'un pays qui, il est vrai, vit toujours en grande partie sur l'idée d'un pétrole à 20 dollars le baril et de ressources illimitées. Les Américains restent éberlués d'apprendre que certains Européens paient leur litre d'essence l'équivalent de deux dollars, eux qui sont outrés quand ils doivent en acquitter la moitié ! Malgré des progrès récents, la plupart des bâtiments américains sont mal isolés, contraignant à surchauffer en hiver et à faire fonctionner à plein la climatisation en été. Il n'est pas rare de devoir enfiler un pull en plein mois d'août pour ne pas attraper froid dans des bâtiments publics où la température atteint 18 °C ! Face à l'incrédulité de ses concitoyens qui n'ont jamais été habitués à chasser le « gaspi » contrairement aux Européens, on entend Obama défendre comme « sexy » début 2010 l'isolation des maisons : une partie des fonds du plan de relance de l'économie y a été attribuée, avec des résultats mitigés.

Même activisme réglementaire dans l'amélioration des normes de consommation des véhicules vendus aux États-Unis. En 2011, Obama annonce un accord

avec les constructeurs pour faire passer la consommation moyenne des automobiles particulières à 4,3 litres
aux cent kilomètres d'ici à 2025. Elles étaient restées
les mêmes depuis des années, à 9,4 litres. Mais, à
l'heure de faire campagne, il insiste surtout sur les
économies à la pompe que ces nouvelles normes vont
représenter pour les Américains.

Autre question sensible, les armes à feu. La
promesse de les réguler ne faisait pas partie telle quelle
du programme d'Obama en 2008, mais elle a pris une
importance symbolique après la fusillade de Tucson
(Arizona) en janvier 2011, où six personnes avaient été
tuées par un déséquilibré qui visait l'élue démocrate
du Congrès Gabrielle Giffords. Deux mois plus tard,
l'émotion suscitée par le drame s'étant un peu dissipée,
Obama écrit une tribune dans le principal journal de
la ville pour se faire l'avocat du contrôle des armes,
notamment la mise en place d'un système « de bon
sens » de contrôle des antécédents de tous les ache-
teurs d'armes dans un pays qui compte en moyenne
une arme à feu par habitant.

Un an et demi plus tard, ces déclarations sont restées
vides de sens, faute de coopération des États. Au
contraire, certains, poussés par le puissant lobby des
fabricants d'armes à feu, la NRA, ont dérégulé, en abro-
geant comme la Virginie début 2012 une disposition
qui interdisait d'acheter plus d'une arme... par mois.
Son bilan squelettique dans ce dossier s'est rappelé au
Président lors d'une énième tuerie à l'arme automa-
tique, le 20 juillet 2012 dans un cinéma de la banlieue
de Denver : douze morts et cinquante-huit blessés.

Faut-il rappeler que l'État de Virginie fut le théâtre en 2007 de la pire attaque armée contre une école de l'histoire des États-Unis, avec trente-deux morts et dix-sept blessés sur le campus de Virginia Tech ?

À l'époque d'Internet, retrouver les promesses des candidats et les confronter à la réalité devient bien plus facile que par le passé, et le site *Politifact* du journal floridien *Saint Petersburg Times*, vainqueur du prix Pulitzer pour avoir été à la pointe du journalisme de vérification, entretient depuis le début du mandat Obama un tableau de ces promesses qu'il a drôle-ment appelé « l'Obamètre ». Fin mai 2012, Obama avait ainsi tenu 36 % de ses promesses de 2008 et effectué des compromis sur 11 % d'entre elles. En revanche, 27 % étaient toujours en cours d'exécution, 12 % étaient considérées comme « bloquées » et 14 % n'avaient pas été tenues.

L'une des plus emblématiques est Guantanamo. Malgré la promesse solennelle d'Obama de fermer un an après son arrivée au pouvoir cette prison militaire de l'enclave américaine sur le territoire cubain, qu'il qualifiait d'outil de recrutement » pour al-Qaida, la question des derniers prisonniers de la « guerre contre le terrorisme » n'a toujours pas été résolue, onze ans après le 11-Septembre. La mort dans l'âme, Obama a même dû se résoudre à faire juger le cerveau présumé de ces attentats, ainsi que ses complices, devant un tribunal militaire qui, s'il a été réformé par ses soins, reste une juridiction d'exception. Dans cette affaire, Obama s'est heurté à l'hostilité du Congrès, aussi bien des républicains que des démocrates, qui refusaient de voir arriver sur le territoire américain ces prisonniers pour les juger devant des tribunaux civils. Depuis 2009, ils ont voté, budget après budget, l'interdiction de financer de tels transferts, liant les mains au Président qui avait sans doute fait preuve de naïveté et d'idéalisme.

À l'heure des bilans, Obama doit aussi regretter cet engagement dans un entretien télévisé, dès le 2 février 2009, à un moment où le pays subissait une hémorragie d'emplois sans précédent. « Si je n'ai pas résolu cela dans trois ans, alors on ne parlera que d'un mandat », avait-il lancé. Les républicains se font une joie de rappeler ces déclarations alors que les États-Unis n'ont encore compensé que la moitié des plus de huit millions d'emplois perdus pendant la récession. Le taux de chômage officiel plane encore au-dessus de 8 % de la population active, sans perspective d'amélioration spectaculaire. Cela peut paraître peu par rapport à la France ou même à l'Europe, mais reste encore loin des 5 % de début 2008. « Beaucoup de gens souffrent encore », concède Obama dans ses discours. Il assure aussi qu'en février 2009 lui et son équipe n'avaient pas encore pris la mesure de la gravité de la crise. Selon de nombreux économistes, les États-Unis, dans le meilleur des cas, n'auront pleinement récupéré que vers 2014 ou 2015, et encore, si le rythme de la reprise s'accélère. La question sera de savoir si les Américains auront encore la patience d'attendre, eux qui ont déjà infligé un cinglant désaveu à Obama en 2010. C'est un argument massue du républicain Mitt Romney, dont l'un des slogans de campagne est « *Obama is not working* », c'est-à-dire « Obama ne fonctionne pas », mais aussi « Obama ne travaille pas ». Le slogan exact des alliés de Margaret Thatcher face aux travaillistes en Grande-Bretagne à la fin des années 1970...

Mais la promesse du sénateur-candidat Obama qui, rétroactivement, sonne le plus creux, est celle de « changer la façon dont Washington opère ». Au terme de son mandat, le fonctionnement des institutions américaines, fondé rappelons-le sur l'équilibre subtil des trois pouvoirs, semble irrémédiablement bloqué. Obama ne peut que dénoncer l'obstruction des républicains et prendre ses administrés à témoin en espérant que les électeurs rebattront les cartes. Mais, en attendant, le spectacle des escarmouches entre le Congrès et la Maison-Blanche pourrait dégoûter les électeurs indépendants, groupe-clé dans toute consultation électorale, et qui avait permis à Obama de gagner en 2008. Et la tactique de campagne très agressive adoptée par l'équipe Obama contre Romney n'est pas non plus de nature à les rassembler.

La cote d'Obama dans les sondages oscille entre 43 et 48 %, rien d'extraordinaire, mais pas irrémédiable non plus pour un président sortant. Les Américains ont tendance à le trouver bien plus sympathique que Romney et à lui faire confiance sur les sujets de sécurité nationale. Mais la politique économique reste le principal motif de préoccupation des électeurs après quatre années de crise et de chômage élevé. Et

Romney ne se prive pas de l'exploiter. Ses reproches sur l'explosion de la dette publique sous Obama, bien que Bush ait largement lancé la tendance, rencontrent aussi un écho chez les électeurs, inquiets à juste titre de la charge que les déficits vont faire peser sur les générations futures. Même s'il reconnaît que ses cheveux ont blanchi et qu'il est « cabossé » de partout après quatre ans de pouvoir, « il s'agit toujours d'espoir, il s'agit toujours de changement », assure Obama à ses partisans lors de ses discours électoraux de 2012. Mais s'il semble évident qu'il regrette de n'être plus seulement le candidat des grandes promesses, il s'emploie à faire mentir un slogan cinglant du camp Romney : Obama « n'est qu'un homme politique comme les autres ».

Sources et remerciements

Pour cet ouvrage, je me suis d'abord appuyé sur mes souvenirs et mes propres notes, en ayant recours, pour recouper et préciser ceux-ci, aux informations publiées tout au long de la présidence Obama par des médias américains et étrangers. Je cite ces derniers lorsque leurs informations ont été décisives ou exclusives. Ce livre est aussi le fruit de discussions informelles et d'interactions avec des responsables de l'administration Obama depuis 2009, ainsi qu'avec mes collègues de la Maison-Blanche dont certains, en poste depuis plus de trente ans, m'ont donné des clés du fonctionnement et des pratiques de cette présidence, comparés aux précédentes. À ce titre, je dois une mention spéciale à mon collègue de l'Agence France-Presse Stephen Collinson, mon « binôme », qui couvre Barack Obama depuis 2007 et dont les remarques, l'expérience et l'aide se sont révélées inappréciables depuis le début de ma mission à la Maison-Blanche. Merci à ceux qui m'ont accordé leur confiance depuis près de quinze ans à l'AFP, je pense en particulier à Pierre Taillefer mais les autres se reconnaîtront. Gratitude également à mes collègues du bureau de Washington, aux postes de reportage comme aux desks. Merci aussi à Pascale Amaudric pour ses conseils et ses encouragements lors du processus d'écriture. Et reconnaissance éternelle à Anne, mon épouse, pour sa relecture rigoureuse et son soutien pendant ces mois de gestation.

.

www.ingramcontent.com/pod-product-compliance
Lightning Source LLC
Chambersburg PA
CBHW050330270326
41926CB00016B/3382